AUGUSTE BALUFFE

AUTOUR DE MOLIÈRE

PARIS

LIBRAIRIE PLON

E. PLON, NOURRIT ET Cie, IMPRIMEURS-ÉDITEURS

RUE GARANCIÈRE, 10

1889

Tous droits réservés

AUTOUR DE MOLIÈRE

PARIS. — TYPOGRAPHIE E. PLON, NOURRIT ET Cie, RUE GARANCIÈRE, 8.

AUGUSTE BALUFFE

AUTOUR DE MOLIÈRE

PARIS

LIBRAIRIE PLON

E. PLON, NOURRIT ET Cie, IMPRIMEURS-ÉDITEURS

RUE GARANCIÈRE, 10

1889

Tous droits réservés

LE PÈRE DE MOLIÈRE

« Tout ce qui est imprimé est inédit! » Ce paradoxe
de Théophile Gautier devient souvent une vérité, pour
l'histoire de Molière en général et pour l'histoire du père
de Molière en particulier. Les publications de documents
authentiques sur Jean Poquelin ont beau se répéter :
elles sont et demeurent comme nulles et non avenues.
La légende a pris pied dans sa biographie ; elle en dis-
pose à son gré, malgré tout. Pour la légende, possession
vaut titre. Les décrets de son bon plaisir ont force de
loi. Mais (tant il est vrai qu'il ne faut jamais désespérer)
si la légende est souveraine maîtresse, elle n'est pas
immuable : elle consent à changer quelquefois. C'est
ainsi qu'au bout d'un siècle, la tradition qui faisait du
père de Molière un « fripier » de la pire espèce, a bien
voulu reconnaître qu'il était d'un peu moins basse condition, Jean Poquelin a obtenu de l'avancement à l'an-
cienneté.

Aujourd'hui, il est classé professionnellement à mi-
chemin du métier à l'art. On le considère comme un tapissier distingué, presque comme « un bourgeois », ce
qui est déjà quelque chose. Par malheur, non seulement

on lui signifie qu'à présent il n'a pas à prétendre à mieux
et qu'on a fait assez et plus qu'assez pour lui, mais on
lui fait en outre payer, et payer cher, les frais de son
élévation professionnelle. C'est aux dépens de sa mora-
lité qu'on le déplace et décrasse. Il était infime : le
voilà presque infâme. La légende, en se modifiant, est
en train de décréter que Jean Poquelin fut un avare
abominable, un prêteur sur gages, un usurier à la petite
semaine, exerçant sa cupidité sordide même à l'encontre
de ses enfants, exploitant les uns, spoliant les autres,
bref le type même qui aurait servi de modèle à Molière
pour son personnage d'Harpagon !

Eh bien, avec tout le respect dû aux légendes, et
quoique je n'ignore pas les ménagements qu'exigent
certaines manières de voir et surtout de savoir, et
quoique je sache combien il est imprudent de déranger
les habitudes prises par nombre d'esprits qui n'aiment
pas à changer d'opinion, — j'ose dire et je veux prouver
que le père de Molière fut un brave et digne honnête
homme, commerçant adroit, mais droit, père de famille
irréprochable, — un homme probe et, de toute façon,
« propre ». Se pourrait-il, même aux yeux de quelques
érudits, qui semblent écrire l'histoire de Molière d'un
commun accord et par consentement mutuel, que les
vérités historiques contenues dans cette étude fussent
du nombre des vérités qui fâchent? Je mets quelque
fierté de conscience à croire qu'on ne m'en voudra pas
de faire ici le portrait d'un père de Molière digne de
son fils !

I

Jean Poquelin, né en 1595, était le premier de neuf enfants, quatre fils et cinq filles, dont la plupart n'ont pas laissé jusqu'ici plus de trace dans l'existence de Molière que les Poquelin des autres branches. Comme lui, son père se prénommait Jean, ce prénom faisant en quelque sorte partie de leur raison de commerce. En un temps où la profession de tapissier était considérée et considérable, puisqu'on jugeait ce corps d'état comme aussi riche à lui seul que les cinq autres classes des marchands de Paris, le vieux Poquelin, père de Jean et aïeul de Molière, n'était pas des moins achalandés. Son mariage avec Agnès Mazuel témoigne assez qu'il n'avait pas l'exclusive ambition de l'argent. Agnès Mazuel était la fille d'un artiste alors célèbre, Guillaume Mazuel, violon du Roi, et renommé comme un des trois maîtres du violon en France : ses deux émules étaient Farinel et Brulard. C'était toute une famille de musiciens que celle des Mazuel, et l'infusion d'un tel sang dans les veines d'un Poquelin aide à expliquer Molière. La fantaisie, la poésie entrèrent assurément de compte à demi dans la maison du tapissier. Physiologiquement, il est déjà difficile que Jean Poquelin ne soit pas assez fils de sa mère pour tenir d'Agnès Mazuel. Son mariage, à lui aussi, semble inspiré par des convenances plutôt de cœur que d'intérêt. Du moins, la distinction personnelle de sa femme lui fait honneur.

C'est le 25 avril 1621 que furent célébrées les fiançailles de Jean Poquelin, tapissier, et de Marie Cressé. La bénédiction nuptiale eut lieu deux jours après. Le contrat est du 22 février précédent. Chacun des époux apporte en dot une valeur de 2,200 livres, soit 11 à 12,000 francs de nos jours. Ce n'est d'ailleurs qu'en avancement d'hoirie. Sur la part de Jean Poquelin est stipulée l'origine de « 200 livres provenant du gain fait par ledit futur ». Ce détail a son parfum de probité laborieuse. Les 2,000 livres, sans compter le « gain », sont représentées par « la marchandise et meubles » en magasin. La future a « 1,800 livres en deniers comptants », « le surplus en meubles, habits et linge ». Il n'est pas déclaré de bijoux. Or, lorsque, dans dix ans, Marie Cressé viendra à mourir, elle ne laissera pas moins de « 1,148 livres (6,000 francs actuels) de bagues et joyaux » à son avoir et pour son usage personnel : ce qui ne fait pas supposer un grand fonds d'avarice et de ladrerie chez Jean Poquelin. Mais nous aurons bien d'autres motifs de comparaison à son avantage. Le moins qu'on en puisse conclure, c'est que Jean Poquelin était plein d'affectueuses attentions pour sa jeune femme.

Marie Cressé méritait de lui être chère. L'inventaire dressé après son décès, en nous faisant pénétrer dans son intérieur, a donné d'elle l'opinion d'une personne d'élite par le cœur et par l'esprit. Ni sa nature ni son éducation n'étaient vulgaires. Elle était fille de riches bourgeois. Tapissiers comme les Poquelin, les Cressé étaient alliés aux Nivelle, imprimeurs en renom de Troyes; et Mgr Pierre Nivelle, évêque de Luçon et grand

amateur de livres rares, était leur proche parent. Il faut
mettre au nombre de leurs cousins ce chirurgien du nom
de Cressé, dont certaine mésaventure galante défraya
plus tard la chronique au jour le jour de Gui Patin, qui
va jusqu'à annoncer, dans une de ses lettres, que Molière
« en doit faire une comédie ». Bref, Marie Cressé était
de bonne maison. Le lent travail de sélection est sensible en cette bourgeoisie cossue, représentée dans les
carrières libérales et, toujours, foncièrement vivante et
gaie, et gauloise.

J'en ai dit assez pour marquer le parfait assortiment
de cette union de Jean Poquelin avec Marie Cressé. —
Je n'ajouterai plus que deux mots à propos du contrat
de mariage. Ni frères ni sœurs de Jean Poquelin ne sont
mentionnés dans l'acte : on ne signale qu'un « oncle »
et deux « beaux-frères » présents ; mais il faut croire
que les absences des frères et sœurs ne tirent pas ici à
conséquence aux yeux des érudits, si préoccupés d'autre
part de ne pas voir donner signe de vie à tous les Poquelin, à chaque affaire de famille. Du moins, cette fois,
« l'oncle » mentionné appartient à l'histoire anecdotique de Molière. Le « Daniel Crespy, marchand plu-
massier, bourgeois de Paris, oncle maternel », est,
dit-on, celui-là même qui fit cadeau au poète d'une
montre, possédée aujourd'hui par M. Coquelin aîné, et
qui porte en lettres gravées dans l'intérieur du boîtier
cette dédicace d'un souvenir : « Crespy à J.-B. Molière. »

Du mariage de Jean Poquelin et de Marie Cressé
naquirent : Jean (Jean-Baptiste Molière), vers et avant
le 15 janvier 1622 ; Louis, baptisé le 6 juin 1623 ; Jean,

baptisé le 1er octobre 1624; Marie, baptisée le 10 août 1625; Nicolas, baptisé le 13 juillet 1627; Marie, baptisée le 13 juin 1628. On a remarqué que Louis eut pour marraine la « femme de noble homme Jehan Ledoux, président à Joigny », et que Marie eut pour marraine à son tour la femme du chirurgien Lirot, valet de chambre du Roi. Appelée à tenir un enfant sur les fonts de baptême, Marie Cressé eut pour compère (15 septembre 1631) maître Antoine Forget, commissaire de l'artillerie, parent du « Forget de Molière », auteur de *Polyxène*.

Ainsi l'art par les Mazuel, les lettres par les Forget, fraternisaient et sympathisaient au foyer domestique de Molière enfant. Une charge à la cour allait lui ouvrir la porte de la cour même et lui en permettre l'accès tout jeune.

En 1631, Nicolas Poquelin, tapissier-valet de chambre du Roi, céda son office à son frère Jean Poquelin. Les gages n'étaient que de « 300 livres », mais on exerçait une sorte de fonction, et de précieux privilèges professionnels et judiciaires y étaient attachés. Les tapissiers-valets de chambre, au nombre de huit, exerçant de quartier, deux par deux, aidaient à faire le lit du Roi; le garde-meuble royal leur était confié; enfin, ils *faisaient les meubles de Sa Majesté*. Or, on sait, par les musées, ce qu'étaient les meubles de la cour sous Louis XIV : c'étaient des œuvres d'art que les amateurs recherchent et admirent aujourd'hui. De vulgaires marchands d'objets d'ameublement, même de mobilier de luxe, eussent été incapables et réputés indignes d'un tel emploi. L'office privilégié impliquait la maîtrise ès meubles et tentures. L'importance de la charge cédée par Nicolas Poquelin à son frère ressort d'elle-même.

Dès avant cette acquisition d'office, la maison de Jean Poquelin jouissait de la faveur d'une clientèle riche et brillante. De beaux et grands noms, parmi les plus illustres de l'armorial de France, s'inscrivaient sur ses livres de comptes. La mode ne les attirait pas ailleurs; la confiance et l'estime les retenaient là. Jean Poquelin était apprécié et haut coté dans le monde élégant et le grand monde. M. de La Rochefoucauld d'Estissac, M. le duc de La Rochefoucauld, père de l'auteur des *Maximes*, M. de La Mothe, le marquis de Fourille, M. de Langeais, M. de Marsillac, M. du Tellay, M. René de La Suze, M. de Chastillon, M. de Billy, une foule de grands seigneurs ont Jean Poquelin pour tapissier et fournisseur ordinaire, et souvent pour des sommes rondes. Le seul M. de La Rochefoucauld d'Estissac, en deux fois, restera débiteur de la succession de Marie Cressé pour un total de 1,423 livres. Donc, même avant et bien avant de devenir tapissier titulaire de la cour, Jean Poquelin est en pleine réussite, en plein succès de ses affaires. C'est à l'apogée de sa florissante situation, au milieu de l'épanouissement complet de sa fortune commerciale, qu'il perdit sa femme, le 15 mai 1632, moins d'un an après avoir reçu les « lettres de provision » de son nouvel office.

II.

Marie Cressé mourait âgée de trente et un ans. Outre celui qui devait être Molière, elle laissait deux fils et une fille. Ces quatre enfants, dont un mourut jeune, eurent pour tuteur Jean Poquelin leur père, et pour subrogé tuteur leur grand-père maternel Cressé, tapissier. La nomination de cette tutelle est datée du 30 décembre 1632. Ce n'est donc que sept mois après le décès de Marie Cressé qu'il fut pourvu à cette nécessité légale. Elle impliquait un inventaire des biens communs. On y procéda du 19 au 31 janvier suivant. Cet acte existe; il est du plus haut intérêt documentaire et historique, — et loin de constituer une sorte d'accusation contre la probité de Jean Poquelin, comme on a cru pouvoir le dire et le répéter, il est véritablement un admirable certificat de sa droiture et comme une page de morale en action par les chiffres. L'ordre ponctuel, consciencieux, absolu, du commerçant qui considère l'exactitude comme sa première vertu, éclate là à chaque article. Mais pourquoi cette mise en suspicion posthume, après deux siècles, de l'inattaquable et parfaite honnêteté de cet homme? Rendons-lui la justice d'avouer, d'abord, qu'on avait confiance dans sa stricte intégrité, puisque l'inventaire se fait huit mois après qu'il a pu librement disposer des ressources de la succession. Il avait le temps de frauder s'il en eût été capable. Non. Les choses se passent en famille, entre honnêtes gens; et il y préside, lui, en bon père de famille qui se respecte trop pour qu'on ne le respecte pas. Tout se fait au grand jour.

L'expert-priseur qui assiste les deux notaires n'est autre que François Rozon, le beau-frère même de Jean Poquelin : il avait épousé sa sœur Agnès. Dans la bouche de ce sergent à verge, la mise en demeure de ne rien cacher ni dérober « sur les peines de droit » n'est pas

une injurieuse menace, mais une pure et simple forma-
lité. On aurait pu aller jusqu'à exiger le serment de Jean
Poquelin et de sa servante, comme on le voit dans l'inventaire de Joseph Béjart, où sa mère, Marie Hervé, sa
propre héritière, est obligée de jurer qu'elle n'a « rien
détourné ». Or, cette recommandation de pure forme,
d'avoir à déclarer sincèrement et complètement « tous
les biens » se trouvant dans la maison de la défunte et
de son survivant mari, c'est là la seule insinuation de
doute possible sur la rectitude de conduite de Jean
Poquelin, — et cette insinuation, la loi l'ordonnait. Elle
était inévitable. On s'est ingénié quand même à découvrir un motif de suspicion. Et on l'a trouvé là où personne au monde n'eût songé à l'aller querir! Mais laissons parler plutôt, et avant tout, l'éloquence même des
chiffres de cet inventaire, et l'éloquence aussi de sa
sincérité loyale.

Les époux Poquelin-Cressé étaient entrés en ménage avec un capital commercial de 4,400 livres. Tout
compte fait, leur avoir s'élève à présent à la somme
de 11,425 livres. Marchandises, meubles, bijoux :
6,625 livres. Deniers comptants : 2,000 livres. Valeurs en
papier : 2,800 livres.

Eh bien! il est dès à présent impossible de nier que
Jean Poquelin dut administrer la fortune de ses enfants
et prendre leurs intérêts en excellent père de famille.
Les trois enfants survivants toucheront, au jour de leur
établissement, chacun plus de *cinq mille livres,* et cela
quand le père a droit à un prélèvement de moitié sur ces
11,425 livres!

Même en impliquant la valeur tacite de la charge

1.

dans les parts dotales des trois enfants de Jean Poquelin
et de Marie Cressé, la réserve personnelle du père, pré-
levée, ne laisserait pas « cinq mille livres » par tête sur
la successsion maternelle. Rien donc, rien ne saurait
faire admettre que Jean Poquelin ait eu même l'idée de
frustrer ses enfants. Au contraire, loin de retenir de leur
avoir, il y met du sien.

Et qu'on me pardonne de commenter les chiffres sans
insister sur les descriptions qui ont été faites de l'intérieur de cette maison, d'après l'inventaire publié par
Eudore Soulié! On a, je crois, tiré de cette pièce historique son plein effet, et au delà. Meubles, tentures,
bijoux, tout est de prix, tout est de choix; le goût de la
femme s'y révèle avec toute l'élégance de distinction
parisienne qu'on peut souhaiter chez « des bourgeois »
de l'époque. Même en faisant la part aux préférences
professionnelles dans cet ameublement luxueux, vous ne
trouvez pas mieux ni si bien, par exemple, chez le lettré
et riche, et célèbre médecin Gui Patin. La femme de Gui
Patin n'a pas autant de bijoux, assurément, que Marie
Cressé! La comparaison tourne à l'honneur des parents
de Molière, à ce point de vue. Sans en faire bon marché,
je passe outre, pour relever un détail significatif et topique : dans cette maison du tapissier, — tapissier de la
cour, — chez cet industriel émérite, mais qu'on croirait
un peu « enfoncé dans la matière », selon un mot de son
fils, chez ce bourgeois, tandis que la femme, la mère de
famille, n'est pas assez coquette, malgré tous ses bijoux,
pour oublier de faire lire la *Bible* à ses enfants, le père
leur commente *Plutarque*. Car il figure un beau *Plutarque*
à l'inventaire; et cela en dit plus qu'une magnifique

armoire ou une riche tenture sur cette vie domestique!

Mais revenons à l'inventaire. On appréciera, au risque de subir quelques détails minutieux, comment des biographes s'y sont pris pour déshonorer Jean Poquelin.

On prétend que l'inventaire ne s'est pas fait régulièrement, correctement. Comment s'est-il donc fait? D'après l'ordre indiqué d'avance dans le constat de la première vacation, dès le 19 janvier: recensement des « meubles et marchandises, usteusiles d'hôtel, or et argent monnoyé, ou non monnoyé, lettres, titres, papiers et enseignements ». On a dressé scrupuleusement la liste de tous les objets qu'on a trouvés. Cet examen dure deux jours. Le 21 janvier, une vacation est effectuée à « Saint-Ouen », où le père de Marie Cressé possède une maison de campagne, dont « une chambre » est laissée à la disposition de Jean Poquelin et de sa famille. Là, reprise de l'inventaire; dénombrement de tous les meubles meublants et effets divers. Et cette vacation est close par l'article suivant, écrit, paraît-il, d'une « encre différente » et signé du nom de J. Poquelin: « En pistoles, écus et douzains, deux mille livres. » Le lendemain, suite, à Paris et jusqu'à la fin du mois, de la vérification et de l'énumération des « titres et papiers ». Le dernier jour de l'inventaire qui est aussi « le dernier jour de janvier », tout se termine à l'amiable, sans ombre ni trace d'incident imaginable ou possible, sur la déclaration de J. Poquelin disant à la bonne franquette qu'il n'a désiré « faire mémoire au présent inventaire de quelques menues dettes qui lui sont dues, etc., montant à la somme de mille livres tournois, d'autant qu'il a retenues icelles pour taxer pareille somme de mille livres qu'il doit pour marchandises qu'il a eues, pendant le vivant de ladite feue de Cressé, sa femme, de divers marchands, desquelles dettes il promet décharger et acquitter sa succession envers sesdits enfants; *la présente déclaration être du consentement et avis dudit Cressé son beau-père* ». Tout finit là et ainsi. L'accord est complet et parfait. Le beau-père, qui estime son gendre, s'en rapporte à sa parole et n'exige pas la justification de ces mille livres de dettes, quoique mille livres soient à considérer sur un bilan total de onze mille. Mais ils se connaissent. Encore une fois, tout est dit. L'acte est là pour en faire foi.

Il vous semble absolument irréprochable de fait et de forme? Détrompez-vous. Il s'y décèle une infamie. Ce prétendu honnête homme de Poquelin n'est qu'un abominable fourbe qui a tramé la plus noire des machinations pour duper et frustrer ses enfants. C'est à M. Édouard Fournier que revient l'honneur d'avoir démasqué l'astucieuse duplicité de ce méchant et barbare père. Enfin, tout se découvre! Il s'était passé ceci, sans que nous nous en doutions. La vacation à Saint-Ouen s'était terminée; on était revenu à Paris, et Jean Poquelin n'avait pas déclaré « d'argent comptant »; — il se serait même défendu d'en avoir. Mais « *notaire et parents refusant de le croire, menacé d'une poursuite « en recélé » qui lui aurait fait perdre toute la somme,* IL AURAIT RAMENÉ SON MONDE A SAINT-OUEN *et produit les* 2,000 *livres, cachées au fond du coffre à linge*[1] ».

Quand je vous disais que vous ne vous doutiez de rien ! Mais on ne déjoue pas la perspicacité des érudits ! La

---

[1] *Études sur Molière*, par Éd. FOURNIER, et *Revue des Deux Mondes*, n° du 15 mai 1886 (article de M. Larroumet.)

« différence de l'encre » a trahi les ténébreux complots du traître Poquelin. Rien ne s'oppose du reste, puisqu'on y est, à ce que le retour à « Saint-Ouen » ait eu lieu dans la nuit : la situation y gagne en pathétique : c'est même forcé, la vacation du jour s'étant opérée dans l' « après-midi », et la vacation du lendemain ayant eu lieu à Paris à l'heure ordinaire des séances précédentes. Se peut-il, d'ailleurs, rien de plus habilement combiné que ce détournement d'argent par un négociant qui a ses comptes en règle, si bien en règle que, trente ans après, on retrouvera chez lui, en bon ordre, toutes ses écritures tenues imperturbablement depuis sa première facture jusqu'à la dernière? Et Jean Poquelin cache l'argent ainsi fraudé, où? Il le cache dans une chambre... « à la campagne » ! Chez son beau-père ! Maintenant, si vous voulez savoir l'indice révélateur de toute cette machiavélique intrigue, apprenez que c'est l'interversion de l'ordre des articles dans l'inventaire. Oui. « Le bordereau des espèces » aurait « dû venir aussitôt après la vaisselle précieuse et les bijoux ». L'usage l'exigeait, à ce qu'il paraît. Il est vrai, on néglige de spécifier si c'est l'usage des érudits ou celui des notaires.

Car l'usage des notaires, précisément, n'est pas ici en défaut. Les « deniers comptants » sont, dans l'inventaire après décès de Marie Cressé, absolument en même lieu et place que dans l'inventaire après décès de Madeleine Béjart, pour en citer un qui ne nous écarte pas de Molière, et pour ne citer que celui-là entre cent et mille autres — Et c'est ainsi qu'on écrit l'histoire de Jean Poquelin.

III

Ne croyez pas en être quittes pour si peu avec les érudits soupçonneux, à propos de l'inventaire en question ! Jean Poquelin a besoin d'être présenté sous un aspect nouveau. Connaissez à fond cette âme sordide et cupide ! Voyez-le dans son rôle de « prêteur à la petite semaine ». Cette étude de mœurs a son agrément ; et puis, vous saurez par là comment l'Harpagon de l'*Avare* n'est, après tout, que Jean Poquelin mis à la scène par son fils, sans lui manquer de respect encore !

Donc, Jean Poquelin était un usurier. Cela ressort des papiers et titres de l'inventaire. La preuve qu'il prêtait à la petite semaine, c'est d'abord que sur le total des créances énumérées « la moitié seulement représente des opérations normales, c'est-à-dire des ventes de meubles ». Le reste ne fait aucune mention de marchandises et contient seulement cette vague formule, anormale en l'espèce, puisque l'obligataire est commerçant : « Pour les causes y portées. » « *On a donc lieu de croire qu'il s'agit là de prêts, voire de prêts à la petite semaine;* car on y trouve de bien petites sommes dues par de petites gens. » Ainsi, c'est bien entendu. Un client dont la facture en débet se serait réglée par un billet ou une obligation à échéance, « pour les causes y portées », — causes que personne n'a vues ni connues à l'original et qu'on déclare tout de même suspectes, — un tel client rentre *de plano*

dans la catégorie des gens pressurés par l'usure! Et,
parce que dans le mouvement d'affaires de Jean Poquelin, quelques débiteurs plus modestes que les la Rochefoucauld, par exemple un « tailleur d'habits » ou « un
vigneron » même, restaient devoir au tapissier, comme
celui-ci « 24 livres 6 sous », comme celui-là « 26 livres »,
il est impossible d'admettre une source avouable à cette
dette? Ces allégations si graves n'ont pas même l'excuse
d'une vague apparence de raison. Le tailleur d'habits et
le vigneron ont contracté « devant notaire », comme
c'était la règle, leurs obligations « pour les causes et à
payer au terme y porté ». Avez-vous idée de pareils prê-
teurs à la petite semaine par acte notarié et à échéance
stipulée par contrat? Je vous fais grâce des savants commentaires que ce thème d'un Poquelin père usurier offre
l'occasion de développer dans un parallèle fantaisiste
avec Harpagon!

Toute l'existence du père de Molière a été tournée
selon la logique de cette erreur capitale. Par suite, nous
voyons un Jean Poquelin se remarier un peu à la manière
des coureurs de dot, puis, en toute occurrence, s'efforcer
de gruger et frustrer ses enfants, puis spéculer à leurs
dépens sur leurs besoins d'argent, sur leurs installations,
sur leurs sentiments même, puis, de chute en chute ,
s'affaisser et s'abaisser dans l'obscure malpropreté de
ses trafics ignobles, au point de perdre toute dignité
extérieure et personnelle dans son avilissement final!
La dégradation commencerait à s'accuser même à partir
de son second mariage, — et cela aboutirait à une vieillesse répugnante. Pour mesurer cet effondrement, savez-
vous quel terme de comparaison est mis en avant?

L'inventaire de 1632 que nous venons d'étudier. On en rapproche l'inventaire fait à la mort de Jean Poquelin, — et l'on triomphe là-dessus.

Le procédé est pour le moins étrange; car quiconque sait lire et a lu ce document doit véritablement éprouver un sérieux embarras à l'invoquer pour la conclusion qu'on en tire. Mais il y a des grâces d'état avec les documents; et ce qu'on avait fait pour l'inventaire de 1632, on le refait pour l'inventaire de 1669. C'est en 1669 que le père de Molière mourut. « Triste mort après une triste vieillesse! » s'écrie un de ses biographes... « Ce n'était chez lui qu'incurie et abandon!... *Plus de luxe dans les vêtements*, le linge et les ustensiles de ménage... » Comme argenterie, « six fourchettes, six cuillers et une tasse »... Enfin, « vingt-cinq tableaux représentant des sujets de sainteté, sauf quatre qui figurent une Vénus, des têtes de femme et une dame ». La valeur de tout cela n'atteint pas « 2,000 livres... » Tout cela « excite la commisération dédaigneuse du sergent à verge chargé de l'estimation », dit un autre moliériste.

Raisonnons. Si Jean Poquelin avait gardé en sa possession les bijoux, tentures et meubles revenant aux légitimes héritiers de sa femme, Marie Cressé, il n'y aurait pas assez de mots sévères pour le qualifier. Restitution intégrale leur en a été faite; doit-on l'incriminer de ne les avoir plus? Veuf depuis longtemps pour la seconde fois, solitaire et vieux, peut-il être de son goût et de son âge d'avoir un somptueux mobilier? Non. Eh bien, cependant, il se doit à lui-même, il doit à son rang, il doit à ses enfants de garder un honnête décorum et de soigner sa tenue. Il n'y manque pas. Il s'en départ si

peu, que la comparaison des deux inventaires va devenir
édifiante autrement qu'on ne s'y attendait. Les 2,000 livres
auxquelles se monte la prisée de ses meubles, hardes et
objets divers, en 1669, et qui le font prendre en pitié,
dépassent positivement la valeur de ce qui lui appartenait
individuellement dans l'inventaire de 1632. Inutile d'épi-
loguer à côté. *Plus de vêtements de luxe?* dites-vous. En
1632, la prisée des habits à l'usage de J. Poquelin est de
« 47 livres 10 sous ». En 1669, cette même prisée est de
« 71 livres [1] » ! Tel est le luxe de ces vêtements, que
Molière, vivant sur le pied de 30,000 livres de rente,
Molière plein de gloire, fêté à la cour, fêté à la ville,
Molière a une garde-robe bourgeoise moins riche et une
toilette moins soignée. La prisée des habits de Molière
est de « 65 livres », et son plus bel habit de sortie n'est
coté que « 25 livres » : son père en a un de « 30 »! —
En 1632, on citait avec estime les cinq tableaux de
l'appartement de la rue des Vieilles-Étuves. Ces cinq
toiles, « plus la glace de Venise », étaient évaluées
ensemble « 27 livres ». En 1669, Jean Poquelin possède
« 25 tableaux », d'une valeur totale de « 195 livres ». On
vante les splendeurs de la demeure de Molière. Ses
ennemis font bruyamment d'envieuses allusions à ses
meubles, à ses tentures, à ses « tableaux ». Combien
Molière en a-t-il, de ces fameux tableaux, témoignage d'un luxe insolent? Il en a « 18 ». Et ils valent?
J'en ai fait l'addition : « 88 livres », ni plus ni moins. La
valeur moyenne de ces tableaux-là est d'un peu plus de
« 4 livres et demie » pièce; la valeur moyenne de ceux

---

[1] Au taux actuel, ces 71 livres font de 360 à 400 francs.

de Poquelin père est de « 7 livres 5 sols ». — Parlez-vous avec commisération des « six fourchettes et six cuillers »? C'est vrai, en 1632, on en avait davantage. Cependant, Molière marié, ayant une femme coquette, qui aime le luxe, Molière donnant des diners, enfin, menant bon train de maison, Molière, à son décès, ne laissera que « 18 cuillers et 18 fourchettes ». Et, pour ne pas trop humilier le vieux Poquelin, par des confrontations extérieures, peut-être n'est-il pas hors de propos de se souvenir que Madeleine Béjart, morte avec la réputation d'être plus qu'à son aise, n'avait pour toute argenterie que « quatre fourchettes » quand le vieux Poquelin en a « six »!

La vaine fantasmagorie des rhétoriques nuageuses passe un mauvais quart d'heure, parfois, au contact des froides réalités mathématiques. Ma foi! le plaisir d'être tranchant en l'honneur d'un honnête homme n'est pas à dédaigner. Je n'en abuserai pourtant pas. Mais comment s'interdire une dernière de ces vérités éclatantes? Jean Poquelin, dont on s'obstine à montrer la situation extrêmement embarrassée à la fin, laisse « 870 livres en argent comptant », selon un des écrivains dont je relève les erreurs incessantes. Il laisse, selon moi, « 914 livres ». Et comme il n'est plus marchand, s'il laisse après tout « 870 livres » seulement, on conviendra que c'est déjà un joli denier : cela représente près de 5,000 francs d'aujourd'hui. De fort riches bourgeois ne gardent pas toujours pareilles sommes chez eux, pour leurs besoins courants. C'est donc, à tout le moins, le symptôme évident d'une gène... absente. Or, de l'aveu de l'écrivain en cause, les créances de l'inventaire de 1669 « font un total d'environ 8,000 livres ». On observe aussi que Jean Poquelin a, de plus, une maison achetée « 8,500 livres »; mais comme elle est hypothéquée de 10,000 livres, on en profite pour assombrir encore le tableau noir. Comptons : 2,000 livres d'argent, 8,000 livres de créances, 8,500 livres de la maison : total, 18,500 livres. Faut-il en déduire le montant de l'hypothèque? Non. Les 10,000 livres empruntées, aux termes mêmes du contrat, sont applicables à un accroissement de valeur de l'immeuble. Par-devant notaire, Jean Poquelin s'est engagé à livrer les « quittances des ouvriers », en justification des dépenses. Donc, l'application des 10,000 livres à la maison s'opère aux fins déterminées d'une plus-value obligatoire. Cette même maison se louait naguère « 600 livres ». Réédifiée, elle ne peut qu'offrir un placement excellent. En tant qu'opération financière, l'emprunt ne serait donc pas une dette contractée, mais un moyen d'accroître les revenus déjà assurés. En tout état de cause, et fallût-il oublier encore que c'est Molière qui, sous le prête-nom de Rohault, fait les fonds de cette hypothèque; — à tout prendre, dis-je, même tout réduit au pis aller, même en passant aux profits et pertes cette somme de 10,000 livres, et en oubliant qu'il manque des créances au dossier, Jean Poquelin est-il à plaindre ? est-il réellement en déchéance? Non. Toutes déductions faites, il lui reste un avoir de 9,400 livres. Or, en 1632, l'inventaire « tel quel » des biens communs se chiffrait par 11,425 livres pour deux ayants droit. Jean Poquelin était donc, à sa mort, en admettant tous les déchets les plus invraisemblables, plus riche encore d'un tiers qu'au décès de sa femme. Il est, relativement à l'inventaire de 1632 « tel quel », il est riche et il a pourvu à l'éducation et à l'établissement de tous ses enfants, vis-à-vis de qui il ne s'est conduit ni en égoïste ni en grincheux avare.

Enfin, où trouvez-vous qu'il était, à ses derniers jours, morose et chagrin? Sa toilette est des plus soignées : le cas était rare alors chez les vieillards, et il est d'autant plus à signaler ici que l'on a argué du contraste en sens contraire! Au surplus, que, sur ce dernier détail, ou même sur l'appréciation générale de la dernière partie de la vie de Jean Poquelin, l'erreur que je combats se puisse autoriser de M. Eudore Soulié, je ne le conteste pas, et cela prouve que M. Eudore Soulié n'était pas infaillible. Les *Documents* qu'il a découverts et publiés parlent plus haut que lui-même. Je ne connais et ne reconnais qu'eux dans ce débat. Ils se prononcent pour l'abrogation des fables mises en cours sur le compte de Jean Poquelin!

IV

Il importe de reprendre, où nous l'avons interrompue, cette esquisse rapide d'une notice sur le père de Molière. On comprend qu'il ne s'agit pas ici de l'histoire d'un tapissier quelconque, ni de la biographie d'un père de famille banal. Molière était le fils de Jean Poquelin, et l'étroitesse tyrannique des préjugés bourgeois et professionnels, l'insuffisance d'esprit, de cœur, d'élévation intellectuelle et morale chez cet homme pouvaient exercer une si désastreuse influence sur les destinées du poète et de l'artiste placé sous sa double autorité de père et de tuteur, c'est-à-dire livré à ses volontés corps et biens, — elle pouvait être si funeste, cette influence, qu'il est bien naturel de s'informer exactement de ce que fut l'action du père sur son fils. S'exerça-t-elle avec le despotisme de l'ignorance ou avec la sagesse raisonnée d'une paternité clairvoyante? Un mot résumera d'avance ma pensée et mes conclusions immédiates : Jean Poquelin fit son devoir envers Molière.

Il faut réserver pour d'autres le rôle traditionnel de père baroque et rébarbatif. Instruit, bien élevé, il ne se prête pas au moule où ces types sont coulés d'ordinaire. Cet homme pratique, — il est Poquelin de sang et de sens, — n'est pas sensé sans être aussi, à l'occasion, sensible. Une apparence de fermeté, il est vrai, colore ses actes de plus de raison visible que de vive tendresse : ce caractère a néanmoins des dessous franchement bons et humains. Il aime les siens. Qu'un désaccord d'intérêt survienne entre son frère Nicolas et lui, vous serez tout étonné de retrouver, jusque dans l'acte notarié qui scelle leur réconciliation, l'affectueux écho de leurs vœux communs : « d'entretenir l'amitié fraternelle ». Il y a la note d'émotion discrète dans cette existence qu'on a dépeinte sous des traits secs et durs. On peut montrer, je suppose, les bons côtés de cette nature, sans paraître vouloir canoniser le père de Molière dès l'instant qu'on tâche de le faire mieux connaître. Ceux qui ont exclusivement attribué à Marie Cressé la direction si digne et si correcte de sa maison, durant la vie de sa première femme, doivent convenir que le sentiment, le goût, l'intelligence de cette correction et dignité domestiques, de cette tenue personnelle, il ne les devait qu'à lui-même. La mort de Marie Cressé avait été un malheur pour Jean Poquelin; elle n'avait pas pu être le signal d'une démoralisation.

Ses qualités étaient en lui et bien à lui. Il les garda jusqu'à la fin, inégalement, mais constamment. Il resta lui-même.

Au bout d'un an de veuvage, chargé de quatre enfants dont l'aîné avait dix ans à la mort de sa mère, chargé de soins domestiques et commerciaux, Jean Poquelin se remaria. Le 30 mai 1633, il épousait Catherine Fleurette, « fille d'honorable homme Eustache Fleurette, marchand de fer ». On a vu là une affaire d'argent. Il n'en est rien.

Le 30 septembre de la même année, Jean Poquelin achetait une maison située sous les piliers des Halles, avec la dot de sa nouvelle femme, et, plus tard, en échange de cette maison, il fournit, d'accord avec la famille Fleurette, et par acte du 15 janvier 1655, « la somme de cinq mille livres en deniers comptants », nécessaire à sa fille Catherine Poquelin-Fleurette, pour entrer comme religieuse au couvent de la Visitation Sainte-Marie de Montargis, où elle avait été élevée de bonne heure, et où l'avait précédée une tante de Marie Cressé. Une autre fille, morte en bas âge, était née de cette seconde union de Jean Poquelin. Les liens avec sa nouvelle famille furent, à leur commune louange, toujours étroits, et d'autant plus que l'alliance de Martin Poquelin, son plus jeune frère, les avait encore resserrés, en 1635, par son mariage avec Marguerite Fleurette, sœur de Catherine. Toujours étroite fut cette liaison, même après la mort de Catherine Fleurette, survenue le 12 novembre 1636. Pas plus au moral qu'au physique,

on ne connait le signalement de cette jeune femme, qui
n'a laissé pour tout souvenir que son nom dans l'histoire
de la famille de Molière.

Peu de jours après cette mort, Jean Poquelin procède
à une sage mesure : afin d'assurer l'avenir de son fils
ainé, il lui fait accorder, dans les formes légales, la survivance de sa charge. La sollicitude paternelle ne se
dément jamais. Que n'a-t-on dit pour la nier, cependant! Par ladrerie, stupide calcul, défiance inepte de
tout savoir, Jean Poquelin ne l'aurait pas envoyé, ce
fils, aux écoles jusqu'à l'âge de quinze ans! Il est vrai
qu'alors, il se serait rattrapé de ces retards. Alors, soudain, sans cause apparente, une réaction brusque se
serait produite. C'est sous le coup de cette détente subite
et inexplicable que le père Poquelin aurait résolument
mis l'enfant au collège, puis lui aurait assuré les leçons
de philosophie de Gassendi, en compagnie d'un groupe
de fils de famille, puis l'aurait poussé aux cours de droit
jusqu'à lui faire obtenir son diplôme d'avocat. Doit-on
en conscience rendre Jean Poquelin responsable de ces
incertitudes et de ces inconséquences? Les récits des
biographes se contredisent trop souvent pour qu'il faille
incriminer sans ombre de preuves la conduite de Jean
Poquelin : il est douteux que la responsabilité d'un
manque formel de logique lui incombe, à lui, plutôt
qu'aux anecdotiers. Cette péripétie biographique n'est,
j'en suis convaincu, pour ne pas dire certain, qu'un de
ces nombreux incidents dont on a coutume de drama-
tiser la vie de Molière.

Jean Poquelin n'avait pas besoin d'apprendre dans
Plutarque qu'il sied d'instruire les enfants.

Il le savait par expérience. On l'eût méprisé dans toute sa parenté, il se fût méprisé lui-même d'oublier à cet égard ce qu'il devait, ne fût-ce qu'à sa position de commerçant notable et honorable, syndic de sa corporation déjà, et appelé à tenir le haut du pavé parmi les premiers et les plus riches tapissiers de Paris, à la ville et à la cour. La considération dont jouissait Jean Poquelin est à elle seule un argument sans réplique contre cette niaise invention d'un Molière enfant condamné par un calcul stupide à l'ignorance perpétuelle. Les résultats répondent pour la générosité du principe. Molière sortit des collèges et des facultés instruit autant et plus qu'un fils de bonne bourgeoisie pouvait l'être au dix-septième siècle. Et quand, chez Molière, l'instinctif entraînement de la vocation dramatique parla plus haut que les espoirs secrets et longtemps caressés de son père ; quand une autre carrière que celle du commerce ou du barreau s'ouvrit avec la fatalité d'une exigence comminatoire du sort qui s'impose et veut être obéi, — Jean Poquelin, préparé d'ailleurs au consentement par d'honorables exemples fournis à foison dans les rangs mêmes de la noblesse, Jean Poquelin, aussi empêché de défendre sans scrupule que de permettre sans regret, laissa faire, sans abdiquer le droit de conseiller et de payer en conseillant.

Le 6 janvier 1643, le jour où Molière, après des essais inutiles à raconter ici, eut besoin de fonds pour la fondation ou plutôt la reconstitution à Paris de l'Illustre-Théâtre, — la bourse paternelle s'ouvrit à son appel sans difficulté : Molière toucha « six cent trente livres... tant de ce qui lui pouvait appartenir de la succession de

sa mère qu'*en avancement d'hoirie future de sondit père* ».
Ces derniers mots coupent court aux hypothèses sur les
termes dans lesquels le père et le fils se trouvaient dès
l'entrée de Molière au théâtre. La « malédiction paternelle » se traduisant par un avancement d'hoirie, ce
serait là un mode de reniement inédit.

En homme aussi prudent comme père que comme
industriel, Jean Poquelin se fit délivrer par son fils
aîné, tapissier démissionnaire, une renonciation éven-
tuelle et facultative de la survivance de la charge de
tapissier-valet de chambre du Roi, dont le second fils,
Jean, mieux disposé à rester dans la partie, devait être
appelé à bénéficier. Dès lors, dans la chronique dome s-
tique de la maison Poquelin, telle que les papiers du
père, précieuses archives, nous permettent de la reconstituer avec des intermittences inévitables, dès lors,
Molière ne fait guère parler de lui, sur les livres du marchand, que par ses emprunts à la caisse paternelle.

Nous avons là, du moins, une curieuse chronologie de
ses besoins d'argent et de ses dettes. Le 24 décembre
1646, Jean Poquelin s'engage à payer pour Molière, à
Léonard Aubry, la somme de « 320 livres ». Cette obligation fut soldée le 1ᵉʳ juin 1649, à la demande et sur
« une lettre missive dudit sieur Molière ». Le 4 août
suivant, payement par Jean Poquelin d'une somme de
« 125 livres » à « la femme Pommier », encore « à la
prière » de Molière. Ce compte courant était arrêté et
approuvé par Molière, de passage à Paris, le 14 avril
1651. Ici, l'infaillible rectitude du commerçant, incapable de faire tort d'un sou à ses enfants, même au
profit de l'un deux, s'accuse imperturbablement ; et vous

voilà enclins à croire que, chez Jean Poquelin, le cœur du père est étouffé sans pitié par l'impassible rigidité du teneur de livres, de l'agent d'affaires. Ne préjugeons rien ; surtout n'oublions pas que le crédit ouvert par le comptable est accordé, sans terme, sur sa propre succession paternelle, — si Molière ne désire pas s'acquitter avant cette échéance. Cela donne même une certaine grandeur à cette comptabilité, au premier abord si prosaïque et mesquine.

Dès maintenant, comment s'expliquer cette différence d'attitude chez le père Poquelin, s'il est vrai que l'histoire de ses rapports d'intérêt avec Molière soit conforme en réalité à ce qu'elle paraît être d'après la comptabilité domestique? Comment concilier la continuité d'affection et de concours durant les excursions en province et l'abandon où se trouva Molière, pendant la période critique de ses épreuves et de ses déveines théâtrales de 1643 à 1646? Comment expliquer la prison pour dettes?

On verra que Molière, en 1668, n'osera pas se mettre en face de son père pour lui prêter 10,000 livres. Pas davantage, encore moins dans les moments difficiles de 1643 à 1646, il ne devait oser recourir à son crédit, — non par crainte d'un inexorable refus, car il n'avait pas motif de douter de l'affection paternelle, mais parce qu'il croyait de son devoir de fils de ne pas revenir à la charge, par un appel de fonds qu'il jugeait sans doute abusif. Les 630 livres, reçues le 6 janvier 1643, n'excédaient-elles pas déjà le solde de l'héritage de sa mère, et n'avait-il pas touché un « avancement d'hoirie sur sondit père » ? Molière avait cet amour-propre de fils qui s'est placé, vis-à-vis de sa famille, dans la situation d'un jeune homme sûr de son avenir, et à qui il en coûte d'avouer trop tôt son erreur, sa défaite. L'attachement de son père ne lui rendait-il pas cette confession d'autant plus douloureuse? Il ne se résigna vraiment à demander son appui qu'à la veille de son départ pour la province et quand, ses embarras liquidés, il n'avait plus besoin que d'une caution de forme pendant son absence, vis-à-vis d'un créancier, Léonard Aubry, peu pressant d'ailleurs. Un peu naïvement peut-être, mais très noblement, Molière s'était cru en délicatesse de bourse, sinon de cœur, avec son père, et, à aucun prix, il ne voulait le prendre pour confident, pour témoin indulgent, mais attristé, de ses déboires et de ses désastres.

Qui peut affirmer d'ailleurs que Jean Poquelin apprit jamais que son fils avait été emprisonné au Châtelet? En tout cas, qui peut prétendre qu'il en fut informé avant ou pendant l'emprisonnement, à temps utile pour venir en aide à son fils? Est-il sûr qu'en garantissant à Léonard Aubry sa créance, puis plus tard en réglant la femme Pommier, il fût parfaitement au courant de la nature de ces engagements de Molière? Mais dès que le départ pour la province obligea Molière, à divers points de vue, à constituer « élection de domicile à Paris », Jean Poquelin n'ignora plus que son fils avait besoin de quelqu'un qui fût son répondant et correspondant à Paris, et Jean Poquelin fut, pour Molière, le banquier donné par la nature.

V

Le compte arrêté entre Jean Poquelin père et son fils aîné, au 14 avril 1651, avait suivi de près le retour de Molière à Paris. Ce retour avait-il été provoqué par des considérations de famille ou d'exploitation théâtrale? Par les deux sans doute. La date exacte de l'arrivée de Molière à Paris est ignorée; mais on peut la rapprocher de la fin de février 1651. Le 14 de ce mois, sa sœur Marie-Madeleine Poquelin épousait, sans que Molière fût là, André Boudet, « marchand tapissier du Roi », très honnête et très distingué marchand, chef d'une importante maison. Marie-Madeleine Poquelin eut « cinq mille livres » de dot de la succession maternelle, sans préjudice de ce qui lui reviendrait de son père. Jean Poquelin poursuivait l'établissement méthodique de ses enfants. En septembre 1654, son fils Jean, déjà survivancier de sa charge, prit la suite de son magasin de tapissier et de marchand d'ameublements de luxe. A cet effet, il s'installa dans cette maison sous les piliers des Halles, acquise des deniers de Catherine Fleurette et réparée, mise à neuf. Là, le 15 janvier 1656, il s'unissait à une jeune femme d'instruction négligée, mais d'excellente famille, Marie Maillard, nièce de Guilleminaut, commis au greffe de la chambre des comptes, et pupille de Mathieu Bourlon, conseiller au Parlement et père de Charles Bourlon, évêque *in partibus* de Césarée, coadjuteur de l'évêque de Soissons, auquel il succéda dès l'année suivante.

La clientèle de Poquelin, le fils, et de Boudet, le gendre, de plus en plus belle, s'étendait dans la meilleure société, dans les plus hauts parages. Les transactions étaient organisées sur un grand pied, même en dehors de Paris. André Boudet voyageait au loin. En décembre 1653, il avait séjourné à Lyon d'abord, puis en Italie. Il faisait, pour les cuirs, « le commerce du Levant ». Et il ne faut pas mesurer à la modestie apparente des capitaux mentionnés dans les contrats, à cause des taxes fiscales, la réelle extension de leurs affaires ni l'importance précise de leur avoir. Cette prospérité commerciale concordait, de plus en plus, avec les succès croissants de Molière. Le père Poquelin devait assister avec satisfaction à la réussite déjà complète de son fils aîné, dont la troupe passait pour la plus remarquable et la plus brillante de la province, et dont les bénéfices étaient assez considérables pour que Madeleine Béjart fit, en deux fois, un placement de fonds à Montpellier de plus de 13,000 livres.

Tous les enfants de Jean Poquelin étaient pourvus, et lui ne s'était pas dessaisi de la majeure partie de son bien; il était donc fort à son aise. Il aurait pu se reposer. Mais il était du sang des Poquelin, et le commerce était son véritable élément : l'habitude professionnelle lui était trop devenue une seconde nature pour qu'il se résignât à prendre sa retraite. Il continuait d'exercer sa charge de tapissier du Roi, dont il n'avait cédé que la survivance. Tout en prêtant le concours de sa longue expérience à son gendre, et à son fils surtout, il ne cessa

2.

de participer aux fournitures collectives de la maison du
Roi, auxquelles il avait droit par privilège, et dont les
bénéfices étaient d'ordinaire assez rémunérateurs pour
ne pas être dédaignés. Le mobilier royal « de campagne »
était une véritable prébende pour lui et « ses compagnons d'office », à cause des occasions fréquentes de le
renouveler.

Faut-il qualifier d' « âpreté au gain » cette légitime
manière de faire son métier? La passion de Jean Poquelin pour l'état qu'il exerce et aussi pour le travail, l'action en général, n'est-elle pas, autant que l'ardente
convoitise des résultats, la cause essentielle de cette
règle de conduite du vieux marchand, trop entraîné,
depuis la jeunesse, pour n'avoir pas horreur de l'oisiveté?
C'était son devoir et son honneur de rester à son poste.
Aussi Molière l'y retrouvait-il à son retour. L'accueil
qu'il réservait à Molière, venant se fixer à Paris, était
prévu ; et c'est « en la maison de Jean Poquelin » que
Madeleine Béjart, qui avait précédé la troupe à Paris,
pour y louer une salle de spectacle, fait « élection de
domicile, le 12 juillet 1658 ».

Du père de Molière à ses camarades, on sent que cela
se passe presque en famille, avec une sensible et visible
nuance d'amitié. Pourquoi non? Avons-nous vu et a-t-on
jamais vu que les sentiments de Jean Poquelin fussent
tout autres auparavant? L'*Élomire hypocondre* rappelle
que, dès les premiers jours de l'ouverture de l'illustre-
Théâtre, « les parents » de la troupe avaient été les plus
assidus spectateurs : a-t-on vu, avons-nous dit, que Jean
Poquelin était incapable d'être du nombre? Mais c'est
justement cette capacité qu'on n'admet pas; et, étant

donnée l'opinion qu'on affiche sur la bassesse morale de l'homme, il n'est possible aux détracteurs du père de Molière que d'attribuer à une plate complaisance de son égoïsme cette réception faite à Madeleine Béjart, associée de son fils enrichi. L'erreur, cette fois encore, est une indignité!

MOLIÈRE A TOULOUSE

Le savant Eudore Soulié (beau-père de Victorien Sardou) avait été chargé, par arrêté ministériel du 21 août 1863, d'une « mission ayant pour but de rechercher, dans les archives publiques et privées des départements, notamment à Rouen, Lyon, Vienne, Grenoble, Montélimar, Nimes, Montpellier, Pézénas, Béziers et Narbonne, les faits relatifs à la vie de Molière ». Mais l'infatigable investigateur, qui avait opéré dans les études des notaires de Paris de si curieuses et si importantes découvertes, bientôt rebuté par les difficultés et la stérilité de son entreprise en province, s'arrêta dès la troisième étape de la route. Après avoir visité Rouen, Lyon et Grenoble (sans même passer à Vienne), M. Eudore Soulié revint à Paris, convaincu que là seulement se trouverait encore la vérité sur cette énigmatique période de l'existence de Molière, de 1646 à 1658. Il se trompait, et les révélations qu'on a dues depuis vingt ans aux érudits de province, à MM. Brouchoud, pour Lyon, de la Pijardière et Gaudin, pour Montpellier, Magen, pour Agen, Rolland, pour Albi, Roschach, pour Toulouse, et à bien d'autres, ont prouvé l'excessive promptitude de M. Eudore Soulié à

abandonner la partie. C'est dans les départements, au
contraire, que les faits relatifs à la vie de Molière se rencontrent presque exclusivement pour ces douze années
de son séjour loin de la capitale. Les documents nouveaux se multiplient à mesure qu'on fouille dans les
dépôts publics ou privés. Dans cette biographie du grand
homme, où deux ou trois dates à peine se pouvaient fixer
en un si long espace de temps, on serre de plus en plus
les indications précises, et l'on entrevoit la possibilité
prochaine de dresser enfin l'itinéraire positif et presque
quotidien de ses pérégrinations incessantes à travers la
vieille France, à l'ouest, au midi, à l'est, partout où
l'Illustre-Théâtre se fit applaudir. Rien ne démontre mieux
la conception restreinte et fausse qu'on avait, il y a vingt
ans, de l'histoire de Molière en province, que le silence
gardé sur Toulouse dans l'arrêté ministériel qui confiait
à M. Eudore Soulié sa mission. Longtemps on a contesté
et nié le passage de Molière à Toulouse, et quand on
l'affirmait, on n'avait guère, par contre, que des conjectures et des légendes à invoquer en témoignage. Mais
l'érudition a finalement tiré les choses au clair, et il reste
désormais irréfutablement établi que la célèbre cité capi-
toline fut, à reprises diverses et plus souvent qu'on ne
croit, une des mémorables stations dramatiques de
Molière. Qu'on me permette, selon une expression même
de Molière, d' « ouvrir les idées là-dessus ».

I

C'est en 1646, et quand une cruelle expérience eut appris à Molière et à ses camarades que la place n'était vraiment pas tenable à Paris pour eux, que l'Illustre-Théâtre, recomposé, se décida à tenter fortune en province, sous la direction de Charles Dufresne, un Normand qui s'entendait aux choses théâtrales. Dufresne exploitait la province depuis au moins quinze ans. En 1633, on le voit déjà à Bordeaux. Il avait même pris pied et faveur dans cette ville. Sa troupe, en ces derniers temps, s'intitulait « Troupe privilégiée du duc d'Épernon ». C'est sous sa conduite que Molière, les Béjart (la mère Marie Hervé, les frères Joseph et Louis, les sœurs Madeleine et Geneviève), René Berthelot, « fils d'un bourgeois de Nantes », Pierre Reveillon, un comédien qui n'en était pas à ses débuts, et d'autres associés, se virent agréés à la petite cour de Guyenne, où les galantes maîtresses du gouverneur, les belles d'Artiguères et de Méricourt, réclamaient à l'ordinaire le divertissement de la comédie et des ballets. Jusqu'à la révocation du duc Bernard de Nogaret d'Épernon, comme gouverneur de Guyenne (octobre 1650), Bordeaux fut le siège, le quartier d'hiver de l'Illustre-Théâtre. Il y résida de novembre à la fin du carnaval à peu près invariablement tous les ans. Un premier document authentique, extrait des archives d'Albi [1],

---

[1] *Archives communales*, série CC, 495. Voir l'*Histoire littéraire d'Albi*, par M. Rolland.

et qui est probant à double fin, atteste à la fois que l'Illustre-Théâtre est en service régulier auprès du duc et qu'il est déjà passé à Toulouse.

Il est dit dans ce document que « la troupe des comé- « diens de Mgr le duc d'Épernon *estant venue esprès de la* « *ville de Tholose* en ceste ville (d'Albi) avec leurs ardes et « meubles, et estant demeurée pendant le séjour de « Mgr le comte d'Aubijoux, il leur fust accordé pour le « dédommagement la somme de 500 livres payée et « avancée par la susdite ville d'Alby, résultant de la « quittance concédée par les sieurs Charles Dufresne, « René Berthelot et Pierre Rebelhon... »

Le comte d'Aubijoux, un des grands seigneurs gauloi- sants de la joyeuse société toulousaine, connaissait Molière, et c'est pourquoi il avait sans doute tenu à l'avoir durant son séjour dans l'Albigeois, qu'il visitait en qualité de lieutenant du Roi en Languedoc. L'entrée du comte à Albi est du 27 juillet 1647. Et qu'on ne s'ima- gine pas que l'Illustre-Théâtre était alors une troupe à « tréteaux volants », une bande de comédiens de foire, ou à peu près! La lettre (retrouvée encore dans les mêmes archives d'Albi) qu'écrivait le comte de Breteuil, intendant de la province, pour faire rendre justice à Du- fresne et compagnie, qu'on tardait trop à indemniser, ne donne pas une médiocre opinion de ces prétendus vagabonds : « *Ceste troupe*, écrit l'intendant, *ceste troupe* « *est remplie de fort honnestes gens et de très bons artistes.* »

La tradition toulousaine qui mettait en relations d'amitié Goudelin et Molière, du fait de ces documents, devient fort vraisemblable. La logique des destinées est, certes, chose délicate à dégager après coup. Mais com-

ment ne pas remarquer que le rapprochement des deux
poètes s'explique par bien des causes d'attraction sym-
pathique? Quoi d'étonnant à ce que le poète populaire,
qui composait et débitait en comique incomparable les
« prologues de ballets » pour le duc de Montmorency, ait
apparu à Molière comme un précurseur et un modèle?
Molière va, lui aussi, être le Goudelin, et plus que le
Goudelin, du propre neveu et héritier de Montmorency.
— Vienne Conti à la Grange des Prés, et le rôle du
poète parisien ressemblera au rôle agrandi du poète méridional. La vocation d'amuseur public, chez Molière, a
pris le mot d'ordre et les leçons de tous les maîtres qui
pouvaient la développer et l'exalter. Goudelin fut un de
ces professeurs de l'art d'amuser.

Aussi bien, l'occasion de faire connaissance se repré-
senta pour Goudelin et Molière en 1649. Cette année-là,
encore, Molière repassa, en effet, à Toulouse au mois de
mai. Un article du *Livre des Recettes et Dépenses* des Capitouls pour l'année 1649 en fait foi. Quoique le texte ait
paru (6 mars 1864) dans un journal toulousain, il n'est
point inutile de le transcrire ici, car les abréviations
dont il fut l'objet ont l'inconvénient de trop couper court
à de nouvelles informations. Je cite donc intégralement :
— « Du 16 mai 1649. — Au sieur Du Fraisne (*sic*) et autres
« comédiens de sa troupe, la somme de septante-cinq
« livres que l'arrest ordonne, pour avoir du mandement
« de messieurs les Capitouls joué et faict une comédie
« lors de l'arrivée de Monseigneur le comte de Roure,
« lieutenant général pour le Roy en Languedoc, en la
« présente ville de Thse. Tout ainsy et comme est plus à
« plein exposé au billet signé par quatre desdits sieurs

« Cappitouls, attaché au mandement à moy expédié le
« quatriesme de may mil six cens quarante-neuf. Con-
« trollé et quittancé. »

Dans le résumé publié par M. E. Raymond, les « septante-cinq livres » deviennent « soixante-quinze livres »,
et le mal n'est pas grand, encore que cette lecture puisse
prêter aux équivoques par son défaut d'exactitude matérielle. De plus, *du Fraine* est transformé en *du Fresne*,
et ceci encore ne tire pas outre mesure à conséquence,
quoique la sincérité absolue soit préférable à cette liberté
de transcription. Mais où commence l'abus de l'arran-
gement (je devrais dire du dérangement), c'est quand on
tranche et retranche à son gré, sans prendre garde à
l'intérêt que peut offrir la totalité du texte respecté en
sa teneur. M. E. Raymond avait laissé ignorer à ceux
qui n'ont pas été à la source (et combien de moliéristes
prennent la peine d'aller aux archives comparer et con-
trôler?) qu'un *billet* plus explicite que le paragraphe du
Livre de Recettes et Dépenses devait exister et, si on le
découvrait, serait de nature à compléter les maigres
renseignements qu'il faut, par induction, tirer d'un texte
singulièrement laconique! Que le « *du Fraine* et ses camarades » ici mentionnés soient le « Charles du Fresne et
ses camarades » d'Albi et de Bordeaux, cela ne paraît pas
douteux. Je le crois. Et cependant, je sais et je suis obligé
de dire qu'il y avait alors en province un autre « du
Fresne » que le camarade de Molière! A la fin de cette
même année 1649, « Jacques Canal, seigneur du Fresne,
oculiste de la maison du Roy », se fait autoriser par le
conseil de ville de Dijon « à construire dans le tripot de
« la Poissonnerie un théâtre où il *fera jouer la comédie,*

« *danser des ballets,* et où il pourra débiter ses drogues à
« un prix raisonnable [1] ». Ce du Fresne était un cousin
du P. de Saint-Louis, un des *Grotesques* de Théophile
Gautier. Il était originaire du Comtat, comme un autre
chef de troupe qui devint aussi le camarade, l'associé de
Molière : le musicien-chorégraphe La Pierre, dit *le Comtadin*. La Pierre jouera, à Montpellier, en 1655, aux côtés
de Molière, dans le *Ballet des Incompatibles,* et une fois
Molière de retour à Paris, La Pierre figurera dans la plupart des ballets et intermèdes des comédies du maitre.
Un scrupule peut vous prendre devant ces circonstances
où l'homonymie de Jacques du Fresne et de Charles du
Fresne ne fait dépendre une distinction nécessaire que
d'une différence de prénoms. La Pierre et son compa-
triote Jacques du Fresne n'ont-ils jamais joué avec Molière avant 1655 ? Notez qu'en 1647, pendant que Molière
est à Albi, une troupe qui ne peut être que celle de La
Pierre, très en vogue en Languedoc grâce au patronage
du maréchal de Schomberg, qui avait ordonné de construire pour elle une galerie dans l'hôtel de ville de Narbonne pour que le public y fût « moins pressé », la
troupe de La Pierre représentait à Castres « un ballet »
dont le prologue avait été composé par le poète populaire de Montpellier, Roudil [2]. Comment, en présence de
ces particularités de nature à intimider les esprits portés
à voir Molière toujours et quand même avec « du
Fresne » — comme s'il n'y avait qu'un du Fresne ! —
comment ne pas sentir l'espèce de supercherie qu'on

---

[1] *Inventaire des archives communales* de Dijon.
[2] Roudil composa un madrigal sur la mort de Molière, qu'il
avait connu en Languedoc.

paraît commettre à tronquer un texte juste au point où il laisse espérer un surcroît de lumière par un document accessoire? — Je suis heureux de pouvoir dire que le savant archiviste de Toulouse, M. Roschach, qui, le premier, avait signalé à M. E. Raymond le paragraphe du *Livre* des capitouls, a bien voulu me promettre de rechercher et de me communiquer ce *billet* auxiliaire et corroboratif qui manque si fâcheusement! La question en serait du coup éclaircie à fond.

En l'état, et sous bénéfice d'inventaire ultérieur, je crois que le « du Fraine » dont il s'agit ici est bien le Charles du Fresne de l'Illustre-Théâtre. Des études assez nombreuses sur les excursions de Molière en province, dans chaque province, m'ont initié aux marches et contremarches de sa troupe, soit qu'il y figure en nom, comme à Nantes, soit qu'il y laisse seulement deviner sa présence, tacite, mais plus que probable. Or, quand du Fresne se montre à Toulouse en mai 1649, il vient de Limoges et il va selon toute apparence à Montpellier, où le comte de Roure va présider les états de Languedoc (du 1er juin au 23 novembre). Fin décembre 1649 et première quinzaine de janvier 1650, Molière sera positivement à Narbonne, Molière et Charles du Fresne aussi. Deux baptistaires bien connus certifient doublement le fait. Molière ne quitte Narbonne que pour se rendre à Agen par « ordre » du duc d'Épernon, qui, chassé de Bordeaux, a transporté à Agen le siège de son gouvernement. La révolte des Bordelais ne lui a pas ôté le goût des plaisirs. Le théâtre est la distraction préférée des galantes amies du duc. Molière et ses camarades ont trop à gagner à leurs caprices pour ne pas répondre au

premier appel. Cette fois, il ne séjourne pas à Toulouse.
Il n'y reviendra qu'au carnaval de 1652 pour jouer l'*Andromède*, de Corneille, avec Dassoucy, l'empereur du
burlesque, devenu Languedocien d'acclimatation.

II

Nul contemporain de Molière n'a parlé de sa jeunesse
en province, si ce n'est Dassoucy. Tous les biographes de
l'un et de l'autre répètent à l'envi qu'ils se rencontrèrent
pour la première fois à Lyon en 1655. Mais il est prouvé
— j'ai prouvé, dans le *Moliériste,* sixième année, livraison
de septembre 1884 — que Dassoucy et Molière s'étaient
trouvés ensemble aux états tenus à Carcassonne, sous la
présidence du comte d'Aubijoux (du 31 juillet 1651 au
10 janvier 1652). Cette preuve, ni les archives des villes,
ni les archives des notaires, ni les registres des paroisses
ne me l'ont fournie. Elle était tout simplement dans une
lettre adressée par Dassoucy à *M. de Molieres (sic)*, lettre sans
lieu ni date, mais qui ne pouvait pas être postérieure au
mois de « juillet 1653 », l'achevé d'imprimé des *OEuvres
meslées*, où elle se trouve, étant de cette date-là. Depuis
vingt et trente ans, du reste, Paul Lacroix (bibliophile
Jacob), dans sa *Jeunesse de Molière* (1859), avant lui, Lu-
dovic Lalanne, dans la *Correspondance littéraire* (1857), bien
d'autres érudits, tels que M. Péricaud, le savant bibliothécaire lyonnais, s'ingéniaient à déchiffrer cette lettre,

que les Toulousains au courant de leur histoire locale
me dispenseront de commenter, car ils n'auront qu'à
rappeler leurs souvenirs pour en comprendre à demi
mot l'explication. Voici d'abord cette épître fameuse
qui a mis tant de Saumaizes à la torture !...

« A M. de Molieres (sic).

« Je vous demande pardon de n'avoir pas pris congé
« de vous. M. Frésart, le plus froid en l'art d'obliger
« qu'homme qui soit au monde, me fist partir avec trop
« de précipitation pour m'acquitter de ce devoir. J'eus
« bien de la peine seulement de me sauver des roues
« entrant dans son carrosse, et c'est bien merveille qu'il
« m'ait pu souffrir avec toutes mes bonnes qualités,
« pour la mauvaise qualité de mon manteau, qui luy
« semblait trop lourd ; cela vient du grand amour qu'il
« a pour ses chevaux, qui doit surpasser infiniment celui
« qu'il a pour Dieu, puisqu'il a vu presque périr deux de
« ses plus gentilles créatures sans daigner les soulager
« d'une lieue. Je ne vous saurais exprimer avec quelle
« grâce le plus agile de mes pages faisait dix lieues par
« jour ny les louanges qu'il a emportées de sa gentil-
« lesse et de sa disposition. Pour celuy qu'il y a si long-
« temps que je nourris, peu s'en est fallu qu'il n'ait fait
« comme le chien de Xentus qui rendit l'âme pour avoir
« suivi son maître avec trop de dévotion. Je ne m'étonne
« pas si la cour l'a député aux états pour le bien du
« peuple, le connaissant si ennemy des charges. Je lui
« suis pourtant obligé de m'avoir souffert avec mon
« bonnet de nuit, n'ayant promis que pour ma personne.

« Je remercie Dieu de cette rencontre et suis... —
« C. D. »

Que le lecteur se reporte à la session des états de
Languedoc de 1651-52, telle qu'elle est décrite dans l'*Histoire du Languedoc* continuée par M. Roschach, il n'aura
pas de peine à voir que *Frésart* et le conseiller à la
cour de Toulouse *Frézals* ou *Frésals* n'en font qu'un;
que c'est de lui qu'il est question, car le conseiller Frésals « ennemi des charges » fut député effectivement à
Carcassonne par le Parlement à la fin de décembre 1651
et en revint dans les premiers jours de janvier 1652.
Frésals était un lettré, et, quoi qu'en dise Dassoucy, il
n'était pas homme à mieux aimer être vu « à la portière
de son carrosse qu'au frontispice d'un livre ». Il prati-
quait les poètes. Maynard avait été son ami personnel.
C'est lui qui fut un des promoteurs de la pension à Goudelin. Par sa liaison avec Bernier et Chapelle, il se
rapprochait assez de Molière pour qu'ils ne restassent
pas l'un à l'autre étrangers, et le ton dont en parle
Dassoucy indique bien que Molière le connait déjà. Bref,
la lettre de Dassoucy est du mois de janvier 1652. Elle
fut écrite de Toulouse, où, du reste, Molière ne dut pas
tarder à se rendre à son tour pour y donner la comédie
et des ballets pendant le carnaval.

On a remarqué sans doute la froideur de M. *Frésart*
envers Dassoucy, qu'il supporte dans son carrosse. C'est
que Dassoucy commençait d'avoir à Toulouse cette dé-
testable réputation que son aventure de Montpellier
allait parachever honteusement. Il avait eu déjà des
démélés outrageux avec les dames de Toulouse, notamment avec la femme du syndic du diocèse aux états du

Languedoc, madame Mamye ou La Mamye. Deux lettres, adressées par Dassoucy à cette dame « vieille, laide et barbue », donnent le ton de ces querelles scandaleuses et qui peignent les mœurs. Elles se trouvent tout à côté de la lettre à *M. de Molieres*, dont elles semblent contemporaines. J'y renvoie les curieux, et je me borne à en tirer cette conclusion : qu'elles peuvent servir de pièces justificatives aux relations de Molière et de ses camarades avec la société toulousaine. Car Dassoucy était un camarade de Molière. Il était attaché à la troupe comme « joueur de luth en comédie ». Personne ne connaissait mieux que lui le Languedoc; il pouvait être « un fourrier » incomparable dans la province. A dix-sept ans, il avait été maitre de musique au château des Angles, près de Castres. A vingt ans, il donnait des leçons de luth aux plus belles et nobles demoiselles de Montpellier. Depuis, le Languedoc était devenu sa patrie adoptive; et comme « la bonne chère » était sans pareille à Toulouse, il ne se faisait pas faute d'y aller souvent. Il fut probablement l'introducteur de Molière dans les bonnes grâces de d'Aubijoux et des aristocratiques grands viveurs du temps. L'espèce d'infamie dont est resté marqué son nom peut rendre cette vérité répugnante; mais il ne faut pas oublier qu'en 1651, Dassoucy venait d'être le collaborateur de Corneille. La musique de l'*Andromède* est de Dassoucy. Dassoucy est du reste bien reçu partout. Quand il n'est pas avec Molière, on a chance de le trouver avec La Pierre. Le *Comtadin* et lui vont ensemble jusqu'en Savoie. Ils font des ballets en commun pour la cour de Turin. Mais l'un et l'autre reviennent de préférence en Languedoc. Ils sont comme du pays. Molière aussi.

III

La biographie de Molière ne sortira pas sans peine de la période préparatoire, et ce n'est pas sans difficulté que ceux qui ont la prétention de la compléter feront accepter leurs travaux. Elle offre de telles lacunes, et sur la plupart des points obscurs telle est l'inscription hypothécaire des préjugés sempiternels, que toute révélation de vérités nouvelles rencontre non seulement le scepticisme le plus méfiant, mais la contradiction la plus obstinée, la plus intraitable. Coordonner les matériaux anciens, en renouveler l'usage et la mise en place et en plan, grâce à l'appoint de particularités et de détails circonstanciés inédits, est estimé œuvre d'imagination, non d'érudition. Et la naïve intransigeance de ceux qui croient tout savoir ne s'aperçoit pas que, sur une question où il reste tant à apprendre, il serait sage et de bon goût de ne pas s'inscrire en faux *à priori*, — sans examen consciencieux et positif. — Permettez-moi de revenir sur un sujet non épuisé et qui surtout, et plus qu'un autre, est susceptible de démontrer les inconvénients de la prévention sourde et du parti pris aveugle.

Il s'agit du passage de Molière à Toulouse en 1647. Le lecteur se le rappelle, sans doute, il vient d'être dit, d'après un document des archives d'Albi, que Molière avait été, selon toute vraisemblance, appelé de Toulouse

à Albi pour l'entrée dans cette dernière ville du comte
d'Aubijoux, l'un des trois lieutenants généraux du Roi en
Languedoc. Une pièce authentique de la comptabilité
municipale d'Albi, pour l'année 1647, constate qu'une
troupe de comédiens, dirigée par du Fresne, René Berthelot et Pierre Reveillon (associés de Molière qui, lui,
n'est pas nommé), fut, en cette occurrence, chargée des
divertissements comiques qui faisaient partie du programme de la réception solennelle d'un grand personnage à cette époque. Cette entrée du comte d'Aubijoux
eut lieu « le 27 juillet », et la troupe reçut 500 livres
pour son salaire. Voilà ce qu'on savait l'an dernier.
Mais à quelle date Molière et ses camarades étaient-ils
venus à Toulouse? On l'ignorait. A quelle date avaient-ils
quitté Toulouse pour prendre la route d'Albi? On ne le
savait pas davantage. Jusqu'ici, nulle information n'a pu
faire la lumière avec une exactitude rigoureuse, absolue.
Mais si l'on veut bien se départir d'une exigence chro-
nométrique en cette affaire et se contenter d'une précision approximative de quelques jours, surtout quand sur
d'autres chapitres on est réduit à ignorer des années
entières de la vie de Molière; si l'on veut bien s'en tenir
à ne pas réclamer une fixation d'heures de départ et
d'arrivée, il me sera possible de poser en fait que le
séjour de Molière à Toulouse, cette fois, eut lieu entre
le 3 et le 25 juillet.

C'est « le 3 juillet 1647 » que le duc d'Épernon, dont
du Fresne, Pierre Reveillon, René Berthelot, et Molière
aussi, étaient les comédiens ordinaires, fit son entrée
solennelle à Toulouse, où il était de passage, pour affaires
administratives.

Le *Livre de dépenses des capitouls*, qui enregistre les frais et débours de la commune à cette occasion, atteste ce passage, par divers articles relatifs à la « collation », aux « armoiries » et à la « musique ». Molière avait apparemment suivi le duc d'Épernon, son protecteur. Maintenant, pour saisir les véritables rapports de cause à effet, notez que le duc d'Épernon était un ami personnel du comte d'Aubijoux, et si vous découvrez, comme je l'ai fait récemment, que le comte d'Aubijoux, dont l'arrivée à Toulouse était annoncée durant le séjour du duc d'Épernon, entra à son tour dans cette ville, avec la même solennité, « le 18 juillet » suivant, — vous aurez la transition logique toute trouvée entre le « service » des comédiens pour le gouverneur de Guienne et le « service » pour le lieutenant général de Languedoc. Le duc d'Épernon passe sa troupe au comte d'Aubijoux. Quant à la date du 25 juillet assignée au départ de Molière se rendant de Toulouse à Albi, elle s'explique par la nécessité des préparatifs de la représentation à Albi, tout au moins dès la veille de l'entrée solennelle qui motive sa présence dans cette ville. — Ainsi ce que j'ai appelé ailleurs « l'érudition trigonométrique », et qui, par deux faits historiques, conduit à la détermination d'un troisième, nous autorise à fixer le séjour de Molière à Toulouse, à cette époque, entre le 3 et le 25 juillet 1647.

Il ne faut pas trop s'étonner de ce minutieux travail de reconstitution du passé. La biographie de Molière exige une patience inouïe. Peut-être siérait-il aux regrattiers d'érudition qui ont pris à tâche de retrouver et de reproduire tout au long, dans certaine revue spéciale,

les actes notariés déjà découverts et suffisamment
analysés et utilisés par Jal, dans son *Dictionnaire critique,* peut-être leur siérait-il d'être plus modestes à
l'endroit de ces résultats acquis au jour le jour, sur un
domaine nouveau, et où l'entreprise d'aller du connu à
l'inconnu par une série de notions positives et scientifi-
ques, fruit d'une sérieuse enquête sur les lieux, a tout
au moins le mérite de la nouveauté. Il y va, après tout,
plutôt de leur intérêt que du mien. Parce qu'ils ne se
rendent pas compte du dessin d'ensemble de certaines
études éparses et données par fragments, s'ensuit-il
qu'elles soient faites au hasard? Oh! que non, s'il vous
plaît! Avec quelques poignées de cailloux bigarrés, un
mosaïste, s'il s'y entend, a de quoi composer une figure
d'art. Attendons la fin...

Mais ceci paraît s'adresser à quelqu'un en particulier.
Eh bien, oui, cela s'adresse à quelqu'un, voire à quelques-uns, — à ceux qui nient l'impérieuse obligation
d'étudier les archives et l'histoire locale pour connaître
les faits et gestes de Molière en Languedoc, durant la
période la plus ignorée de son existence. C'est ici surtout, quand on y a pénétré profondément, qu'on s'aperçoit que tout se tient et se tient de près. Et pour appuyer
d'un conseil ces réflexions qui ne sont pas sans quelque
portée pratique, j'engage par exemple tels moliéristes
à se demander si, à propos de Toulouse et d'Albi, certains magistrats ou intendants de Languedoc et de
Guyenne, les Margerie ou Marguerie, dont un fait acte
de présence à Albi vers le temps même où Molière s'y
rend, n'avaient rien de commun avec ce « *Margerie,*
commissaire des guerres », parent de « Pierre Béjart »,

attaché à la fortune du duc d'Épernon dès 1646 et qui,
ne leur déplaise, sert, selon moi, de trait d'union entre
les comédiens Béjart, ses cousins, associés de Molière,
et le gouverneur de Guyenne. Sur ce point, des recherches bien menées leur réserveraient, je leur en réponds,
la surprise d'ajouter un anneau, et non des moins curieux, à la chaine des faits successifs qui formeront la
biographie définitive de Molière.

MOLIÈRE DANS L'OUEST

Il y a quelques années encore, tous les biographes de Molière en étaient à croire et à écrire que Molière, en ses pérégrinations provinciales, avait fait un séjour unique dans les principales villes de l'ouest de la France. On parlait de « *son* voyage » à Nantes, à Fontenay-le-Comte, à Angers (?), à Poitiers (?), à Bordeaux (?) ; encore en parlait-on sous forme dubitative et hypothétique, surtout pour ces trois dernières villes, où nul document d'archives n'avait positivement révélé ou fait pressentir la présence de Molière. L'érudition a permis et permet d'être maintenant moins réservé, et pour le nombre des voyages du grand comique dans l'Ouest, et pour ses actes de présence même à Bordeaux et à Poitiers. Ce n'est pas *un*, c'est plusieurs voyages que Molière et ses camarades ont effectués dans cette région de la vieille France. L'opinion des « moliéristes » se range désormais à cette conception nouvelle des campagnes théâtrales de Molière; et persuadé qu'il n'y a pas grand honneur à revendiquer l'humble mérite d'avoir provoqué, sinon entièrement produit ce changement d'avis, je ne mets nulle fausse modestie à confesser que je suis l'instigateur de ce résultat [1]. Cet aveu me dispensera tout au moins de motiver plus expressément mon intervention personnelle dans la controverse, toujours pendante, relative à l'itinéraire de l'Illustre-Théâtre et des autres troupes au bord de la Loire, dans le Poitou et la Guyenne.

Toujours pendante, oui, elle l'est, cette controverse, et mieux que pendante, ardente. Un érudit du Mans, qui s'adonne avec un zèle tout spécial à l'étude des bandes comiques de province au dix-septième siècle, M. H. Chardon, après un premier volume publié voilà dix ans, revient à la charge sur un sujet qui lui est cher et, en vingt et un chapitres de la *Revue du Maine*, s'efforce de tirer à lui la couverture en matière de découvertes récentes. A quoi bon dissimuler qu'ici encore je suis en cause à chaque page? C'est bien sans intention d'être désagréable à M. H. Chardon que j'ai augmenté du double ou du triple le nombre des troupes de comédiens qu'il connaissait avant de m'en occuper à mon tour. N'ayant trouvé lui-même nulle trace de Molière au Mans et dans le Maine, M. H. Chardon met une sorte d'amour-propre irritable à repousser toute possibilité de séjour du comédien en ces parages. L'avenir le détrompera de ses illusions. Chaque année, de nouvelles recherches amènent des faits inédits; et sans cesse vient s'ajouter une nouvelle vérité à la série biographique des notions acquises sur l'existence inconnue de Molière. On doutait naguère, on niait même que Molière fût passé à Poitiers. Nier et douter ne sont déjà plus possibles : une brochure a paru à Poitiers qui jette là-dessus une pleine et

[1] Voir le *Moliériste* d'octobre et décembre 1884.

décisive lumière. Molière est allé à Poitiers, et non seulement Molière, mais cinq ou six troupes de comédiens que M. H. Chardon sera tout étonné de n'avoir pas signalées.

Au reste, sans entrer dans l'examen de cette brochure, œuvre posthume d'un moliériste (M. Bricault de Verneuil), je puis certifier par moi-même qu'il existe dans les registres des délibérations municipales de Poitiers une demi-douzaine d'articles concernant des troupes de théâtre : ce qu'on ne soupçonnait pas jusqu'ici. Il m'a été donné de feuilleter, lire et étudier très consciencieusement ces recueils d'annales communales, et j'en emporte de fort curieuses notes personnelles que j'utiliserai, le moment venu. L'essentiel, actuellement, est de pouvoir affirmer que Poitiers fut en réalité une des étapes certaines de Molière parcourant l'Ouest.

Au point de vue de l'histoire de notre théâtre français en province, au point de vue des mœurs comiques au dix-septième siècle, le contingent de particularités anecdotiques fourni par ce qu'on me permettra d'appeler le fonds poitevin, n'est pas d'un médiocre intérêt. Et il importerait qu'une enquête pareille à celle qui vient de réussir à Poitiers fût entreprise dans les autres grands centres que Molière est susceptible d'avoir visités. Certes, on a beaucoup pratiqué de fouilles dans les archives nantaises! Est-ce à dire que tout est épuisé? Les chercheurs ne doivent pas désespérer des surprises éventuelles. La « réserve » dé l'inexploré est féconde en révélations inattendues.

Qu'il soit permis à une conviction profonde à cet égard de négliger et dédaigner les sottes formules d'une

vanité d'auteur qui se dérobe par orgueil : l'érudition
est, après tout, une science positive, et on peut constater
le résultat d'une recherche comme un géomètre la solution d'un théorème. Eh bien, n'est-ce pas à une date
fixée par moi-même, une année auparavant, que M. de
la Pijardière, l'archiviste de l'Hérault, a découvert le
second autographe de Molière, daté du 17 décembre
1650 ? Quand la conjecture d'un séjour de Molière à
Pézénas, avant même que le prince de Conti allât résider
dans cette ville, fut produite dans le *Moliériste,* l'incu-
rable scepticisme de quelques esprits exclusivement can-
tonnés dans les vieux cadres biographiques, ne prit pas
au sérieux mon hypothèse formelle, vraisemblable et
probable, — qui est aujourd'hui prouvée et vraie. Auto-
risons-nous de ces expériences pour ne pas nous décou-
rager! Non, le dernier mot n'est pas dit sur les séjours
de Molière dans l'Ouest.

On a établi, démontré que Molière était à Nantes au
mois d'avril 1648 ; et l'on s'en est tenu là. C'est trop peu.
Les pérégrinations de l'Illustre-Théâtre dans l'Ouest, en
Bretagne surtout, furent plus fréquentes qu'on ne le
suppose. On finira par reconnaître qu'elles prirent, par
exemple, Rennes pour un de leurs objectifs. Surtout,
gardez-vous de penser, comme le voudrait M. H. Chardon, que le plan des campagnes théâtrales de chaque
troupe dans l'Ouest était identique pour toutes, et
qu'elles suivaient une marche régulière, tracée d'avance!
Que l'opération d'ensemble fût préméditée et combinée,
c'est assez naturel ; mais que le hasard ne modifiât pas à
chaque instant le dessein primitif, voilà ce qui est inadmissible. A Nantes, est-ce que la troupe de Molière n'est

pas empêchée de jouer, dès le 19 avril 1648, et jusqu'à
nouvel ordre, à cause de la maladie du « gouverneur »?
Dès la veille de ce même jour, du Fresne « estant à
Nantes », à domicile, prend à bail le jeu de paume de
Fontenay-le-Comte pour le mois de juin, et quand il se
présente, n'est-il pas obligé d'intenter une action en justice pour faire tenir au « maitre paumier » son engagement? La part à faire à l'imprévu est considérable en
ces aventures. Ne l'exagérons pas, surtout ne la faussons
point par ignorance des causes exactes.

On se trompe, à coup sûr, quand on prétend que le
séjour de Molière à Nantes fut forcément et inopinément
abrégé par la concurrence d'une troupe de marionnettes
dirigée par « Ségale ». Il ne serait peut-être pas difficile de démontrer que Ségale, ou plutôt « Sevalle », était
une manière d'associé de Molière, — de même que le
comédien « Seurot », qui figure sur l'acte de Fontenay-
le-Comte, et dont M. Fillon n'a pu constater l'identité.
Seurot était bel et bien un joueur de paume fameux à
Paris. C'était une des célébrités du pont Neuf. Il suivait l'Illustre-Théâtre, en 1648, comme le danseur gym-
nasiarque Mallet l'avait suivi de Rouen à Paris, cinq ans
auparavant.

Aucune source, aucun moyen d'information ne doit
être négligé. Les corrélations des faits locaux sont de
nature à éclairer souvent des circonstances restées
ignorées. Ainsi quand je remarque sur les registres des
délibérations de Poitiers que la municipalité prend, « le
20 avril 1648 », des mesures « pour obvier à la conta-
gion », ne suis-je pas averti par là que Molière, s'il y est
venu en allant à Nantes, a dû forcément tenir compte

des appréhensions de peste qui inquiétaient Poitiers en avril?

La lumière de la vérité se fera sur cette complexe question des voyages de Molière aux bords de la Loire et dans l'Ouest. Sachons nous y prendre pour dissiper les ténèbres!

MOLIÈRE A PÉZÉNAS

On fait aujourd'hui en France, pour Molière, comme en Angleterre pour Shakespeare. C'est à qui, parmi les lettrés et les érudits, découvrira quelque particularité inédite sur la vie inconnue du grand homme. A Rouen, à Poitiers, à Bordeaux, à Agen, à Lyon, un peu partout, les archivistes font d'actives recherches, et chaque révélation est accueillie avec un croissant intérêt, aussi bien à l'étranger que chez nous. De vives controverses s'échangent parfois par delà les frontières. Celui qui écrit ces lignes a eu maintes fois maille à partir avec tel moliériste d'Allemagne ou d'ailleurs. A tout prendre, l'attention qu'on accorde à ce qui concerne Molière me justifierait, si besoin était, d'y revenir sans cesse à nouveau. Il s'agit cette fois d'un point obscur qui se tire au clair, grâce à un détail d'érudition locale.

Jusqu'ici, on croyait que Molière avait séjourné à Pézenas, d'abord en 1653, puis en 1655-1656. En novembre 1884, dans le *Moliériste,* j'indiquai, avant que personne en eût le moindre soupçon, que Molière et sa troupe furent appelés en service auprès des états de Languedoc siégeant à Pézenas en 1650-1651 ; et M. de la Pijardière, archiviste de l'Hérault, a bien voulu faire remarquer récemment que le nouvel autographe de Molière, dont on lui doit la découverte, venait confirmer pleinement et à souhait ma conjecture. En thèse générale, il faut se persuader que la troupe de Molière dut donner des représentations à *toutes* les sessions annuelles de l'Assemblée du Languedoc à partir de 1649. Les deux autographes retrouvés seront probablement suivis de plusieurs autres, les mêmes causes amenant d'ordinaire les mêmes effets. Mais ce n'est pas tout pour l'histoire de Molière en particulier et pour celle du théâtre en général, ce n'est pas tout que de pouvoir reconstituer date à date la chronologie positive de la comédie errante à cette époque. Il importe aussi, surtout, de bien connaître les mœurs, les lieux et les milieux où elle se produisait. Le génie même de Molière s'explique mieux par l'esprit de son temps. Dans tous les cas, c'est la vérité historique qui doit prévaloir.

Or, voici sur quel point spécial la lumière commence à se faire. Lorsque Molière fut, d'après les *Mémoires* de Daniel de Cosnac, appelé pour la première fois à jouer auprès du prince de Conti, à la Grange des Prés, dans la banlieue de Pézénas, le privilège d'être le comédien en titre de Son Altesse lui fut disputé, et même avec succès d'abord, par un autre directeur de troupe du nom de « Cormier ». Molière ne l'emporta sur son rival que par l'appui de Sarrasin et de Cosnac. Et en songeant que ce « Cormier » était peut-être le même qui, à Paris, sur le pont Neuf, jouissait de la réputation d'un « opérateur » ou charlatan fameux, Sainte-Beuve et d'autres écrivains s'étaient sentis « pris de pitié » de voir Molière mis en pareille balance. On doutait que le Cormier comédien et le Cormier opérateur fussent le même homme. L'identité paraît de plus en plus certaine. Une lettre que j'ai reçue en 1886 de M. Brouchoud, l'érudit lyonnais qui a tant fait pour les études sur la vie de Molière [1], confirme à ce sujet mes pressentiments personnels.

Il y avait à Lyon, en 1644, un du Cormier, — qu'on nommait du Cornier, par suite d'une erreur que mon ouvrage (*Molière inconnu*) a rectifiée le premier. Ce du Cormier était chef de troupe, et, avec ou sans la particule, il était associé avec un autre comédien, Béroin dit *La Fleur*, qui, lui, se trouvait à Dijon en 1652.

Probablement après son échec à la Grange des Prés, où la place était restée à Molière, Cormier ou du Cormier prit le chemin de Marseille. Là, il fit don, en février 1654, d'une somme de « trois cents livres » à l'hôpital de Caux, dans le voisinage immédiat de la Grange des Prés. Et ce trait de charité, — les comédiens étaient alors très généreux pour les pauvres, — ce trait atteste du moins que si Molière avait été en concurrence avec un « opérateur » du pont Neuf, celui-ci n'était pas un charlatan ordinaire. Cormier ou du Cormier avait sans doute, comme cet autre opérateur, le célèbre Barry, une troupe composée d'acteurs de grand mérite et d'actrices d'une rare beauté. On sait que Barry courait les foires de France et d'Europe pour exhiber toutes sortes de merveilles en décorations et en « femmes ». A voir les choses comme elles furent, il n'était pas si humiliant pour Molière de lutter avec de tels directeurs de troupes,

---

[1] Voir les *Origines du théâtre de Lyon*.

gens d'esprit et de cœur, en somme. C'est là le point à dégager.

Ai-je besoin d'ajouter qu'avant les découvertes récentes, on supposait que Molière, en disputant la faveur de Conti, avait l'air de lutter pour la vie, et qu'on sait au contraire qu'il était déjà riche à cette époque? Sainte-Beuve avait pu redouter que la carrière, la destinée même de Molière eût été manquée peut-être, si Molière n'avait alors, à l'exclusion de Cormier, acquis et conquis « la protection du prince de Conti ». Il est prouvé que Molière, avant 1653, et même avant 1650, était populaire en Languedoc, — et que la protection des états de la province avait déjà suffi à sa fortune.

LOUIS XIV... AU CASINO

On lit dans la *Gazette* du 12 août 1651 : — « Le 6, Leurs Majestez, accompagnées de Monsieur, frère unique du Roy, de Son Altesse Royale, de la princesse de Carignan et d'une partie de la cour, furent se promener au *Jardin du sieur Renard*, d'où elles virent sur la Seine des figures de syreines (*sic*) et hommes marins représentant diverses sortes de danses, et que le sieur Montbrun avait préparées pour leur divertissement. »

Qu'était-ce que ce Renard et qu'était-ce que son « jardin » ? Le personnage et son établissement sont intéressants à connaître : l'homme, pour ses relations et pour ses actes ; l'établissement, pour les rendez-vous galants et surtout pour les spectacles de chant et de danse qui s'y donnaient avec éclat. Célèbre dans les chroniques du temps, le jardin de Renard fut, à proprement parler, le premier casino inauguré en France ; les cafés-concerts actuels des Champs-Élysées ne font que continuer ses traditions. Au double point de vue de l'histoire des plaisirs parisiens et des annales anecdotiques du théâtre français, Renard est un type curieux à étudier. Voici donc une poignée de notes historiques sur Renard et sur son fameux jardin.

I

Pierre-Gabriel Renard, — qui signait « sieur de
Sainte-Marie », comme son fils Louis signait « sieur
d'Argouges », du nom de deux terres voisines d'Avran-
ches, — avait été, d'après Hurtaut et Magny, « valet de
chambre du commandeur de Souvré ». Il « avait de
l'esprit, de la souplesse, de l'obligeance », et il « *se connaissait bien en meubles et tapisseries* ». Je souligne ce
détail, car il a son importance spéciale pour les érudits
qui s'occupent de la biographie de Molière. C'est entre
les mains du commandeur de Souvré, premier gentilhomme de la chambre de Louis XIII, que Jean Poquelin,
père de Molière, prête serment, le 24 avril 1631, pour
son office de tapissier-valet de chambre du Roi. Plus
tard, la compétence de Pierre Renard en matière de
meubles et de tapisseries lui vaut un titre et des fonctions honorables dans l'administration du garde-meuble
royal. Il résulte, en effet, d'un document découvert par
M. Auguste Vitu et publié dans le *Moliériste* à l'époque
où il honorait ce recueil de sa collaboration [1], que
Renard était, à la date du 15 mai 1647, « commis au
recouvrement et à la réfection des meubles de la cou-
ronne ». Dans le même document, relatif à une mise en
adjudication d'un fonds de mobilier royal, il est spécifié

____

[1] Octobre 1882.

que les meubles en question, et à la réfection desquels
« fait travailler M. Renard », seront, après inventaire,
soumis à « la prisée et estimation » de « Jean Gabourg
et Thomas Breban, tapissiers ordinaires de Sa Majesté
et maîtres tapissiers de Paris », assistés de « *Jean
Poquelin*, Jean Bourlon [1] et Louis Dupont, aussi maîtres
tapissiers, à présent en charges de *jurez et gardes de la
communauté des marchands tapissiers de Paris* ». Cette fois,
le commandeur de Souvré, chez qui, d'ailleurs, et pour
cause, Renard n'est plus valet, est remplacé dans l'arrêt
du conseil, c'est-à-dire dans l'acte que j'analyse, par
« le sieur de Liencourt », chez lequel était entré comme
tapissier-concierge Nicolas Poquelin, oncle de Molière
et prédécesseur de Jean Poquelin dans la charge de
tapissier-valet de chambre du Roi. On voit dans quel
milieu nous sommes et quels rapports personnels deviennent possibles et plausibles entre Molière et Renard. On
va avoir une occasion prochaine de s'en souvenir uti-
lement : la biographie indécise de Molière doit avoir
recours aux faits et gestes comparés à propos.

Pierre-Gabriel Renard, à sa sortie de chez le commandeur de Souvré, avait acquis les charges « d'arquebusier ordinaire du Roy et garde du cabinet de ses
armes ». Un logement lui avait été accordé dans le jardin des Tuileries, vers l'emplacement occupé aujour-
d'hui par l'Orangerie. Les quais de la Seine n'étant pas
encore construits, « l'enclos » du « logis » de Renard
avait accès jusqu'au fleuve. Par acte du 13 janvier 1643,

---

[1] Le 15 janvier 1656, Jean Poquelin, frère de Molière, épousa
une parente de ce Bourlon : Marie Maillard, qui était assistée
notamment de Charles Bourlon, évêque de Césarée.

le Roi, après avoir autorisé la survivance des charges de Renard en faveur de son fils Pierre-Louis, concéda au nouveau titulaire « six toises de longueur de terrains sur cinq de profondeur, à prendre depuis l'enclos dudit logis tirant vers le logement du capitaine, du costé de l'eau, pour y bastir *des forges* qui estaient de l'autre costé, vis-à-vis du palais, dans l'enclos des Tuilleries ». Bien entendu, « les forges » y mentionnées sont des forges d'arquebusier et d'artificier. C'est Renard, le fils après le père, qui a commission et privilège de donner les feux d'artifice royaux. Ce n'est pas une sinécure, car à chaque bonne nouvelle des armées, à chaque anniversaire de cour, à tout moment, des fêtes et réjouissances réclament le concours de « l'artillier ».

Comme le maitre Jacques de l'*Avare*, Renard se met en deux dans l'exercice d'une profession double. S'agit-il d'arquebusades joyeuses? La *Gazette* ne connait en Renard que le sieur de *Saint-Malo* ; car Renard se « dit de Saint-Malo » aussi souvent et plus que « de Sainte-Marie ». Mais par ressouvenir de son ancien état de valet, Renard juge-t-il à propos de transformer le jardin de son « logement » en rendez-vous « des gens du bel air », qui y soupent et y « amènent les violons »? Renard reste alors Renard tout court. Par exemple, cette mise du jardin à la disposition du public ne va pas sans commentaires plus ou moins bienveillants. Une anecdote du *Menagiana* en fait foi; et elle a d'autant mieux sa place ici qu'elle est signalée, sinon citée, dans la *Notice* sur le *Misanthrope* dans l'édition du Molière-Hachette, à cause d'un trait d'humeur et de mœurs de Montausier, en qui d'aucuns voient le prototype d'Alceste.

« Il y a des gens, dit le *Menagiana,* qui se plaisent à contredire sur toutes choses, jusque-là qu'ils ne se souviennent plus du sentiment dont ils étaient auparavant pour prendre le sentiment contraire, seulement pour contredire. Un seigneur de la cour un peu contredisant (c'était Montausier, au dire de La Monnaye), un seigneur de la cour que je ne nommerai point parce que je l'honore beaucoup, se promenait un jour avec un ami chez Renard, près des Tuileries. Cet ami lui dit que le maître du logis était bien fou d'abandonner son jardin au public, au lieu de s'y réjouir librement lui et ses amis. Le seigneur prit parti contre lui et lui prouva par belles et bonnes raisons que Renard ne pouvait mieux faire que de rendre sa maison le rendez-vous de tout ce qu'il y avait d'honnêtes gens à Paris. Le lendemain, ils se trouvèrent, sans y penser, près du même endroit. L'ami lui dit qu'on ne pouvait trop louer les soins que Renard prenait tous les jours de rendre son jardin le rendez-vous des honnêtes gens. Ce seigneur, qui, en toutes choses, prenait toujours le parti contraire, reprit brusquement que Renard était un fou et qu'il le fallait être autant que lui pour trouver bon que ce jardin, dont il pouvait jouir tranquillement avec ses amis, fût inondé par tout ce qu'il y avait de fainéants à la cour et à la ville. »

L'esprit, la souplesse, l'obligeance que montre Renard dans l'exploitation de son enclos ne contribuent pas moins à sa fortune que son habileté d'artificier. La jeunesse dorée, l'aristocratie mondaine apprend vite le chemin du « jardin de Renard », bientôt à la mode. Les promeneurs, les amoureux, oisifs ou non, du Cours-la-

Reine, font là leur petite station d'agrément. On y
vient, comme deux siècles plus tard on ira à la cascade
du bois de Boulogne. Naturellement, Renard fait ses
choux gras dans ce jardin. Mais ce n'est pas précisément pour l'art de faire bien ses affaires que cette notice
lui est consacrée ; et j'ai hâte d'ajouter, pour l'excuse de
ces explications, que, soit en tant que « Renard », soit
en tant que « de Saint-Malo », notre homme se retrouve
dans l'entourage ou intime ou immédiat de Molière à
ses débuts. Il y a là des coïncidences piquantes à noter
et dont l'anecdote précédente concernant Alceste Montausier ne diminue pas l'intérêt.

On sait que, le 10 mars 1643, la veuve Béjart, la mère
des associés et amis de Molière, introduit une requête
auprès du lieutenant civil pour être autorisée à répudier
la succession obérée de son mari, au nom de ses enfants
« mineurs ». Renard a un rôle ici. « Le conseil de
famille, comme on dirait aujourd'hui, observe M. Eudore
Soulié, le conseil de famille réuni aux termes de cette
requête, est assisté de Gabriel Renard, sieur de Sainte-
Marie, et de deux procureurs au Châtelet », sans compter
cinq autres parents ou amis des Béjart. Ignorant les
rapports de Renard avec la parenté de Molière et ses
relations de voisinage avec la famille Béjart (le domicile patrimonial de Renard était « rue Sainte-Avoie »),
les moliéristes ont été fort intrigués par la présence de
ce « sieur de Sainte-Marie », dont personne n'avait
jusqu'à présent établi ou pressenti l'identité individuelle.
Le vrai que nous révélons est du même coup vraisemblable. Il paraîtra assez naturel que la place de Renard
soit là, en pareille occurrence.

Deux ans se passent. L'Illustre-Théâtre fondé par Molière et les Béjart, avec le concours d'un groupe d'amis, entre autres « Ch. Beys », dit *Denis* Beys, l'Illustre-Théâtre n'a pas réussi à Paris. Qu'est-il devenu? A-t-il fait « le plongeon », comme le suppose le dernier historien de Molière? Le « sieur de Saint-Malo » va nous mettre sur la trace. Dans la *Gazette* du 16 septembre 1645, Ch. Beys reparait à côté de lui et dans des circonstances qui ne permettent pas d'affirmer qu'il est seul en scène, sans Molière et sa troupe. On célèbre l'entrée de Louis XIV dans « sa huitième année ». Une représentation à grand spectacle et vraiment féerique est donnée à la cour par Mazarin, « sur la rivière devant le Louvre ». Je cite le compte rendu de la *Gazette : « L'Isle de Colchos,* cette invention du *sieur de Saint-Malo,* artillier ordinaire et ingénieur des feux d'artifice des plaisirs du Roy, était composée de plus de 200,000 pièces de feu entre lesquelles il y avait plus de 700 ballons tant par air que par eau; cet élément ennemi du feu s'accommodant à l'allégresse publique au point de conserver ces flammes au lieu de les esteindre... Après quoy, Leurs Majestez, Mgr le duc d'Anjou, Mgr le duc d'Orléans et les cardinaux Bichi et Mazarini s'en retournèrent fort satisfaits, comme *Leurs Majestez le furent aussi des vers que leur présenta le sieur de Beys sur ce sujet.* » Effectivement, Charles Beys avait composé « *une ode pour le sujet* du feu d'artifice. Charles Beys de l'Illustre-Théâtre était aux côtés du sieur de Saint-Malo », et il avait raison d'y être. Ce n'est pas abuser du droit d'induction aux dépens de la saine logique, sans doute, que de ne pas trop séparer, cette fois, du camarade seul nommé les camarades non mentionnés. L'*Isle de Colchos* réclamait la présence de Molière et de ses associés.

Pierre-Gabriel de Sainte-Marie, dit de Saint-Malo, en dépit de sa position officielle à la cour et jusque dans l'enclos des Tuileries, ne reçoit pas exclusivement dans son jardin une société édifiante. La compagnie est forcément assez mêlée, à certains jours; et une fois sur deux Montausier a raison. Les « fainéants de la ville » y viennent trop, même ceux de la pire espèce, avec leur suite naturelle. Aussi est-ce sans une extrême surprise que j'ai eu de ses nouvelles, en tant que « cabaretier », dans une délibération de l'échevinage de Poitiers portant la date du 1er juin 1648. A cette époque, Molière, revenant de Nantes, devait être à Fontenay-le-Comte, comme il résulte d'une pièce justificative éditée en 1872 par M. B. Fillon; et en même temps que Molière prenait ainsi le chemin de Poitiers, où une récente monographie croit pouvoir affirmer sa venue et sa présence dans le second semestre de cette année 1648, en même temps le duc de La Rochefoucauld-Marcillac, client de Jean Poquelin, tapissier, et gouverneur du Poitou, arrivait à Poitiers pour séjourner dans ses alentours, dans l'un de ses châteaux. Et, synchronisme singulier! dans la délibération même où les échevins de Poitiers enregistrent le fait d'avoir rendu leurs devoirs à M. de Marcillac, il est rapporté (registre 99, page 205) que certaine femme galante, Marguerite Priot, veuve du « cabaretier » Marins [1], est dénoncée par la police comme nouvellement de retour en ville avec un nommé Nicolas

---

[1] Ce nom de Marins se trouve maintes fois porté par des comédiens du temps. Un, entre autres, eut des démêlés avec Conti.

Marbeuf : après avoir « mené la vie dissolue et lubrique à Poitiers, puis *à Paris* », elle est « accusée d'un crime capital par le nommé *Sainte-Marie* ». Je n'insiste pas sur ces corrélations. Le rapprochement avait sa raison d'être : les commentaires peuvent être réservés jusqu'à plus ample informé. Je ne crois pas être dupe d'une de ces malices que le hasard se plaît à faire aux érudits, en n'admettant pas ici une fortuite rencontre de noms.

Est-ce à dire que le jour où Louis XIV et une partie de la cour vont « se promener au jardin du sieur Renard », ils s'exposent à des accointances équivoques, à des promiscuités quelconques? Un peu. Le jeune roi n'était alors ni d'humeur ni de mœurs à s'en offusquer outre mesure. Il aimait à s'amuser en simple mortel, à ses heures. Le 6 août 1651, Louis XIV allait chez Renard pour se distraire, en partie de plaisir. C'était jour d'amusement pour lui; et le moment était bien choisi!

II

Pierre-Louis Renard était homme d'initiative, et il savait s'ingénier à donner à son établissement l'attrait de toutes les nouveautés. De joyeux viveurs tels que le marquis de Montbrun-Soucarrière, René Le Pays, Dassoucy [1], et les Fouilloux, et Boutet, ceux-ci Poitevins, grâce à leur familiarité avec Renard, ne négligeaient aucune occasion

---

[1] Voir dans les *OEuvres meslées* de Dassoucy (1653) un sonnet pompeux sur la chevaleresque conduite de Montbrun dans un duel.

opportune de lui suggérer des idées en fait de spectacles-concerts. Montbrun surtout était homme de ressources et de bon conseil, à cause de ses voyages à
l'étranger. Récemment, il avait obtenu de Mme de Cavoye le privilège des chaises à porteurs. Revenu depuis
peu d'Angleterre, il avait désormais à cœur d'importer
chez nous et d'inaugurer à Paris les *casinos* déjà en vogue
de l'autre côté du détroit. Il n'eut pas de peine à convaincre Renard de l'intérêt d'une semblable innovation
dans son jardin. Aux violons, au chant, Renard, d'accord
avec Montbrun, ajouta des représentations chorégraphiques; et c'est pourquoi, le 6 août 1651, le jeune
Louis XIV allait, comme tout le monde, au jardin de
Renard, où l'attendait un avant-goût des *Plaisirs de
l'Isle enchantée*. Les futures grandes fêtes de Versailles
étaient là en germe, à l'essai. Ne vous récriez pas. Des
poètes avaient collaboré à ces figurations de « syreines
et hommes marins ». Ne vous hâtez pas trop de prétendre qu'il ne pouvait y avoir, par exemple et toutes
proportions gardées, rien de commun, pas même l'inspiration poétique, entre l'apparition de ces « syreines »
et la « naïade » sortant des eaux dans une coquille que
personnifiera Madeleine Béjart disant le prologue des
Fâcheux... Pour sûr, Molière était à Paris à la date du
6 août 1651, et les amis de Renard étaient les siens, y
compris, surtout, Montbrun. « Les danses préparées »
par Montbrun chez Renard, à propos de la visite du jeune
roi, n'excluaient pas le concours de Molière. Au contraire.

Personne n'ignore qu'à cette époque Molière organisait des ballets en province. Il était revenu à Paris
depuis le commencement de cette année 1651; et si la

plupart des érudits mettent au compte et au nom de son quasi-homonyme *Molier* diverses participations de *Molière* aux ballets nombreux qui se succédaient à Paris dans les salons du beau monde, il n'est pas moins vrai que la gratuité de ces attributions ne résiste point à l'examen critique. Il n'est vraiment pas concevable qu'on ait obstinément voulu voir, dans la *Mascarade en forme de ballet*, représentée le 26 février 1651, le danseur *Molier* en lieu et place de *Molière*. L'exactitude orthographique du nom du grand comique est la moindre des présomptions d'identité. Ce qui est plus significatif que tout, c'est que les figurants du ballet, tous, même les chorégraphes et acteurs de profession, tous, sont précisément en relations personnelles avec Molière : le duc de Candale, le marquis de Villequier, le duc de Mercœur, M. de Saint-Aignan, le comte de Froulay, MM. de Fouilloux, autant d'amis et connaissances de notre poëte! Les érudits qui conjecturent la présence de *Molie,* seraient dans l'impossibilité de prouver que celui-ci était en rapport avec un seul, — un seul! — de ces grands seigneurs.

J'ai cité les Fouilloux et Boutet, Poitevins, parmi les habitués et conseillers de Renard. Boutet, qui se disait « gentilhomme », était un musicien de talent qu'on retrouve comme flûtiste distingué dans les parties musicales des ballets de Molière avec Lulli. Il était versificateur au besoin : son nom est inscrit parmi ceux des auteurs renommés qui, en 1655, en tête de la *Lyre d'Apollon* du jeune Beauchasteau[1], « font honneur par

---

[1] Sur ce livre, voir notre article de la *Revue d'art dramatique*, du 15 juillet 1884.

leurs suffrages de poëtes! » On ne s'en douterait pas;
c'est pourtant ainsi. Enfin, Boutet était un artiste de
marque. Ce n'est pas lui cependant qui avait pris la
direction d'une « bande » de musiciens recrutés du côté
de Poitiers et qui, alors, faisait florès à Paris. Grands
amateurs de danses et de musique, les de Fouilloux
s'étaient mis à la tête de cette troupe qu'on applaudit
fort, par exemple, le 23 juin 1651 sur « l'escalier de
l'hôtel de ville », pendant la réception faite à Leurs
Majestés, et à la fin du feu d'artifice tiré par de Saint-
Malo en leur honneur. Cette troupe se composait de
« huit musettes et autres instruments du Poitou ». On
la revit, le 6 août, chez Renard. Plus tard, dans le *Bourgeois gentilhomme,* huit Poitevins ou Poitevines, musiciens et danseurs, paraîtront dans la cinquième entrée du
ballet de cette comédie. Il serait piquant de découvrir un
programme des « diverses danses » exécutées au jardin
de Renard. Pas d'œuvres qui se ressentent plus profondément que les pièces de Molière « des lieux que fré-
quentait l'auteur ». Voilà pourquoi toutes ces indications, quelque minutieuses qu'elles puissent paraître, ne
sont pas au fond vaines et futiles. La critique historique
doit observer les rapports de cause à effet. L'influence
morale tire à conséquence littéraire chez Molière. Dès à
présent, il y a plus de raisons pour supposer que pour
nier la part prise par Molière à maints spectacles-concerts donnés, d'avril à septembre ou octobre 1651, chez
son ami Renard.

Il était tout naturel qu'à la « haute compagnie », revenant de la promenade au Cours-la-Reine, promenade
« prolongée assez avant dans la soirée », on eût, tôt ou

tard, la pensée d'offrir autre chose et mieux qu'un asile
pour « se reposer et faire collation » dans ce jardin
de Renard [1]. Quoi de plus et quoi de mieux que des
« danses » variées, des scènes et saynètes à la mode
anglaise? Dès le jour où l'aventureux et imaginatif Montbrun-Soucarrière s'en mêla, le premier casino créé en
France exista à Paris. La foule accourut; et Renard fit
plus vite fortune. La présence de Louis XIV aux commencements de ce casino lui avait valu une sorte de
consécration historique. Et voyez la différence des
temps : en enregistrant comme un événement la visite
royale au « jardin du sieur Renard », la *Gazette* nous
donne la mesure, moins encore de l'importance de cette
sorte de cabaret du grand monde, que de la bonne
grâce affable et charmante que le jeune monarque mettait alors dans sa conduite en général, et surtout à
l'égard des artistes, des gens d'esprit, amateurs et amuseurs publics. Le futur Roi-Soleil qui, avant longtemps,
en imposera trop et posera davantage, est encore franc
et libre de caractère et d'allures; il jouit de l'existence
en bon garçon, insouciant des gênes de la souveraineté.
Ah! non, il n'est pas le Louis XIV que « sa grandeur
attache au rivage »! Nul panache, nulles bottes à épe-
rons, pour entrer, le fouet à la main, à la hussarde, en
plein parlement! Point de perruque apollonienne, et
encore moins de majestueux manteaux fleurdelisés. Messieurs les érudits qui n'avez vu Louis XIV que dans les
tableaux de Rigaud, *in pompis*, ou dans les tableaux de
Van der Meulen, non! vous ne le reconnaîtriez pas,

---

[1] Cousin, *La jeunesse de madame de Longueville et la société française
au dix-septième siècle.*

assistant, comme un fils de bon bourgeois, aux spectacles-concerts du *casino* Renard [1]. Or, c'était bien le Roi
en personne qui était là, le 6 août, sans trop grande
cérémonie, — en petit-fils de Henri IV, non encore
abâtardi! Jours charmants et trop tôt écoulés d'une
jeunesse royale vraiment aimable! Le peuple parisien,
à voir ce jeune prince si gai, — après le morose et
morne Louis XIII, — si gai et un peu gaulois, se prenait
de passion pour des qualités de race qui lui rendaient
chers dans le petit-fils l'avènement et le retour des vertus
allègres du Béarnais, l'inoubliable et populaire aïeul!

Voulez-vous admettre un instant que le titre de cet
article n'est qu'un prétexte pour exhumer tout un chapitre de la vie parisienne en l'année 1651? Comédies,
bals, ballets se multiplient à n'en plus finir. Paris et la
cour sont en fêtes perpétuelles pour le plus grand profit,
sinon pour la plus grande gloire des artistes. Quelques
annalistes de théâtre se demandent à quoi Molière put
passer son temps durant son séjour à Paris, où son
retour est authentiquement constaté en avril 1651, mais
sans qu'on sache la date de son arrivée et surtout celle
de son départ. D'un autre côté, le farouche et tranchant
Bazin, qui n'avait pu connaître la découverte de documents d'Eudore Soulié, déclarait, par exemple, que

---

[1] Je prends la liberté de dire en passant que, même à l'apogée
mythologique de sa gloire, Louis XIV eut ses heures et ses jours
de familiarité humaine avec les simples mortels. On a invoqué la
rigoureuse jalousie de l'étiquette royale pour nier l'anecdote de
« l'en-cas de nuit ». Louis XIV faisant manger Molière à sa table!
Cela a scandalisé maints érudits de seconde et même de qua-
trième main. Le fait n'a pourtant rien d'invraisemblable quand
on sait la chronique et l'histoire de la cour de France au dix-
septième siècle.

jamais le prince de Conti et Molière n'avaient pu se rencontrer à Paris de 1644 à 1658. La lecture au jour le jour de la *Gazette* eût pu modifier la demande des uns et l'affirmation de l'autre. Ouvrons-la du moins, et une bonne fois, cette *Gazette* capable de nous renseigner ! A partir du 13 février 1651, date de la mise en liberté de Condé, Conti et Longueville, bientôt suivie de leur réception à Saint-Denis par le duc d'Orléans et puis à la cour, les réjouissances de bienvenue ne discontinuent pas ; ce ne sont que bals, concerts et représentations dans les illustres hôtels de la capitale. L'énumération de ces fêtes auxquelles les princes assistent sans cesse, en dira plus que tous les commentaires !

Le 26 février, mascarade en forme de ballet, dansée au palais Cardinal. Molière, comme je l'ai déjà dit, y figure, et avec lui sont Lambert, La Chesnaye, dit *Rosidor*, et autres artistes alors fort recherchés. Louis XIV « danse » à cœur joie. Sont présents : « les princes de Condé et de Conty, la princesse de Carignan, la princesse Louise, sa fille, et quantité de ducs, maréchaux de France, généralement tous les grands de la cour ». Le jeune roi, plein d'entrain, est infatigable ; « il danse une fois de plus le même ballet en présence de la Reine dans son cabinet ».

Le 9 mars, « le Roy dansa « son ballet », comme il avait encore fait le 5 de ce mois en présence de la princesse d'Angleterre, de Mme la duchesse d'Orléans et de quantité d'autres princesses et dames de hautes conditions... »

Le 20 avril, Monsieur, frère unique du Roi, est reçu et fêté au château des Maisons par le président des Maisons. « Leurs Majestez » sont de la partie. Le joueur de luth Dassoucy, que Séguier honore de ses bonnes grâces, a ses entrées chez le président des Maisons; et ses vers gardent l'écho reconnaissant de l'accueil généreux qui lui est fait. Le président le recommande au duc d'Anjou. Les *OEuvres* de Dassoucy sont trop tombées dans l'oubli pour que je ne cite pas le passage documentaire qui a trait au souvenir de la fête au château des Maisons :

> Je n'ai point oublié les plaisirs innocents
> Que tu pris escoutant les amoureuses feintes
> Que nos luths et nos voix par de charmeurs accents
> Expriment en des pleurs, des soupirs et des plaintes.
> Je n'ai point oublié ce que tu fis pour moy,
> Auprès de ce cher Duc où les faveurs d'un Roy
> Ont joint à la vertu la gloire et l'opulence.

A cette époque, Dassoucy ne quittait guère la troupe de Molière. Une de ses lettres, adressée à Molière et qui, sans date, était restée une énigme pour tous les érudits, a été expliquée et exactement datée pàr nous [1]; et de cette interprétation est ressortie pour les érudits de bonne foi l'irrécusable preuve qu'en décembre 1651 Molière et Dassoucy étaient ensemble aux états de Languedoc siégeant à Carcassonne. En temps et lieu, j'établirai la communauté d'existence artistique du comédien et du « joueur de luth en comédie », durant l'année 1651 à peu près entière. Il y a certainement de grandes probabilités pour que celui-ci ne fût pas sans celui-là chez le président des Maisons. La présentation de Dassoucy au frère du Roi, pour qui se donnait la soirée,

---

[1] V. Moland, *Molière, sa vie et ses ouvrages* (chez Garnier), p. 85.

n'interdit pas de se rappeler à ce sujet que ce prince, lors de la rentrée définitive du comédien à Paris, fut le premier protecteur de Molière et de sa troupe.

Le 2 mai, fêtes offertes aux princes de Condé et de Conti. « Le Roy danse devant le Reyne, dans la grande salle du palais Cardinal, le *Ballet des Fêtes de Bacchus* à trente entrées, où il ne fallait point demander qui estait le Roy. » Le 4, « le Roy danse derechef son ballet ».

Le 13 mai, le ballet du Roi « a esté si agréable à toute la cour, que Sa Majesté, qui ne refuse rien au contentement de ses sujets dans lequel elle trouve toujours le sien, l'a dansé le 7, le 9 et le 12 de ce mois ».

Le 20 mai, après huit jours de fêtes à Chantilly[1], fêtes à Paris à propos de la prestation de serment du

[1] Sur les fêtes de Chantilly, nous avons une lettre, prose et vers de Sarrasin, dès lors attaché à la maison de Conti. Cette lettre est adressée « à Mme de Montausier », en Saintonge :

> Ici nous avons la musique
> De luths, de violons et de voix ;
> Nous goûtons les plaisirs aux bois...
> Et nous donnons le bal tous les soirs une fois.

Après avoir énuméré tous les divertissements susceptibles de faire regretter à Mme de Montausier sa résidence en province, le poète ajoute ces vers où je souligne encore un détail typique du caractère de Montausier-Alceste :

> Or çà, parlez-moi franchement,
> En vous imaginant ce divertissement
> Vous avez la puce à l'oreille
> Et vous haïssez bien votre gouvernement.
> Venez donc, divine Julie,
> Et laissez en paix *murmurer*
> *Votre époux qui peste et qui gronde*
> Contre ceux qui prennent la Fronde...

A ce propos, je m'étonne qu'aucun éditeur ni commentateur de Molière n'ait relevé, dans les *Poésies* de Sarrasin, deux pièces curieuses par l'analogie des idées : le *Directeur* et le *Mauvais Poète* sont à rappeler dans l'annotation du *Tartuffe* et du *Misanthrope*.

prince de Condé comme gouverneur de Guyenne, et du
duc d'Épernon comme gouverneur de Bourgogne.

Le 12 juin, « Sa Majesté danse devant la Reine un
petit ballet fait en vingt-quatre heures, dans le jardin du
palais Cardinal, sous un haut dais élevé dans une salle
dressée à l'instant à la façon de ces palais enchantés des
romans, tapissée de feuillages courbez en berceaux et
ornée de tous les autres paremens naturels de la saison :
laquelle salle était encore couverte d'une toile cirée
pour défendre du vent le nombre extraordinaire de
lumières appuyées sur des chandeliers de crystal. Dans
le fond duquel appartement champestre le palais Brion [1]
éclairé d'une infinité de lanternes de toutes couleurs aux
armes du Roy, formant une très agréable perspective :
laquelle jointe à l'adresse de Sa Majesté, qu'on ne se
lasse point d'admirer, causa un si grand contentement
qu'elle fut priée de le redanser comme elle fit le 15 ensui-
vant, en présence de la Reyne, de Mademoiselle, de la
princesse de Carignan, de la princesse Louise, et presque
toute la cour. »

Le 22 juin, « le grand bailly de Souvré, ambassadeur
de Mademoiselle, régala Leurs Majestez d'un ballet
promptement faict et dansé, qui les divertit très agréablement ». Collation. Concert par « les 24 violons » de
la chambre royale. Ces divertissements « finirent par
une comédie aussi représentée sans grand apparat :
l'humeur françoise affectant bien la promptitude par

----

[1] A la fin de la session des états de Languedoc tenue à Pézénas
(1650-51), et à laquelle Molière toucha une allocation de fonds,
« les domestiques du comte de Brion » sont gratifiés de « 100 livres
pour services rendus » auxdits états.

tout, mais principalement aux choses qui ne consistent qu'en passe-temps ».

Le 28 juin, fêtes à l'occasion d'un baptême où le prince de Conti est parrain.

J'ai mentionné ci-dessus les fêtes à l'hôtel de ville où figurent et l'artificier Saint-Malo et les « musettes du Poitou ». Bref, de février en août, pas de semaine, presque pas de jour sans fêtes ou isolées ou par séries. Je demande à mon tour s'il n'y avait pas là pour Molière des occasions d'être « appelé en visite ». En outre, est-il permis de contester que le prince de Conti et Molière eussent la possibilité fréquente de se rencontrer à Paris? Le prince et le comédien en eurent l'occasion pendant cinq mois.

On m'a montré naguère, dans une petite revue spéciale, la reproduction, en gros caractères, d'un passage extrait des œuvres de l'abbé Voisin, dernier confesseur du prince de Conti, passage qu'on s'est empressé de considérer comme une précieuse trouvaille, en oubliant de faire remarquer que, déjà en 1859, dans l'*Histoire des pérégrinations de Molière en Languedoc,* M. Emmanuel Raymond en avait indiqué l'existence en le résumant. C'est, paraît-il, un grand mérite de faire des découvertes d'érudition après les autres. Mais passons et tenons-nous-en à la substance de cette citation. Il en appert que, « dans sa jeunesse », le prince de Conti aimait beaucoup la comédie; et l'on en prend texte pour s'imaginer que ce n'est que durant la faveur de Molière à la petite cour du prince à la Grange des Prés (banlieue de Pézénas) que chez Conti cette passion pour le théâtre s'était déclarée et manifestée. Évidemment, pour s'imaginer cela, il faut avoir sur la biographie du prince de Conti, et sur l'année 1651 entre autres, des notions plus qu'incomplètes. Non, le prince de Conti n'attendit pas de trouver Molière en Languedoc pour s'éprendre d'un goût très prononcé pour la comédie! Non, le prince n'attendit pas jusque-là pour affecter des prétentions de juge éclairé en matière d'art dramatique! Du mois de février au mois d'août 1651, à Paris, il ne négligeait ni les occasions de voir représenter toutes les pièces nouvelles, ni les moyens de les voir répéter, ni même les prétextes d'intervenir de son autorité privée pour dire tout haut son avis aux auteurs. Tallemant des Réaux rapporte à ce sujet une courte anecdote, courte, mais caractéristique. Pendant la répétition d'une comédie de Boisrobert, le prince, en connaisseur difficile qui s'impatiente, s'écrie : « La méchante pièce! » — « Monseigneur, réplique avec une spirituelle douceur le poëte, monseigneur, vous me confondez, de me louer comme cela en ma présence. » On peut tenir pour certain qu'en 1651, le prince de Conti n'avait pas moins la passion des spectacles en tous genres que son cousin le Roi. Le bulletin des ballets et comédies que je viens de fournir et produire d'après la *Gazette*, est suffisamment concluant en ce qui concerne Sa Majesté : je m'en tiens là, sauf à rouvrir ailleurs un débat plus ample sur les rapports probables et probablement certains de Conti et de Molière à cette époque de leur commun séjour à Paris. Mais revenons à Renard.

Louis-Pierre Renard, sieur de Saint-Malo, ne fut pas un assez grand personnage pour qu'on ne se résigne point à ignorer une partie de sa vie. Les documents sur

son compte sont loin d'abonder à partir de 1651 ; et je
confesse sans remords que j'attendrai du hasard et des
circonstances propices le complément de mon enquête.
Je ne veux pas me donner le ridicule de faire un livre,
même sur un homme en la compagnie duquel Molière a
tiré des feux d'artifice et dans le jardin duquel il a peut-
être aussi vidé un verre de muscat ou de « clairette ». Je
sais bien qu'on a dernièrement recommandé à la postérité la mémoire d'un laquais de Molière pour avoir eu
l'honneur de recevoir de son maitre un coup de pied
quelque part. Mais c'est égal, je craindrais d'abuser.
Donc, pour finir en ramenant d'ailleurs la figurine de
Renard à de justes proportions, susceptibles de ne pas
lui aliéner les sympathies des vrais amis de Molière, je
me borne à ajouter que des liens d'affection subsis-
tèrent de longues années entre la famille du poète et
celle de l' « arquebusier ». Tradition honnête et respec-
table ! Le 29 juillet 1705, au contrat de mariage de la
fille de Molière avec Claude-Rachel de Montalant, figure
et signe, comme ami et témoin de la mariée, le fils de
Louis-Pierre Renard de Saint-Malo (ci-devant de Sainte-
Marie) : « Messire Pierre d'Argouges, écuyer, sieur de
Saint-Malo, demeurant rue de Sainte-Avoie. »

AFFAIRE
DU SIEUR POQUELIN

La première partie de l'histoire de Molière est trop
peu connue encore malgré les investigations incessantes
des érudits, pour ne pas réserver parfois aux chercheurs
la surprise de quelques découvertes piquantes. Comme
on ne saurait penser à tout, l'idée n'est jamais venue
aux biographes patentés de Molière de consulter aux
Archives nationales certain volumineux recueil manuscrit
catalogué comme suit : « K 2. — 125. — *Inventaire des
tiltres de S. A. S. Monseigneur le prince de Conty, lesquels
papiers concernent les affaires de la maison et non les terres.* »
Le prince Armand de Bourbon, frère du grand Condé,
avait cependant joué un rôle assez important dans la vie
de Molière pour que l'espoir de trouver trace des rapports du poète avec le prince, dans les « papiers » de la
maison de Conti, pût naturellement germer dans l'esprit
d'un moliériste. Il n'en a rien été, et c'est grâce à cette
omission que j'ai pu naguère offrir aux lecteurs du
XIXe Siècle (25 août 1885) la primeur d'un document
doublement curieux, et parce qu'il est inédit, et parce

qu'il tend à faire sortir la biographie de Molière des banalités courantes. D'une authenticité irrécusable, ce document comporte, de quelque façon qu'on l'envisage, des conclusions très caractéristiques, car il révèle et il atteste que vers l'époque où Molière entra au service — pour le « service de la comédie » — du prince de Conti, Molière, par lui-même ou par ses parents, devint le créancier de son protecteur pour une somme de « *cent mille livres* » !...

Au seul énoncé de ce fait inouï et surtout eu égard à l'énormité de cette somme, équivalente à un demi-million de francs de nos jours, on peut être tenté de croire qu'il s'agit encore ici d'une de ces fantaisies d'érudition romanesque, dont usent et abusent quelques moliéristes. Je m'empresse d'aller au-devant de tout soupçon de paradoxe; et je vais commencer par établir la vraisemblance du fait avant d'en prouver la véridicité positive et formelle.

L'*Inventaire* des titres et pièces des archives de la maison de Conti fut dressé par de Faverger, bibliothécaire de la famille, qui le termina, en le certifiant conforme, « le 20 décembre 1712 ». Entre toutes, l'analyse de la liasse 30, cote GG, intéresse les lettrés, car elle renferme l'énumération d'une série de pièces relatives aux affaires contentieuses avec le personnel de la maison, fonctionnaires, pensionnaires, serviteurs, enfin, *domestiques* de toutes sortes et selon l'acception du mot au dix-septième siècle. Dans ce groupe figurent nombre de personnages célèbres, Sarrasin, Jacques Esprit, de l'Académie française, le fameux abbé Roquette, l'abbé de Ciron et d'autres qui appartiennent de près ou de loin à l'histoire littéraire. C'est là aussi qu'est inscrite l'*affaire du sieur Pocquelin* à son ordre de date, c'est-à-dire entre un règlement de compte de l'abbé de Florent, chargé, en 1648, de négocier à Rome l'obtention du chapeau de cardinal pour le prince de Conti, alors « prince ecclésiastique », et un règlement de compte de l'abbé Roquette pour « avances et satisfaction de ses services ». L'abbé de Florent ne fut payé qu'après la mort du prince de Conti : il toucha « 6,000 livres ». L'abbé Roquette attendit moins, quoique ces liquidations trainassent en longueur : il fut payé, pour solde, le 27 octobre 1663. Il est vrai de dire que l'abbé Roquette eut l'habileté d'opérer une manière de transport de créance et de substituer à lui-même son successeur auprès d'Armand de Bourbon. L'abbé de Ciron, qui le remplaçait dès le mois de mai 1656, se porta caution de la dette du prince.

Il faut qu'on sache que les serviteurs de tout rang et les valets eux-mêmes touchaient très irrégulièrement leurs honoraires ou leurs gages, — quand ils les touchaient. La maison du prince vivait d'emprunts et d'expédients, depuis que Conti s'était installé en son château de la Grange des Près en Languedoc (août 1653). On devait partout, et « tellement, dit Daniel de Cosnac en ses *Mémoires*, qu'il redoutait qu'il ne lui fût fait quelque affront ». Un jour, le maître d'hôtel vint annoncer qu'il n'y avait plus d'avoine pour les chevaux, et que les marchands de volaille étaient les seuls fournisseurs de Son Altesse qui ne refusassent pas tout crédit. « Eh bien, qu'on donne des poulets aux chevaux! » cria le prince. La ruine d'un grand seigneur s'accomplissait, là, selon

les règles. Bien entendu, la fortune de quelques intendants suivait une progression inverse; et l'exemple de
Sarrasin est justement une preuve non seulement de
l'enrichissement d'un domestique aux dépens du maitre,
mais de la possibilité pour un simple poète de prêter un
demi-million et plus à un grand seigneur. Ici les chiffres
seront véritablement éloquents.

Sarrasin « avait toutes les finances » du prince à sa
disposition, et, comme dit Daniel de Cosnac, « seul » il
était dans « le secret de ses affaires ». Or Sarrasin, le
poète Sarrasin, d'après l'*Inventaire* (liasse 31, cote HH,
page 606), laissa à sa veuve une créance effective sur
Conti de « 136,370 livres 14 sous 3 deniers », dont le
solde, soit 17,000 livres, ne fut compté définitivement
que neuf ans après sa mort, en 1663, et à force de
« poursuites ». Du reste, Sarrasin ne fut pas le seul
poète dans ces conditions. Après la retraite de l'abbé de
Cosnac, qui lui avait succédé et qui résigna ses fonctions pour l'évêché de Valence (1655), Jacques Esprit,
l'auteur des *Maximes* un instant comparées et égalées à
celles de La Rochefoucauld, — « la comparaison ne se
fait plus et ne doit pas se faire », observe Sainte-Beuve;
— Jacques Esprit, dis-je, ne devint à son tour intendant
de la maison de Conti que moyennant un verse-
ment, j'allais dire un cautionnement d'exploitation de
« 40,000 livres ». La liasse 21, cote Y, en fait foi, à la
date du 12 juillet 1655. Mais ne retenons que l'affaire
de Sarrasin. Qu'un poète comme Jacques Esprit prête à
un prince du sang l'équivalent de 200,000 francs de
notre monnaie actuelle, certes, c'est déjà un joli denier.
N'importe. Ce n'est pas suffisamment concluant pour la

démonstration que nous avons en vue. La créance Sarrasin, évaluée à plus de 650,000 francs, est autrement significative. Et quand nous aurons expliqué comment le poète Sarrasin pouvait disposer d'une pareille somme, la question de savoir si Molière pouvait en faire autant sera, on va le voir, singulièrement éclaircie.

C'est à la recommandation de son intime ami l'évêque du Mans, — un Lavardin, — que Sarrasin était entré comme intendant chez le prince de Conti. Les Lavardin, « grands mangeurs », dit Scarron, étaient, depuis trente ans et chaque fois « que de besoin », les débiteurs de « Louis Poquelin », gros marchand, parent de Molière. On n'a qu'à ouvrir le *Dictionnaire critique d'histoire et de biographie* de Jal pour s'assurer qu'à trois reprises bien spécifiées, les Lavardain, par-devant notaire, avaient été les obligés de la famille de Molière. Le poète Sarrasin le savait. Il savait qu'il y avait caisse ouverte pour les grands seigneurs et non pas uniquement chez « Louis Poquelin », mais encore chez les autres Poquelin, gens fort riches, tels que le vieux Robert Poquelin, assez riche, lui, pour laisser une fortune à chacun de ses « vingt enfants ». Nul doute que Sarrasin n'ait vu le parti à tirer de Jean-Baptiste Poquelin (Molière) pour son entrée en relation avec sa parenté, le jour où, Molière étant « appelé » à jouer à la Grange des Prés, Sarrasin insista auprès de Conti pour qu'il lui fût donné « pension ». Ce qu'il y a de certain, c'est que trois mois après l'entrée de Molière et de sa troupe au « service » du prince de Conti, Sarrasin négociait à la fois à Paris le mariage de son maître et un emprunt de « cent mille livres » pour monter la maison de « Leurs Altesses Mgr de Conty et Mme de

Martinozzi ». Les bailleurs de fonds s'appelaient :
« *Jean-Baptiste*, Robert et Pierre Poquelin », comme il
résulte du document que voici :

AFFAIRE DU SIEUR POCQUELIN.

« La deuxième liasse de la cotte GG est une copie
informe et non signée d'une obligation de 100,000 francs
que les sieurs *Jean-Baptiste*, Robert et Pierre Pocquelin
ont presté à S. A. S. Monseigneur le prince de Conty, et
mise à l'instant entre les mains du sieur Bauger, son
trésorier, pour sûreté du dit prest. Son A. S. consent
que lesdits Pocquelin reprennent cette somme de
100,000 livres sur celle de 225,000 donnée à S. A. S. par
le Roy en considération de son mariage, et mesme sur les
revenus de ses biens esnoncés dans un estat qui est
attaché à ladite copie d'obligation, qui ne sont signés
n'y l'un n'y l'autre. »

Où est l'original de cette « copie non signée »? Voilà
ce qu'il importerait de savoir au juste. Il est apparemment où sont tant d'autres documents dispersés, dis-
parus et désormais introuvables. Faute de mieux, il faut
se contenter de ce qu'on a : c'est déjà beaucoup que cette
constatation d'un fait non seulement ignoré, mais à
cent lieues d'être pressenti. Dès maintenant, et avant
tout commentaire explicatif de cette « affaire », il est
évident que des rapports d'intérêts entre le prince et la
famille Poquelin ont immédiatement suivi l'entrée de
Molière dans la maison de Conti.

Les dates sont là. Sarrasin partit pour Paris dans la seconde quinzaine d'octobre 1653, précisément quand la troupe de Molière quittait la Grange des Prés pour se rendre à Montpellier avec le prince, que le comte d'Aubijoux était allé chercher pour lui faire fête « dans son gouvernement ». Dès le « 7 janvier 1654 », comme en témoignent « treize pièces de fournitures et pourvoiries » pour la maison, « écuries » comprises, du prince de Conti, dès le « 7 janvier 1654 », Sarrasin avait fait de grands achats d'ameublements et de « marchandises », et le total de ces dépenses justifiait, et au delà, un crédit de « cent mille livres ». Dès ce jour, il devait savoir où les trouver. Et, sans s'aventurer dans les conjectures, peut-être est-il permis de constater la coïncidence des séjours simultanés à Lyon, le 10 janvier 1654, du prince de Conti et du « marchand tapissier du Roy en cuir doré », Jean Boudet, père de cet André Boudet qui, le 15 janvier 1651, avait précisément épousé une sœur de Molière, Marie-Madeleine Poquelin... Mais tenons-nous-en à l'*Inventaire*.

La « première liasse, cote A », nous apprend ou nous confirme que le contrat de mariage de Conti avec la nièce de Mazarin, Anne-Marie Martinozzi, fut passé « au chasteau du Louvre, en présence de Leurs Majestés, le 21 février 1654 ». « En considération » de ce mariage, « le Roy a donné à mondit seigneur le prince de Conty la somme de *cent cinquante mille livres* pour l'honneur que ledit seigneur prince a d'estre du sang et ligne de Sa Majesté ». De son côté, à titre de cadeau de noces, la Reine mère donne « septante cinq mille livres ». Les 225,000 livres mentionnées « dans l'affaire Poquelin »

sont bien réellement représentées. La Reine fit payer sur
sa cassette privée, à une date inconnue; mais pour les
150,000 livres octroyées par le Roi, « M. Guénégaud, trésorier ordinaire de l'épargne du Roy, en date du 1ᵉʳ décembre 1654 », les remit à (*Michel* ou *Charles?*) Fremyn,
« sur quittance de Galloys, notaire ».

Maintenant remarquez que si Galloys est le notaire de
Conti, comme d'autres actes l'établissent, ce (Michel ou
Charles?) Fremyn, à qui les cent mille livres sont remises,
n'est pas le « trésorier » du prince. Fremyn, d'après un
acte de 1641, publié par le *Moliériste* (tome IV, page 309),
Fremyn avait été le procureur de « Jean Poquelin, tapissier et vallet de chambre ordinaire du Roy, père et tuteur
des enfants mineurs de deffunte Marie Cressé »; et rien
ne prouve qu'il n'était pas en cette « affaire » encore le
fondé de pouvoir des Poquelin, surtout de Molière en
particulier.

Peut-être objectera-t-on, pour s'empêcher d'admettre
la participation directe et personnelle de Molière à cette
affaire, où cependant l'*Inventaire* semble ne reconnaître
que le seul Poquelin « connu » dans la maison de Conti,
peut-être objectera-t-on que l'identité du *Jean-Baptiste*
ici en cause et du poète « pensionnaire » du prince est
insuffisamment démontrée. Il y a prétexte à équivoque,
en effet, car un des fils de Robert Poquelin se prénommait exactement comme lui « Jean-Baptiste ». Mais celui-
ci, qui se maria, dit-on, en 1649, à Anne de Faverolles,
on serait bien en peine de soutenir qu'il s'occupait
d'affaires en 1654. *Pierre* Poquelin était un des deux
oncles de Molière; il avait une entreprise de messageries
entre Paris et l'Italie par Lyon. Quant à « *Robert* », le

chef de la famille, un des premiers actionnaires de la
Compagnie des Indes (il possédait « trois vaisseaux »),
quelle raison aurait-on de ne pas le trouver là dans son
rôle de banquier, entre son parent Jean-Baptiste Molière,
qui lui amène une « affaire » à gros bénéfices sans doute,
et l'oncle de ce même parent qui, à la rigueur, se porte
caution solidaire du poëte?

Quand Molière revint du Languedoc, il arriva à Paris
avec la réputation d'y avoir fait fortune : à tel point
que, six mois après l'installation de sa troupe dans la
capitale, le bruit courut, et Gui Patin le rapporte dans
ses *Lettres*, que Joseph Béjart, son ancien associé, laissait
en mourant « 24,000 écus d'or ». Il faut bien supposer
que ce n'était peut-être pas absolument en donnant des
représentations de comédie à « 10 et 20 sols » par place
que Molière et ses camarades avaient réalisé de pareils
profits, — pas plus que Sarrasin en composant des sonnets et des madrigaux!

Au demeurant et de compte fait, la révélation que
nous devons à l'*Inventaire* est-elle à ce point inconciliable
avec ce que nous raconte tout au moins un des biographes de Molière, pour qu'on hésite à l'accepter comme
possible et probable? On a rabroué Grimarest pour avoir
prétendu que le prince de Conti, à la mort de Sarrasin,
avait offert la charge d'intendant à Molière, qui la refusa. Eh bien, mais il semble que la proposition, con-
testée, amèrement niée par M. Bazin, correspond assez
logiquement à la considération littéraire et financière
dont, d'après l'*Inventaire*, Molière devait jouir à la cour
de Conti. A la mort de Sarrasin, c'est-à-dire le jour
même de l'ouverture de la session des états à Montpel-

lier, Conti, qui la présidait, tourmenté par la terrible nécessité de faire figure et par l'impossibilité de se passer du concours d'un « habile homme » comme Sarrasin, Conti ne devait-il pas trouver tout naturel de s'adresser à Molière et, sous le couvert du privilège accordé à Molière comme organisateur de ses fêtes, de le constituer de fait le commanditaire de sa maison? En apparence, un poëte eût remplacé un poëte; en réalité, un bailleur de fonds eût succédé à un bailleur de fonds.

L'*Inventaire* donne raison à Grimarest. Et je ne sais rien qui donne tort à l'*Inventaire*. En vérité, si le poëte Sarrasin pouvait être créancier du prince pour 136,000 livres, pourquoi le poëte Molière, par le crédit de sa riche parenté, n'aurait-il pu l'être aussi pour 100,000? Notez que, abbés ou poëtes, tous les pensionnaires de la maison de Conti s'enrichirent au service du prince, et notez enfin que cette *affaire du sieur Pocquelin*, dans la pensée de l'archiviste du prince, est si bien une *affaire domestique*, qu'elle est classée spécialement dans la catégorie des serviteurs du prince, dans la catégorie des gens de lettres, et qu'elle serait la seule de sa nature mise à une telle place, si elle ne concernait que les banquiers Poquelin!

Les préjugés biographiques qui font vivre Molière en province dans la « misère » prévaudront-ils encore et toujours contre le démenti que leur donne un document authentique?

Le document est là...

LE

« MÉDECIN VOLANT »

DE MOLIÈRE

A PÉZÉNAS

—————————

Pézénas était, au dix-septième siècle, une fort jolie petite ville qui exerçait, à première vue, sur le voyageur, comme une fraîche et délicieuse séduction. Entourée de jardins et de vergers, au centre d'une vaste et fertile plaine, qu'arrosent la Peyne et l'Hérault, et que borne à l'horizon lointain l'harmonieux contour des collines, alors boisées et verdoyantes, elle ressemblait à un nid coquettement dissimulé dans la verdure et les fleurs. Tout ravi de son air de gaieté et de prospérité : « Vraiment ! » s'écriait Louis XIII, lors de son voyage dans le Midi, en 1622, « vraiment, je n'ai point vu de ville plus charmante depuis Paris ! » Étrangers et riches oisifs y séjournaient volontiers en toute saison, comme en un lieu de plaisance et d'agrément. — Les états de Languedoc, qui connaissaient les bons endroits, y tenaient d'autant plus souvent leur session annuelle,

qu'à proximité de Pézénas se trouvait le château de la
Grange des Prés, résidence successive des ducs de
Montmorency et des princes de Conti. Le 4 novembre
1655, l'assemblée languedocienne vint y siéger une fois
de plus, sous la présidence d'Armand de Bourbon,
prince de Conti, qui, par délégation royale, remplaçait
Gaston d'Orléans, gouverneur en titre de la province.

Ces réunions mettaient en mouvement toute la population à cent lieues à la ronde. Nobles et lettrés,
curieux et mondains, y accouraient de toutes parts,
pour leurs intérêts ou leurs plaisirs. Des réjouissances
publiques s'organisaient pour faire diversion aux affaires;
et comme le goût du théâtre était particulièrement très
vif dans le bas Languedoc, la comédie devait être de
toutes les fêtes. C'était une bonne aubaine, pour une
troupe de comédiens de campagne, d'être choisie pour
« le service des états ». Elle avait là, six mois durant,
des recettes assurées. Molière et ses camarades n'avaient
rien négligé, dès leur arrivée dans le pays, pour obtenir
la préférence ; et ils y avaient si bien réussi que, seul,
l'Illustre-Théâtre jouait désormais en ces occasions. Du
reste, de toutes les compagnies de comédiens ambulants
qui exploitaient les provinces, aucune ne songeait même
plus à disputer la faveur publique à la troupe de Molière
dans le Midi. Grâce à « un chef si spirituel et si adroit [1] »,
grâce à un groupe assorti d'acteurs d'un talent
éprouvé, grâce à « la richesse des costumes » et des
décors, grâce à la variété et à l'attrayante originalité
d'un répertoire sans cesse renouvelé et où la satire des

[1] Donneau de Visé, *Nouvelles nouvelles.*

mœurs et des ridicules contemporains stimulait de plus
en plus l'attention des spectateurs; grâce à cet ensemble,
en un mot, de qualités supérieures, toute concurrence
était devenue impossible. Molière se trouvait donc à
Pézénas, dès l'ouverture des états de 1655, et même,
cette fois, à un titre officiel qu'il n'avait pas eu jusque-
là, car cette année il avait été expressément « commandé ». C'est que, de jour en jour, on l'appréciait
mieux et comme acteur et comme auteur.

La série des représentations données à Montpellier
pendant la session précédente, l'éclatant succès de
l'*Étourdi* à Lyon, la popularité croissante de son nom et
de ses pièces dans toute la contrée avaient donné décidément l'éveil sur son véritable mérite. Dans l'intervalle
des six mois qui s'écoulèrent du 4 novembre 1655 au
22 février 1656, fin de la tenue des états, Pellisson, qui
vint à Pézénas pour rendre un pieux devoir posthume à
la mémoire de son ami Sarrasin, et qui devait, quelques
années après, composer le prologue des *Fâcheux ;*
Jacques Esprit, de l'Académie française, alors attaché à
la maison du prince de Conti, et bien d'autres esprits
éclairés qui, alors, virent Molière à l'œuvre et que
l'œuvre de Molière attirait, n'avaient-ils pas le pressentiment de ses hautes et glorieuses destinées futures?
Dans tous les cas, ce n'était pas comme des comédiens
vulgaires que Molière et ses camarades étaient traités
dans l'entourage de Conti ; et quand Dassoucy, généreusement reçu comme « un frère » à leur table, durant
ces six mois, déclare n'avoir jamais vu « tant de bonté,
« tant de franchise ni tant d'honnêteté que parmi ces
« gens-là, bien dignes de représenter réellement dans

« le monde les personnages des princes qu'ils repré-
« sentent tous les jours sur le théâtre » ; quand Dassoucy
parle de la sorte, on peut croire, après tout, qu'il traduit
avec ses sentiments personnels de reconnaissance la
secrète opinion de bon nombre de Languedociens sur
Molière en particulier. — Évidemment l'Illustre-Théâtre,
en dehors d'un cercle de choix et d'élite, suscitait encore
d'autres sympathies que des sympathies intellectuelles et
littéraires. Il en eût trop coûté, d'ailleurs, à l'amour-
propre de Madeleine Béjart et de Thérèse Duparc de ne
point provoquer, en faveur de leur jeunesse et de leur
beauté, des préoccupations moins abstraites et plus mondaines. A l'exemple du maître, la petite cour de Conti
était experte en équipées galantes. Parmi les vingt
barons qui siégeaient aux états, parmi les trois cents
gentilshommes qui s'empressaient autour du prince,
Madeleine Béjart et Thérèse Duparc avaient à qui parler.
Mais nous n'avons pas à faire, ici, à leurs charmes la
part qui leur revient dans les succès collectifs de l'Illustre-Théâtre.

Pour faire les honneurs de sa présidence aux membres
des états, selon l'usage, Conti, qui ne possédait, à
Pézénas, aucune de ces « belles maisons » alors renom-
mées, au dire de l'abbé d'Expilli, dut s'installer, avec la
princesse sa femme et toute sa suite, dans l'hôtel de
M. d'Alfonce, baron de Clairac, de Montouse et d'En-
traigues, grand prévôt de Guyenne, qui avait épousé, en
1641, une des plus jolies personnes de France, autrement dit cette Henriette-Louise de Cavoye, l'un des
douze enfants de Mme de Cavoye, dame d'honneur
d'Anne d'Autriche, dont l'apparition à la cour avait été

un véritable événement, à en croire les chroniques d'alors.
« Mme de Cavoye, Mme Pilou et Mme Cornuel, ce sont
trois originaux », a dit Tallemant des Réaux. La fille de
Mme de Cavoye n'avait ni moins d'originalité ni moins
d'esprit. Son incomparable beauté avait été célébrée par
les poètes à la mode. Boisrobert prétend

> Qu'Apollon et ses nourrissons
> L'accablaient d'airs et de chansons.

Quoiqu'elle touchât maintenant à la trentaine, elle
n'avait rien perdu de ses éblouissants attraits. La
noblesse languedocienne aimait à fréquenter l'hôtel
d'Alfonce à cause d'elle, bien avant que Conti l'eût
choisi pour ses réceptions princières. Elle y trônait
dans tout son éclat, à présent plus que jamais, et sans
que la princesse de Conti en parût offusquée. Au contraire, la douce, mélancolique et maladive Marie
Martinozzi, la nièce un peu sacrifiée de Mazarin, avait
pour le bruit et la représentation trop peu de goût
pour ne pas lui savoir gré d'être remplacée et mise dans
la pénombre. La princesse de Conti se plaisait à convaincre la baronne d'Alfonce de cet ingénieux sophisme,
que les devoirs de l'hospitalité l'obligeaient à cette sorte
de suppléance.

Une légende locale [1] veut que, pendant le séjour de
Molière à Pézénas, une intrigue amoureuse ait existé
entre lui et une noble dame des environs, la châtelaine
de Lavagnac. La baronne de Florac était bien une des
habituées de l'hôtel d'Alfonce ; et peut-être est-ce là, si

[1] Emmanuel Raymond, *Pérégrinations de Molière en Languedoc.*

intrigue il y eut jamais, que la liaison commença [1].
Quoi qu'il en soit, c'est là que Molière et ses camarades
jouaient d'ordinaire, comme le donne à entendre un
passage des Registres manuscrits des états de Languedoc, qui mérite d'être cité : « 9 *novembre*. Les
« évêques de Béziers, d'Uzès et de Saint-Pont, en rochet
« et en camail; les barons de Castries, de Villeneuve et
« de Lanta, députés par les états pour complimenter
« S. A. R. le prince de Conti, se rendirent en l'hôtel de
« M. d'Alfonce, où logeait ledit seigneur. Le prince de
« Conti les reçut à la porte du vestibule qui regarde la
« cour, et, après les avoir fait entrer, leur dit qu'il était
« forcé de les recevoir en cet endroit, parce que *sa*
« *chambre était dans un extrême désordre à cause de la*
« *comédie ;* sur ce, les compliments furent faits. Après

[1] Si l'on avait la certitude de cette intrigue entre Molière et
Mme de Florac, on pourrait être tenté d'ajouter qu'elle cessa d'être
platonique vers la fin, car huit mois après le départ de Molière
(il quitta Pézénas le 23 février 1656, — voir le *Moliériste* du
1er avril 1881), on baptisait un enfant nouveau-né au château de
Lavagnac. Voici, à ce sujet, l'acte que j'ai découvert dans les
archives municipales de Montagnac, dans un registre des naissances : — « Le xxb dudit mois d'octobre audict an 1656 a été
« baptisée dans la chapelle du chasteau de Lavanhac, Françoise
« Gabrielle de Mirmand, fille de messire François de Mirmand,
« baron de Florac, et de *madame Isabelle de Peyrat. P.* messire Gabriel
« de Mirmand, cons. clerc au Parlement de Thse, oncle de la bap-
« tisée. *Ma.* madame Françoise d'Esperonat, ayeulle maternelle de
« la mesme baptisée, laquelle baptisée est née le 21 du mesme
« mois d'octobre. » — Dans ces intéressantes archives de Montagnac, qui mériteraient d'avoir une installation appropriée à leur
sérieuse importance, le *Registre des délibérations municipales* de 1650
à 1660, le seul de ces manuscrits qui eût pu donner quelques
indications sur la présence de Molière en ces parages, est le seul
qui ait disparu. C'est en vain que je l'ai cherché avec l'aide du
maire et des employés de la mairie, qui s'étaient mis à ma disposition, et que je remercie, une fois de plus, de leur empressement.

« que les prélats eurent quitté le rochet et le camail, la
« députation se rendit auprès de Mme la princesse de
« Conti, qui, quoique au lit, l'accueillit avec beaucoup
« de civilité [1]... »

Coïncidence à noter, et d'autant plus curieuse qu'elle
n'est peut-être pas absolument fortuite : la disposition
de cet hôtel rappelle d'une manière frappante la mise en
scène d'une des pièces que Molière, à ses débuts, représentait en Languedoc, le *Médecin volant*, dont la critique
littéraire n'a pu fixer et préciser l'acte de naissance au
théâtre ! Ce qui précède ne permet guère de se faire une
idée exacte de l'état des lieux; mais voici la description
qui en fut faite plus tard par l'abbé d'Expilli, alors que
l'hôtel était devenu, par acquisition réalisée en 1668, et
sans avoir été modifié, la propriété de M. de la Valette,
intendant du prince de Conti, fils aîné d'Armand de
Bourbon [2]. De toutes les maisons de Pézénas, écrit l'abbé
d'Expilli, « celle de M. de La Valette est la plus commode
« et la plus logeable. *Elle est composée de trois beaux*
« *appartements dont le plus considérable donne sur un par-*
« *terre, où l'on descend par une terrasse.* Les orangers, les
« citronniers et les jets d'eau en rendent l'aspect très
« agréable. » Que voit-on dans le *Médecin volant?* La
scène se passe dans la *chambre* de Gorgibus — comme
dans celle de Conti; et Gorgibus dit : *Nous avons un fort
beau jardin avec quelques chambres qui y répondent.* En
outre, la maison comprend plusieurs corps de logis,

---

[1] Archives du département de l'Hérault.

[2] Ce M. de la Valette est-il le même qui, dans le *Ballet des
Incompatibles*, joué à Montpellier, pendant le carnaval de 1655,
figurait en *berger?*

dont « *un appartement au bout du jardin* », où Sganarelle
envoie Angélique prendre l'air. Il se pourrait bien que
Molière, qui faisait constamment intervenir dans ses
pièces l'actualité et la réalité les plus immédiates, n'eût
pas cherché pour son *Médecin volant* d'autre décor que
l'hôtel d'Alfonce lui-même. Ce ne sont là, toutefois, que
de simples conjectures. Il y aurait témérité à faire fond
sur ces ressemblances de *localité* pour assigner une date
précise aux premières représentations du *Médecin volant*.
C'est sur des présomptions moins hasardeuses, c'est sur
des données plus concluantes qu'il faut se baser, si l'on
veut arriver à un renseignement précis et définitif à cet
égard.

Le *Médecin volant* est-il de 1653? de 1654? de 1655? ou
même est-il postérieur à cette dernière époque? Biographes et bibliographes de Molière n'ont pas encore
éclairci ce point. — A la rigueur, l'idée de cette comédie
d'essai, qui fut sa première déclaration de guerre aux
médecins, les mœurs médicales observées lors de son
premier passage à Montpellier auraient pu, sans trop
d'invraisemblance, la lui suggérer; et, avec sa facilité
d'assimilation et sa fertilité d'imagination, il pouvait
alors la donner à la scène presque aussitôt. D'autre part
encore, cette même idée aurait pu assez naturellement
lui venir du vieux *Théâtre de Béziers* (1616-1644) [1], où dès
1629 la muse populaire se livre à une vive et verte satire
des médecins, comme je le ferai voir tout à l'heure. Mais
rien n'indique et ne prouve que le *Médecin volant* ait eu
l'une ou l'autre de ces origines, tandis que certaines par-

[1] Voir La Vallière, *Recherches sur les théâtres français;* le Catalogue de Soleinne (1844), etc.

ticularités, certains traits caractéristiques de la pièce paraissent la rattacher à un épisode de la longue et furieuse querelle des Facultés de Montpellier et de Paris, épisode qui s'était produit vers le milieu de 1654, auquel Molière avait dû être initié à la fin de cette année ou dans les premiers mois de 1655, c'est-à-dire pendant la session des états tenus à Montpellier, et dont il aurait alors fait son profit. Là seraient le point de départ et la cause initiale de sa campagne contre la médecine et les médecins [1]. A ce compte, le *Médecin volant* aurait été une pièce d'actualité, produite par des circonstances que nous allons tâcher de faire connaître, et qui, représentée pour la première fois à l'hôtel d'Alfonce, à Pézénas, venait en temps et lieu propices.

On sait que la très ancienne et traditionnelle rivalité des deux Facultés était entrée, dès 1644, à propos du procès intenté à Théophraste Renaudot par les médecins de Paris, dans une période aiguë de discussions acrimonieuses, d'accusations envenimées et atroces, de haine sauvage poussée jusqu'au plus effroyable paroxysme. Montpellier avait pris fait et cause pour Renaudot, et le feu avait été mis aux poudres, l'orage avait été déchaîné par le *Discours* publié alors par Courtaud [2]. Dès ce jour, ce qui n'avait été jusque-là qu'un « chamaillis d'eschole » prit les proportions d'une lutte homérique à la fois bouffonne et affreuse. Ce fut un bombardement général de brochures et de livres de dia-

---

[1] Ironie du hasard! La Faculté de médecine de Montpellier avait eu, en 1338, un chancelier qui s'appelait Raimond de *Molière!* (Astruc, *Histoire de la Faculté de Montpellier*.) Et il y avait alors (1655), à Pézénas même, un médecin-poète du même nom!

[2] Montpellier, 1644.

tribe où l'invective, l'outrage, l'injure, la calomnie la
plus infâme tenaient lieu trop souvent d'arguments et de
raisons. Rien de pareil ne s'était jamais vu dans l'histoire de la médecine, ni même dans les annales d'aucune
corporation. Le plaisant de l'affaire, c'est que, tant du
côté de Riolan et de Gui Patin, porte-paroles de Paris,
que du côté de Rivière, Courtaud et autres chefs de file
de la coterie montpelliéraine, ce n'était pas aux plus san-
glants reproches de vénalité, d'incapacité, d'indignité
et d'immoralité qu'on se montrait parfois le plus sensible. — Le plaisant de l'aventure, c'est que dans le feu
croisé d'épigrammes, de médisances et de révélations
abominables, la grotesque pédanterie des adeptes hippo-
cratiques ne perdait nullement ses droits. C'était un
axiome alors que « le latin était aussi nécessaire pour
exercer la médecine que la tonsure pour avoir droit aux
bénéfices ». Les débats sur un sujet de médecine ou de
pharmacie amenaient invariablement une récapitulation
de l'histoire universelle, de la physique, de tout ce qu'on
savait et d'autres choses encore. Un adversaire sachant
mal ses humanités, par exemple, était au-dessous de tout
mépris. Après avoir traité un médecin de Montpellier
« d'ignorant, de mercenaire, de chymique, de paradoxe,
« de charlatan, d'infâme », Gui Patin (et certes c'était le
plus spirituel de tous!), Gui Patin lui donne le coup
de grâce en l'appelant : *peu grammairien!* On devine,
par de tels traits, à quels effets de haut comique on arrivait de part et d'autre. — A la distance où nous sommes,
la conduite et le langage des médecins mis en scène par
Molière paraissent d'une invraisemblance inouïe, et leurs
types nous semblent une charge à outrance. Ces types,

et leur conduite, et leur langage, n'étaient positivement
pas hors nature ; ils étaient vivants et vrais de son temps.
Il n'eut très souvent qu'à copier et prendre sur le vif
leurs mœurs, leurs habitudes, leurs procédés, l'infatua-
tion intraitable de leurs doctrines particulières, pour en
composer ses personnages immortels.

Leurs doctrines ! c'était de là, en somme, que venait
tout le mal. La doctrine de Paris et la doctrine de Montpellier différaient quant au traitement des maladies habi-
tuelles. Au fond de cet universel soulèvement de personnalités, s'agitent en effet les prétentions divergentes
des deux écoles qui veulent faire prédominer leurs principes. Paris *saigne* beaucoup trop, au dire de Montpellier. Selon Paris, Montpellier pratique les *purgations* avec
de coupables excès. — Bourreau qui saigne comme cela !
crie-t-on d'un côté. — Assassin qui purge de la sorte !
riposte-t-on dans l'autre camp. Le fait est qu'on sai-
gnait et purgeait grandement. En vertu de la maxime :
« *Prompte curare velle morbos per insignes evacuationes* »,
les clients que détergeait Montpellier n'avaient pas une
minute de repos. Ainsi, pour une maladie pareille à celle
dont le prince de Conti ne put être guéri par son chirurgien Montjelet [1], un pauvre soldat effectue, et de
« façon louable », selon le terme alors en usage, quelque
chose comme « deux cent vingt selles » en moins de
vingt jours de traitement. On a découvert quelques
comptes d'apothicaires de l'époque. Sur les « parties »
d'un bourgeois de Montpellier et sur celles d'un gentilhomme de Carcassonne, les « clystères » réitérés figu-

[1] *Mémoires de l'abbé de Cosnac.*

rent par centaines. Hippocrate et Galien l'ordonnaient
ainsi. — Par contre, Hippocrate et Galien n'ordonnaient
pas moins, à Paris, qu'un vieillard de quatre-vingts ou
quatre-vingt-dix ans, une femme enceinte et même en
couches, un enfant de « deux mois » et même de « deux
jours », fussent saignés, et saignés à blanc! Gui Patin
se vante, tout haut, d'avoir lui-même procédé à de telles
opérations. Pour montrer le bon exemple, il a saigné
son tout jeune fils, un enfant de sept ans, « vingt fois »
en quelques jours. Baralis, qui a quatre-vingts ans, a été
saigné onze fois en six jours; le vieux Mantel, en dix-sept
jours, trente-deux fois. Dans un de ses livres, Riolan
affirme « qu'il n'y a nul inconvénient à tirer vingt cho-
« pines de sang en un jour » « sur *vingt-quatre* », que le
corps humain doit en contenir [1]. L'excellence de ce
régime est telle aux yeux de Riolan, qu'il ne comprend
même pas le peu d'enthousiasme qu'on montre à l'appliquer tous les jours, dans toutes les classes de la société.
C'est trop en rechignant qu'on s'y résigne. D'aucuns
même poussent l'indocilité jusqu'à ne pas vouloir en
faire l'expérience. Mais ceci est grave, car c'est chose
grave, en effet, qu'un acte d'insubordination contre la
Faculté. Il faut voir dans quelles tonitruantes colères
entre Gui Patin, qui prend l'affaire au tragique, quand
on vient lui dire qu'un malade a manqué de respect à la
Faculté, au point de ne pas vouloir être saigné! Un
jour, un M. de la Brosse — un médecin! — pousse
l'audace impie jusqu'à « préférer mourir » plutôt que
d'en passer par la lancette. Gui Patin bondit, et tout

---

[1] Riolan, *Recherches curieuses*, etc

agité d'une indignation épique : « Le diable le saignera
« en l'autre monde, s'écrie-t-il ; le diable le saignera
« comme mérite un fourbe, un athée, un imposteur, un
« homicide et bourreau public, tel qu'il était ! »

L'amour-propre de la concurrence s'en mêlant, dans
l'excitation de la lutte, des deux côtés on allait aux exagérations les plus outrées de chaque doctrine ; et la
rivalité systématique se continuait avec la même rage
sur le chapitre de la pharmacie. Paris exécrait les pré-
parations pharmaceutiques où les substances « miné-
rales » entraient comme élément. Montpellier ne voulait
pas entendre parler des « végétaux ». En 1629, en 1653,
on avait eu la peste dans le Languedoc, et Gui Patin
prétendait que les médecins de Montpellier avaient pris
la fuite par lâcheté et par ignorance. En réalité, les
médecins de Montpellier étaient restés à leur poste et
avaient fait leur devoir de leur mieux ; mais Gui Patin
n'y regardait pas de si près : il profitait de l'occasion
pour se vanter d'avoir un remède infaillible contre la
peste. — « Eh bien, il fallait y venir, répliquait en chœur
« la Faculté de Montpellier ; il fallait donc y venir avec
« votre jus de citron, vos feuilles de scabieuse et votre
« fameuse lancette ! » — Or, tous les incidents de ces
démêlés éternels, se passant au grand jour, n'étaient un
secret que pour les indifférents. Auraient-ils pu échapper
à l'attention d'un observateur comme Molière, surtout
lorsque l'itinéraire de ses excursions le conduisait en
plein foyer médical, à Montpellier ? A premier examen
(et c'est là un indice) on retrouve, dans le *Médecin volant*,
un joyeux écho de ces querelles et de ces polémiques
acharnées et burlesques. En effet, Sganarelle, qui sait

très bien qu'un médecin doit être ferré sur la « grammaire », c'est-à-dire sur les humanités, débute, dès son entrée chez Gorgibus, par quelques latinades, afin d'en imposer. *Per omnia sæcula sæculorum*, dit-il avec autorité. Cela dit, ses preuves d'instruction sont déjà faites. Mais étant annoncé comme un médecin hors ligne, à l'exemple de ses confrères qui font modestement leur propre et très pompeux éloge, et, aussi, afin de se placer du coup par-dessus tous : « Je suis, dit-il, je suis le plus grand, « le plus habile, le plus docte médecin qui soit dans la « *Faculté végétable, sensitive et minérale* », c'est-à-dire au-dessus des médecins de Montpellier et de Paris tout ensemble. Une fois sûr d'avoir dupé le bonhomme Gorgibus en le fascinant par son profond savoir, il affecte la gravité méditative et soucieuse de l'homme de l'art qu'absorbe la pratique de ces hautes connaissances et qui, ayant charge de santé et de vie, ayant conscience de sa responsabilité, déplore, d'un accent navré, l'imprudence des malades oublieux de ses doctes prescriptions. — « Il faut avouer que quand les malades ne veulent pas « suivre l'avis du médecin, et qu'ils s'abandonnent à la « débauche, et que... » — A l'entendre monologuer sur ce ton de regret comiquement simulé, on pense, d'instinct, à l'attitude mélancolique de Riolan lui-même, lorsqu'il écrit dans ses *Recherches curieuses* sur les Universités de Montpellier et de Paris : « Il n'y a pas de « plaisir ni d'honneur de faire la médecine aux grands « seigneurs, qui apportent toujours des contrariétés aux « remèdes, qui leur sont plus nécessaires qu'aux pauvres « gens, pour les excès qu'ils font à boire et à manger, « et la vie déréglée qu'ils mènent. » De tels rapproche-

ments, qui s'offrent d'eux-mêmes quand on est au courant de cette étrange querelle médicale, porteraient à
admettre que Molière avait dû être, selon ses habitudes
connues, désireux de pénétrer assez avant dans l'étude
des passions aux prises, et dont le public ne pouvait pas
saisir avec assez de netteté tous les ressorts et les mouvements. Donneau de Visé affirme que dès ses débuts
dramatiques, Molière lisait « tous les livres satiriques »
et « jusqu'aux plus vieux bouquins », susceptibles de lui
fournir quelque trait d'esprit ou de mœurs, quelque
observation morale, quelque motif de scène ou de pièce,
dignes d'être utilisés dans ses propres ouvrages. Con-
nut-il les *Recherches* de Riolan, et toute la séquelle de
brochures, livres, écrits divers qui pullulaient alors?
Mais tout aussi bien, il n'avait pas besoin d'en lire tant!
Un seul, la *Seconde Apologie de l'Université de médecine de
Montpellier* [1], pouvait suffire à l'éclairer.

Cette *Seconde Apologie*, publiée en juin 1654, sans
nom d'auteur, à Paris et à Montpellier, vint de nouveau
enflammer les esprits qui semblaient s'apaiser un peu, à
en juger par la modération relative des *Recherches* récemment parues, et auxquelles le nouveau livre répon-
dait. L'Apologie nouvelle était la preuve que Montpellier ne voulait ni trève ni merci. « C'est un livre infâme
« pour les injures, calomnies, impostures, ignorances et
« faussetés qu'il contient, écrit Gui Patin, à la date du
« 13 juillet 1654. Je ne vis jamais un si misérable pot-
« pourri, ni si indigne de gens qui veulent être réputés
« habiles... Quiconque l'a fait n'est point médecin et ne

[1] Paris, chez Jean Piot, à la Salamandre d'argent, 1653 (pour 1654).

« sut jamais le fin du métier. » C'était pourtant un médecin qui l'avait fait : il se nommait Isaac Carquet ; et s'il ne savait pas « le fin du métier », à son style on s'apercevait vite qu'il en savait le gros. En vain Gui Patin, fort malmené, en vain ses confrères, non moins cruellement houspillés, voulurent-ils opposer le dédain à cette prise à partie qui dépassait toutes les bornes ; le sang-froid leur était impossible : ils n'y tinrent bientôt plus. Voire, leur exaspération s'accrut en raison du bruit que faisait le livre. Et Dieu sait s'il en faisait ! Gui Patin y revient maintes et maintes fois dans ses *Lettres,* avec un mélange bizarre d'indignation, de douleur et d'horreur. Lui qui n'était pas, cependant, dégoûté en matière d'invectives forcenées, il en sursaute, il ne s'y fait point ! — A vrai dire, cette *Seconde Apologie,* qui, sous prétexte de représailles, suscitait et surexcitait à nouveau toutes les passions, était à la fin exacerbante avec ses incongruités biscornues, son galimatias pédantesque et ses personnalités implacables ! Mais quel ouvrage précieux aussi, pour un homme comme Molière qui, du même coup, y pouvait trouver le ramassis complet des plus virulentes formules de discussions médicales alors en usage, et, avec le vocabulaire des médecins, le répertoire de leurs ridicules, de leurs travers, de leurs vices, — justiciables de la satire !

Le retentissement de la *Seconde Apologie* ne laisse guère supposer qu'elle ait été ignorée de Molière. A prendre la peine (et c'en est une) de la lire, on arrive non seulement à n'avoir plus de doute à cet égard, mais à se convaincre qu'elle a fourni à Molière le prétexte et les éléments du *Médecin volant.* Malgré l'absence de tout mérite littéraire d'un côté, malgré le style, l'esprit et l'art scénique d'autre part, des apparences assez fréquentes de filiation s'accusent distinctement. Exemple : — « Vous, dit la *Seconde Apologie*, objurguant les méde- « cins de Paris et les rabaissant vis-à-vis des médecins « de Montpellier, vous n'êtes qu'une poignée de petits « nains et avortons auprès de ces grands géants. » (Page 95.) — « Tous les médecins, dit Sganarelle, ne « sont à mon égard que des avortons de médecine. » L'air de famille est ici jusque dans l'expression. Pour être moins sensible dans bien des particularités, la parenté n'y subsiste pas moins : à telles enseignes que la série des traits essentiels, disséminés et presque perdus dans le verbeux fatras d'Isaac Carquet, constituerait, au besoin, par la mise en relief de ces traits caractéristiques, le commentaire le plus naturel du *Médecin volant*. On s'en rendra compte par les quelques indications qui vont suivre.

Et d'abord, si le déguisement d'un *valet* (Sganarelle) en médecin est, en tant que ruse de comédie, un jeu renouvelé des Grecs, n'est-il pas, dans les conditions spéciales où il s'effectue et pour la peinture fidèle d'un type de médecin alors répandu en Languedoc, une prise à la lettre satirique des griefs que la Faculté de Montpellier formulait contre la vulgarisation, tentée par Gui Patin, Philbert Guibert et autres, de certains préceptes de médecine pratique, usuelle et domestique ? Les médecins de Montpellier voyaient là une dérogation à leur dignité personnelle et une déplorable atteinte au prestige de leur profession. Aussi, par l'organe d'Isaac Carquet, réprouvent-ils ceux qui, « voulant faire des réfor-

« mations en la médecine, l'exposent aux *servantes* et
« *laquais*, et en font une empirico-méthodique charlata-
« nerie ». (Page 239.) Déjà, selon la Faculté de Montpellier, déjà la funeste tendance qu'on avait à faire usage
du français, depuis peu, dans les polémiques, n'était que
trop compromettante pour des docteurs, et l'on ne con-
cevait point, notamment, qu'un « vieil docteur » comme
Riolan, qui devait montrer l'exemple de l'attachement
fidèle aux traditions et de l'observance sévère des pratiques consacrées, eût recours à de pareils procédés.
« Quand vous faites cela, maitre Riolan », s'écrie l'apolo-
giste de Montpellier, défenseur des anciennes et véné-
rables coutumes; « quand vous faites cela, en un livre
« s'agissant de matière d'Université et de compagnie
« lettrée, et qui devait être pour la plus grande part
« compilé et entretissu de passages d'auteurs latins, où
« est votre majesté médicale? Où l'avez-vous laissée? »
Mettre les discours des médecins à la portée des intelligences vulgaires, renoncer au latin « afin que ceux qui
« ne savent point cette langue les pussent entendre,
« comme sont Apothicaires, Barbiers, Étuvistes, goujats
« et servantes », n'était-ce pas faire de ces gens-là des
« disciples », et leur donner la tentation de se poser en
médecins à leur tour? De l'initiation au langage des
médecins à l'exercice de leur art, il n'y avait, parait-il,
qu'un pas à faire. Poussé par Molière, Sganarelle fit ce
pas; et le valet fut médecin. Tout comme un autre, il a
vite pris un air capable; tout comme un autre, à l'occasion, il usera d'une terminologie rébarbative, dont sa
mémoire a gardé d'incohérentes bribes plus ou moins
dénaturées; et, qui plus est, il sera même dispensé de

savoir écrire. — « Est-ce que vous ne le savez point?
« demande Gorgibus. — Oh! je ne m'en souvenais pas,
« répond Sganarelle; j'ai tant d'affaires dans la tête, que
« j'oublie la moitié. » Et ce benêt de Gorgibus met naïvement sur le compte de la distraction l'aveu de la vérité
qu'a laissé échapper l'ignorance en se trahissant. Au
fond, rien d'étonnant en tout ceci. Un des reproches
que s'adressent mutuellement et le plus fréquemment
les deux Facultés rivales dans leurs noises incessantes,
c'est celui de délivrer avec trop de complaisance les di-
plômes de licence et de doctorat. La *Seconde Apologie*
s'efforce de disculper l'Université de Montpellier, accusée
d'accorder, en fermant les yeux, l'investiture médicale à
nombre de candidats qui ne se présentent point en personne, et qui, se faisant recevoir par « procuration », ne
sont, de la sorte, obligés à aucune preuve de mérite et
de capacité. Aussi en rencontre-t-on qui, comme Sganarelle, oublient qu'ils savent écrire, ne l'ayant, du reste,
jamais appris. Ils se rabattent sur « les talents particuliers », sur « les secrets ». C'est là le grand moyen de
fortune et de réputation : moyen d'autant plus puissant
que la superstition populaire est de moitié dans sa mise
en œuvre. Voyez avec quel accent de confiance dans
l'effet magique de ses paroles Sganarelle, dont la supériorité, par lui-même proclamée, pourrait laisser des
doutes, dit : « J'ai des talents particuliers, j'ai des se-
« crets! » Sous ce rapport aussi; l'exploitation de la crédulité publique se fait avec la permission de la Faculté de
Montpellier; on la blâme de cette condescendance : elle
n'en démord pas et s'y autorise par des textes et des
précédents. Fernel, dans son livre de la *Méthode*, n'ad-

met-il pas la découverte et l'usage « de remèdes particuliers » ? Sganarelle est bien trop de son pays, j'entends du Languedoc, et il comprend trop bien ses intérêts de médecin, — son rôle étant pris au sérieux, — pour « être « de ces médecins qui ne s'appliquent qu'à la médecine « qu'on appelle rationale ou dogmatique », comme l'avocat du *Médecin volant* la définit par les termes mêmes de Riolan.

Nulle part autant qu'en Languedoc, les « secrets » n'étaient alors en faveur. Beaucoup de ces secrets-là n'en furent plus, lorsque la mère du surintendant Fouquet, la charitable et pieuse Marie de Maupeou d'Ableiges, à l'instar de Philbert Guibert (voir le *Médecin charitable*), en forma un recueil complet, en manière de manuel médical et pharmaceutique, à l'usage des pauvres et des habitants de la campagne.

Ce recueil, d'abord manuscrit, puis imprimé par les soins d'un des fils de l'auteur, Louis Fouquet, évêque d'Agde, après revision et correction par M. de Lescure, médecin de la Faculté de Montpellier, fut répandu à profusion, sous sa double forme, en Languedoc pour commencer, dans toutes les autres provinces du royaume ensuite. Vers 1670, il comptait « trente années d'expérience et de succès ». L'assemblée générale du clergé de France, tenue à Paris, cette année-là, le recommanda à tous les évêques, prêtres, sociétés religieuses et établissements de secours et de charité, à titre d'œuvre d'utilité publique. Considéré comme une sorte de bréviaire de l'assistance médicale, il fut même imposé, dans le diocèse d'Agde, presque au même titre que le paroissien romain, aux curés, aux prieurs; et par mandement

exprès de l'évêque Louis Fouquet, « les quatre sémi-
naires » de sa juridiction le virent figurer au programme
de leurs études. On en fit un livre classique de médecine
primaire et de pharmacie usuelle indispensable « pour
les prêtres, diacres, clercs, et autres ecclésiastiques des-
tinés aux fonctions curiales », — attendu que l'Écriture
sainte prescrivait aux « médecins des âmes » le devoir
d'être autant que possible « les médecins des corps »
également.

Que de *recettes* bizarres, produits de l'imagination et
de la crédulité populaire, par le seul fait de leur insertion
dans le recueil de Mme Fouquet, s'élevèrent alors à la
dignité de remèdes orthodoxes, et qui, la veille, n'étaient
que d'obscurs « secrets » sans aveu! Un jour, l'un de ses
secrets-là (tant il est vrai que tout est possible), un jour,
l'un de ces « secrets » de bonne femme devait même
attirer l'attention de S. M. Louis XIV, qui, médecin
de droit divin, étant de la famille d'Apollon par le soleil,
lui fit royalement un sort glorieux! Je veux parler de
ce fameux remède qu'avait découvert et que possédait
le vieux prieur d'un village voisin de Pézénas, le prieur
de Cabrières, qui vivait là précisément à l'époque où
Molière visita ces parages. Il guérissait, disait-on, les
hernies ou descentes.

Les populations du Languedoc étaient persuadées qu'il
faisait merveille; et tant grandit et s'étendit au loin sa
renommée, que le Roi voulut voir à la cour le saint
homme aux prodiges. « Il y arriva environ l'année 1680 », écrit le célèbre chirurgien anatomiste Dionis, médecin de la Reine, dont la gravité n'hésite pourtant pas à rapporter tout au long cette histoire dans

son *Cours d'opérations de chirurgie* [1]. « Il eut quelques conférences avec le Roi à qui il déclara son secret pour guérir les descentes, priant instamment Sa Majesté de ne le rendre public qu'après sa mort. » — Or, ce secret consistait en « cinq gros d'esprit de sel sur une chopine de vin ». Le Roi avait promis de n'en rien dire, il tint parole. Toutefois, pour ne pas frustrer les malades de ce secours, sans manquer à sa promesse, « Sa Majesté voulut, par une bonté singulière, se donner la peine de composer elle-même ce remède et d'en faire distribuer charitablement à ceux qui lui en faisaient demander. Pour cet effet, le Roi commandait qu'on lui apportât dans son cabinet quatre ou cinq sortes de drogues qu'il spécifiait à ses apothicaires; Sa Majesté, ne se servant que de l'esprit de sel, faisait jeter secrètement les autres drogues. »

Le prieur de Cabrières mourut peu d'années après; et le portrait qu'a laissé de lui Dionis est bien celui qu'on doit se faire d'une foule d'autres prieurs qui s'occupaient, eux aussi, de guérir les malades, surtout depuis que l'évêque d'Agde avait associé et conféré cette attribution à l'exercice de leur ministère. Je cite. « Le prieur de Cabrières était un homme fort charitable, qui distribuait beaucoup de remèdes dans sa province; il n'était point intéressé ni charlatan, *quoiqu'il fût fort mystérieux, et qu'il fît secret de tout.* » Les bons prieurs en imposaient ainsi à leurs ouailles.

A part quelques occasions particulières, — comme lorsqu'il s'agissait de faire observer la défense faite sous

____

[1] Tome I, page 314 de la 8e édition parue en 1782.

peine d'excommunication aux médecins et praticiens de
revoir un malade qui, après deux visites, aurait refusé
de se confesser, si le curé ou le prieur le jugeait nécessaire [1] : ce qui prêtait à leur zèle religieux envers les
fidèles un air de vexation contre les médecins par jalousie
de métier; en dehors de ces cas, où leur situation devenait équivoque, il n'y avait qu'à louer le désintéressement des ecclésiastiques envers les indigents. En faveur
du but et de l'intention, toutes ces puériles cachotteries
de recettes et de remèdes s'excusaient. Certes, on les eût
pardonnées, à ce prix, aux médecins de profession!

Il s'en fallait que ceux-ci eussent la réputation d'être
tendres pour les malheureux! Les ennemis de la Faculté
de Montpellier prétendaient que, dans cette ville, les
pauvres en étaient réduits à n'attendre leur guérison
que du ciel. Il y avait même une légende là-dessus,
d'après laquelle la sainte Vierge, pour faire pièce aux
médecins sans pitié, accomplissait journellement des
cures miraculeuses, pourvu qu'on l'invoquât à un autel
privilégié, que la malignité publique appelait l'autel de
Notre-Dame de Dépit [2]. On se rendait à cette Notre-Dame
en pèlerinage; et c'étaient des processions continuelles,
les malades abandonnés étant en innombrable quantité
dans le pays. — Bien entendu, la cupidité de ces médecins
n'était pas inhumaine envers les misérables pour ménager
les riches. Ces clients étaient rançonnés : on les obligeait
même à payer d'avance. *Accipe dum dolet*, disait la maxime
qui avait cours. Gui Patin, affectant d'oublier que la véna-

<hr>

[1] Ordonnance de Rotondy de Biscaras, évêque de Béziers :
21 mars 1675.

[2] *Seconde Apologie*, p. 127.

lité des médecins en général était aussi ancienne que la
pratique de la médecine, et ne trouvant pas de mot à son
gré pour qualifier les procédés de ses abhorrés confrères
du Languedoc, avait créé ce néologisme : *philargyrie,*
qui signifie passion de l'argent, mais qui a l'air d'exprimer toutes sortes d'horreurs. — Apparemment, la
médisance et la calomnie dépassaient quelquefois la
mesure. Dans bien des cas, les médecins de Montpellier
devaient valoir mieux que la mauvaise réputation qu'on
leur faisait : sans cela, ils auraient été trop odieux pour
que Molière se contentât de les tourner en ridicule. Ils
mettaient, d'ailleurs, des formes à leur rapacité. Tel,
autrefois, ce bon docteur Rondelet, que Rabelais avait
connu à Montpellier, au temps où, en compagnie de
quelques étudiants de ses amis, il jouait la *Morale comédie
de celui qui avait épousé une femme mute,* — dont on
découvre des réminiscences dans le *Médecin malgré lui.*
Rondelet savait l'art moelleux de sauver les apparences.
Il n'est autre que le Rondibilis qui, au chapitre XXXIV,
livre III, de *Pantagruel,* donne à Panurge la fameuse
consultation souvent citée par les commentateurs de
Molière, parce que Sganarelle en fait souvenir en l'imi-
tant : — « Puys (Panurge) s'approcha de luy (de Rondibilis) et luy meit en la main sans mot dire quatre nobles
à la rose. Rondibilis les prit très bien, puys lui dit en
effroy, comme indigné : « Hé ! hé ! hé ! monsieur, il ne
« falloyt rien. Grand mercy toutefoys. Des meschantes
« gens jamais je ne prends rien. Rien jamais des gens
« de bien je ne refuse. Je suys toujours à votre com-
« mandement. — En payant, dit Panurge. — Cela s'en-
« tend », répond Rondibilis. »

J'arrête ici le rapide aperçu des révélations que procure ou provoque cette étrange *Seconde Apologie* sur les mœurs, les habitudes, les allures, le caractère des médecins ou prétendus médecins du Languedoc en 1654. Bien des traits pittoresques et topiques pourraient s'ajouter à ce tableau sommaire : tel qu'il est, n'offre-t-il pas le plus curieux spectacle qu'il ait été donné à Molière de contempler jamais, avant et même après sa venue à Montpellier et dans les environs? Quelle réjouissante et inénarrable collection de grotesques n'entrevoit-on pas derrière les voiles discrets que la *Seconde Apologie* s'efforce de jeter sur les ridicules, les travers, les vices, la vie en un mot de cette corporation médicale qui pullule, ne cesse de croître et d'enlaidir, et prend une si fabuleuse place dans la société languedocienne, qu'à la fin, en s'immatriculant, de gré ou de force, « prieurs et recteurs, empiriques, barbiers et charlatans, servantes, valets et goujats », parce que tout se mêle de médecine, à la fin, dis-je, on ne sait plus vraiment distinguer, parmi les adeptes de la Faculté, les bons des mauvais, ni savoir où commencent et où finissent le rang et le rôle de médecin! Toute une province possédée d'une formidable et irrésistible manie thérapeutique et pharmaceutique, et la communiquant, à un moment donné, jusqu'à Louis XIV lui-même, en vérité, s'était-il vu rien de pareil? Quelles impressions de joyeux et prodigieux étonnement! quelle explosion de verve et de rires la découverte de ce monde nouveau ne dut-elle pas produire chez Molière, alors dans tout l'entrain de sa jeunesse, dans toute la spontanéité de son esprit et la vivacité de sa bonne humeur! Et quelle envie d'en savoir plus long que n'en voulait dire la *Se-*

conde Apologie, la lecture d'un tel livre ne dut-elle pas lui inspirer soudain! Quel impatient désir, quel impérieux besoin de déchirer tous les voiles, d'aller droit à la vérité, — et de la mettre dans la pleine lumière du théâtre dont elle relevait décidément!

Avez-vous remarqué, en lisant l'histoire de Rabelais et de Molière, que leurs années de gaieté, à tous deux, se passèrent précisément dans le même coin de province, — et vous êtes-vous demandé quelle influence ce même milieu, cette même atmosphère purent exercer sur le tempérament personnel et sur les œuvres des deux plus francs Gaulois de nos écrivains de génie? Cette influence, la citation ci-dessus de *Pantagruel* en est, chez Rabelais, une trace parmi bien d'autres qu'on pourrait signaler. Je la relate au passage, pour constater cette particularité non encore remarquée, je crois, c'est que les conditions où les deux grands satiriques se sont trouvés en Languedoc, en qualité d'observateurs, furent à ce point équivalentes, quant aux résultats de leurs études sur la société de leur temps, que c'est à la peinture de cette société que se rapportent, dans les comédies de Molière, la plupart des imitations directes que Molière ait faites de Rabelais. La plaisanterie de Rondibilis, reprise à son compte par Sganarelle, était empruntée du même coup à Rabelais et à la tradition locale. Elle appartenait au fonds commun de l'esprit gaulois, très vivace et très persistant en Languedoc, et qu'il faut d'autant moins contester qu'en le niant, on s'exposerait à laisser perpétuellement à l'état d'énigme la cause encore mal expliquée des très populaires succès de Molière et de ses premières pièces dans cette province. Il va de soi que si

les ridicules y abondaient, il n'y manquait pas non plus
de gens pour en rire! Et même, puisque aussi bien il
s'agit des médecins en particulier, même parmi les praticiens on en voyait d'assez avisés et affinés pour se
ranger, à l'occasion, du côté des rieurs! De ce nombre,
je l'imagine, fut ce « barbier » de Pézénas qu'a rendu
célèbre la familiarité dans laquelle il eut l'honneur de
vivre, durant des mois entiers, avec Molière.

Lancette et rasoir allaient alors de compagnie, et les
barbiers faisaient à peu près partout office de chirurgiens.
Le barbier Guillaume Géli ou Gelly, chez qui Molière se
rendait assidûment le samedi, jour du marché, parce que
sa « boutique, très achalandée, était le rendez-vous des
« oisifs, des campagnards et des agréables; car avant
« l'établissement des cafés, dans les petites villes, c'était
« chez les barbiers que se débitaient les nouvelles, que
« l'historiette du jour prenait du crédit et que la politique
« puisait ses combinaisons [1] »; le barbier Guillaume Gelly
avait pour voisin (et ceci encore n'a pas été dit) un apothicaire du nom de Pradines, personnage d'importance,
qui fut consul de Pézénas (1667), et qui, grâce à l'exclusive faveur de la méthode purgative, arrondissait chaque
jour sa fortune, au nez et aux dépens des chirurgiens de
l'endroit. De ses deux branches d'industrie, Gelly voyait,
non sans regret sans doute, celle qui eût dû être la plus
lucrative tourner à la sinécure absolue. Était-il assez
philosophe pour n'en ressentir nulle rancune contre un
si fâcheux concurrent? Plus d'une fois peut-être, du fond
de sa boutique, son doigt jaloux ne résista pas au malin

[1] Taschereau, *Histoire de la vie de Molière.*

plaisir de signaler à la raillerie de ses clients les ma-
nœuvres du voisin d'en face qui sortait de la sienne avec
l'appareil et le cérémonial d'usage, pour aller administrer à quelque pratique un remède tout chaud. Assis
dans ce grand fauteuil légendaire [1], où il demeurait des
heures entières, comme dans un observatoire, Molière
écouta peut-être plus d'une fois le bonhomme Gelly,
devenu gouailleur et qui se vengeait de Pradines par
le burlesque récit de quelques-uns de ses exploits, par
des contes d'apothicaire! Comme l'a dit d'une manière
générale Taschereau, divers traits recueillis chez Gelly
ont peut-être trouvé place dans les chefs-d'œuvre de
Molière. — Pour le moment, ils ne pouvaient entrer
dans le *Médecin volant*, qui était, à mon avis, déjà composé, puisque la première représentation eut lieu, très
probablement, dès les premiers jours du retour de
Molière à Pézénas, c'est-à-dire, et pour me répéter en
précisant, le 8 novembre 1655. Mais ce surcroit de renseignements, ce plus ample informé, devait servir un
peu plus tard à parachever la comédie du *Médecin malgré
lui*, dont le *Médecin volant* n'était qu'une ébauche provi-
soire, — sans préjudice des autres pièces où Molière a
ridiculisé les Purgon et les Diafoirus.

Dans la situation comique des praticiens, — docteurs
ou empiriques, — vis-à-vis de l'esprit public, des rieurs
comme le « barbier » de Pézénas étaient trop intéressés
pour n'être pas suspects. Mais les sincères, les francs
rieurs formaient, on peut le dire, la majorité de la population. La malignité du peuple s'exerçait en toute liberté

---

[1] *Notice sur le fauteuil de Molière*. Pézénas, 1836.

de verve railleuse et frondeuse, aux dépens des médecins et de leurs excentricités grotesques. Oui, on glosait sur leur compte à cœur joie! Oui, on les daubait à la mode gauloise! Que de fois les farces, ou plutôt les *pailhades* (c'est le mot du cru), excitèrent l'hilarité de la foule, à propos de leurs faits et gestes, du haut des tréteaux en plein vent qu'on voyait se dresser sur les carrefours et sur les places des villes et même des villages, en temps de carnaval, dans les jours de réjouissance, selon une très ancienne et très populaire coutume du pays! Il est certain que les corporations qui représentaient ces joyeusetés, complément indispensable alors de tout divertissement général, avaient pris, et de bon nombre d'années, les devants sur Molière. — En pareille occurrence, la muse locale, — pas plus que Molière lui-même dans ses premières pièces, — ne se piquait de délicatesse. Le sujet se prêtait trop de lui-même aux exhibitions grossières pour qu'on les évitât. Dans le *Médecin volant,* la répugnante dégustation « d'urine » à laquelle se livre Sganarelle, à l'instar des bouffons italiens, ne va ni plus loin ni plus bas, en ce genre de comique dégoûtant, que les licences ordinaires du *Théâtre de Béziers,* par exemple, avec lequel Molière, d'ailleurs, fait cause commune sur bien des points divers. — Au point de vue spécial de la cuistrerie des médecins et de l'hétéroclite et supercoquentieuse barbarie des remèdes ordonnés, la satire de Molière, en venant à la suite, par ordre de date, a l'air aussi de venir à la rescousse de la satire languedocienne. On va en juger.

La *Pastorale du berger Célidor et de Florimonde, bergère,* « représentée à Béziers, sur le théâtre des marchands, le

jour de l'Ascension 1629 », montre, dans le cadre obligé
d'une intrigue amoureuse, mêlée de trivialité et d'un certain charme poétique [1], deux charlatans, deux compères,
Poutingue et Arlequin, qui, d'accord, comme larrons en
foire, pour duper les badauds, ne trouvent rien de mieux,
en attendant que le monde vienne écouter leur boniment,
que de se disputer sur la supériorité réciproque de leur
savoir. Poutingue [2] a fait quelque peu ses classes. Étant
« grammairien », au moins par ouï-dire, il est envahi
d'une immense pitié pour son compère, qui, lui, ne sait
pas le latin et qui, pour se poser (comme Sganarelle),
en prononce quelques phrases baroques. « Ah! le pauvre
Arlequin! dit Poutingue avec commisération.

> Ah! le pauvre Arlequin!
> Il faut parler français, si je veux qu'il m'entende.
> D'où te vient cet orgueil? Ta sottise est bien grande :
> Tu te dis médecin pour me mettre en courroux.
> Tu sais donc plus que moi?

ARLEQUIN.

> Oui, je sais plus que vous.

POUTINGUE.

> Comment cela?

ARLEQUIN.

> Comment? Par ce, monsieur mon maître,
> Que je sais plus que vous.

POUTINGUE.

> Cela ne saurait être.
> Sais-tu des minéraux extraire le vrai sel?
> As-tu bien, comme moi, commenté le Fernel?

---

[1] Je note au passage ce vers, qui rappelle le « cou blanc, délicat », dont parle André Chénier et qu'a paraphrasé Musset :

> Un corps blanc, délicat, et bel comme l'aurore.

[2] *Poutingue* est le synonyme languedocien de *Purgon*. « Se pou-
tingua » signifie prendre médecine, « se purger ».

Saîs-tu bien calciner, tirer les quintessences?
Connais-tu bien du talc les secrètes puissances?
As-tu du benjoin trouvé les qualités?
As-tu du balsamon su les propriétés?
Sais-tu de l'ambre gris la valeur et les forces?
Connais-tu la vertu des herbes, des écorces,
Fleurs, feuilles, gommes, fruits, bois, racines et troncs,
Mille choses encor qu'ici nous obmettrons?... »

Devant ce débordement de science profonde, Arlequin
finit par battre en retraite. Une fois mis à sa place, il
s'occupe de déplier la boutique portative de Poutingue,
où est contenu « le palladium de l'art paracelsique »,
quand, amené par un valet mystificateur, survient une
manière de Fracasse espagnol, du nom de Bravaste, qui
a besoin d'un remède pour se faire aimer d'une jeune
fille. Poutingue a des panacées pour toutes les maladies,
et naturellement Bravaste ne pouvait s'adresser mieux.
On lui donnera ce qu'il lui faut. Et Poutingue, jargon-
nant d'importance, détaille la composition mirobolante
qu'il va lui remettre :

Monseigneur l'Espagnol, je vous prie de croire
Qu'Apollon ne sait rien qui ne me soit notoire,
Sur tout la cantharide avec lipoménés,
La toile vierge avec baralipoménés
Enticatolicon et la bave écumante
Des chevaux du soleil et du porc d'Érymanthe :
Tout cela bien broyé, cent fois cuit et recuit,
Puis dans un alambic distillé jour et nuit,
Produit une liqueur claire comme eau de roche,
Qui fait rendre une fille et vous la met en broche.

Ce charabia médico-burlesque ne diffère pas beaucoup
de celui qui s'employait alors dans les ordonnances
interminables (pour lesquelles on usait « une main de
papier », dit Philbert Guibert), et où se trouvaient entas-
sées les matières les plus abracadabrantes. Quant à l'effet

merveilleux de la préparation hyperbolique de Poutingue, il n'est pas plus étonnant que celui de « la petite goutte de je ne sais quoi » qui ressuscite une femme morte depuis six heures, ou que l'onguent dont une simple friction raccommode un enfant qui s'est brisé tête, bras et jambes, dans le *Médecin malgré lui*, où Sganarelle reparait décidément plus fort que dans le *Médecin volant*. Et qu'on n'aille pas supposer que toutes ces facétieuses charges du théâtre populaire n'étaient goûtées et applaudies que d'un vulgaire incapable de s'intéresser à autre chose qu'à des spectacles histrioniques et enfarinés! A cette grande majorité de la population du Languedoc, qui, ai-je dit, y trouvait pleinement son plaisir, la partie vraiment intelligente et vraiment distinguée de la noblesse ne faisait point exception. La *Pastorale* où Poutingue bat l'estrade se joua plus d'une fois à Béziers, devant l'assemblée générale des états ; or, il y avait là, d'habitude, avec la fine fleur de la gentilhommerie dorée, la fine fleur des « beaux esprits » de la province et, aussi, bon nombre de Parisiens de marque, cotés « à la ville et à la cour ».

Et à ce propos, sous le bénéfice des circonstances que je viens d'énumérer et d'accumuler, et d'où résulte la présomption, équivalente à une preuve, que le *Médecin volant* fut joué à Pézénas pour la première fois, se figure-t-on ce que pouvait être alors une première de Molière dans cette ville? Se fait-on une juste idée de « la salle » le soir du 8 novembre 1655? — Il s'agit d'une représentation de gala, que le prince de Conti offre aux membres des états de Languedoc. Eux d'abord, leurs dames, et quelques centaines d'invités, ont place aux fauteuils qui

remplissent la grande « chambre » de parade de l'hôtel
d'Alfonce. Au premier rang, aux côtés du prince et de
la princesse, on remarque les principaux dignitaires :
Louis de Cardailhac de Lévy, comte de Bioules ; Jacques
d'Amboise, comte d'Aubijoux ; Scipion Grimoard de
Beauvoir, comte de Roure, tous trois lieutenants du Roi.
Puis, Louis de Boucherat, commissaire président ; Claude
Bazin de Bezons, intendant de la justice en Languedoc ;
François de Beaulac et Bernard de Nolet, trésoriers de
France. L'âge n'a pas permis de venir à l'archevêque de
Narbonne, Claude de Rébé, président-né des états ; mais
toute la seconde rangée des fauteuils est occupée par
ses collègues de l'épiscopat, ayant à leur tête l'archevêque de Toulouse, le futur archevêque de Paris, Pierre
de Marca, l'érudit déjà célèbre pour son *Histoire de
Béarn* et ses savantes études sur les antiquités du Languedoc. Aucun de ces prélats ne se fait un scrupule
d'assister à la comédie, et moins que tout autre l'évêque
de Béziers. Clément de Bonzi n'a pas de préjugés à cet
égard. Il ne passe pas de troupe italienne à Béziers qu'il
ne l'accueille avec bonté, en souvenir de sa patrie (c'est
un Florentin). Il se plaît dans la familiarité des comédiens, et l'on verra bien, l'année prochaine, qu'il ne
craint point de se compromettre en recevant « à sa
table » Dassoucy, « empereur du burlesque[1] », qui, par
son affaire scandaleuse de Montpellier, s'est fait pourtant une assez mauvaise réputation. Mais Clément de
Bonzi est un homme d'esprit, — tout comme ce Louis
de Bertier, évêque de Rieux, qui joint au mérite d'être

---

[1] *Les Aventures de Dassoucy,* édition Colombey, p. 165.

« un des plus savants prélats qu'il y ait en l'Église de
Dieu [1] », un rare talent de poète marotique, ainsi qu'en
témoigne surtout certain rondeau, appelé par Ménage
« le roi des rondeaux », et que La Bruyère aimait à son
tour à citer comme un chef-d'œuvre [2]. Au reste, parmi
les membres du clergé, évêques ou abbés, actuellement
à Pézénas, il n'y a, peut-être, en ce moment, pour
s'absenter par scrupule du spectacle, que le seul abbé
Roquette, attaché depuis sept ans à la personne de
Conti, et le type du faut dévot que Molière a pris, dit-on,
pour modèle de son *Tartuffe*. — Constatons la présence
du duc d'Uzès, du marquis de Chalençon-Polignac, du
marquis d'Arques-Rébé, du marquis de Calvisson-Louet,
du marquis de Mirepoix-Lévis, maréchal de la Foy, du
marquis d'Ambre, du marquis de Sourdis-Escoubleau,
du marquis de Pourdriac, du marquis de Sayssac-Cler-
mont, celui-là même chez qui Desbarreaux a l'habitude
de prendre « ses quartiers d'hiver », parce que « la
liberté et la bonne chère ont un trône dans cette mai-

[1] Percin de Montgaillard, *Lettres à Mgr de Cambrai.*
[2] Voici ce phénix des rondeaux :

> Bien à propos s'en vint Ogier en France,
> Pour le pays de mécréans monder :
> Jà n'est besoin de conter sa vaillance,
> Puisqu'ennemis n'osaient le regarder.
> Or, quand il eut tout mis en assurance,
> De voyager il voulut s'enharder :
> En paradis trouva l'eau de Jouvence,
> Dont il se sut de vieillesse engarder,
>   Bien à propos.
> Puis, par cette eau, son corps tout décrépite
> Trasamué fut, par manière subite,
> En jeune gars gracieux, frais et droit.
> Grand dommage est que ceci soit sornettes !
> Filles connois qui ne sont point jeunettes
> A qui cette eau de Jouvence viendroit
>   Bien à propos.

son ». Peut-être Desbarreaux l'a-t-il accompagné à Pézénas; et s'il n'est pas au fond de la salle, mêlé à la suite des seigneurs, c'est qu'il a estimé sans doute qu'il valait mieux aller causer au fond d'un cabaret du voisinage, avec quelque connaissance, avec Dassoucy, par exemple. Quelque importance qu'on attache aux règles de la préséance et aux lois de l'étiquette, quand on arrive aux barons, les rangs sont un peu confondus, et c'est un peu par ordre d'arrivée que sont placés MM. de Manse-Villeneuve, de Gramont-Lanta, d'Auterive-Vauvert, de Castelnau-Vabres, de Mirmand-Florac, membres des états, auxquels sont mêlés la plupart des officiers de la maison de Conti, tels que : Gigault de Bellefonds, futur maréchal de France; le marquis de Villars, père du maréchal de ce nom, l'*Orondate* de Mme de Sévigné, et l'auteur de *Mémoires* relatifs à son ambassade en Espagne; Lavardin ou Lavardens, frère de Roquelaure, un des viveurs alors fameux; de Créqui-Canaples, que Saint-Simon qualifiera de « courtisan imbécile »; de Guilleragues, le futur ambassadeur à Constantinople, à qui Boileau dédiera son *Épître V* :

> Guilleragues, qui sais et parler et se taire.

C'est ce Guilleragues qui, d'après les *Mémoires* de l'abbé de Choisy, fournira à Molière « tous les traits de cafardise échappés à l'abbé Roquette, son commensal « dans la maison du prince de Conti ». La liste des spectateurs est impossible à donner en entier. Signalons, outre la plupart des gentilshommes qui, l'année précédente, ont signé la fameuse « Lettre au Roi » au sujet de l'interdiction des duels : le baron de Sarret-Fabrègues [1], M. de Vitrac, l'ami et protecteur de Dassoucy à Montpellier, Seguin de Born, Fourques de Celleneuve, Reynies de la Tour, et finalement un ami de la maison d'Alfonce, très lié avec M. Delort-Sérignan, père de Mme de Cavoye et gouverneur de Béziers, Simon de Tuffes-Taraux, dont le nom offre cette particularité d'être presque l'anagramme de *Tartuffe* [2].

Mais il n'y a pas moins de nobles dames que de gentilshommes à cette soirée. La plupart d'entre eux ont amené leurs femmes ou leurs filles. Chaque ville où se réunissent les états étant le rendez-vous à la mode de toutes les aristocraties, les grandes dames, les belles élégantes, les riches mondaines viennent s'y montrer dans tout l'éclat de leurs atours, de leurs toilettes et de leur luxe. On en compte un grand nombre dans la salle, aux places d'honneur. Que de duchesses, marquises, comtesses et baronnes, à commencer par les plus titrées, qui sont : Mme Henriette de la Guiche, comtesse d'Angoulème, et Marguerite de Montmorency, duchesse de Ventadour! Naturellement, la belle des belles, Mme d'Alfonce, et la non moins belle Mme de Florac sont là. Pour que la célèbre présidente de la Grille, dont parle Tallemant des Réaux, ne fût pas venue, il faudrait, en vérité, qu'elle fût morte! On sait si elle aime les spectacles, les bals, les jeux et les fêtes! La tendre Mlle Ro-

[1] De nos jours, un descendant de ce baron, M. de Sarret-Coussergues, a épousé une sœur du maréchal Mac Mahon.

[2] Simon de *Tuffes-Taraux* avait épousé, en 1644, Isabeau de la Hillière. Il demeurait à Béziers, et sa noblesse fut maintenue par jugement en 1668.

chette, qui a joué un instant aux La Vallière avec le
prince de Conti, mais que M. de Calvière détournera du
couvent par le mariage [1], n'a pu se résoudre à demeurer
à Montpellier, quand toute « la bonne compagnie » n'y
est plus. Et combien d'autres, que je ne nommerai pas,
ont fait comme elle ! — Pour tout dire, en un mot, « la
salle » est composée comme elle doit l'être, en pareil
cas, dans ce pays de Languedoc qui, d'après un auteur
dramatique contemporain de Molière, possède excellemment, entre toutes les provinces de France, la double
vocation « des lettres et de l'amour [2] ».

Quant au *Médecin volant,* son succès le classe d'emblée
parmi les pièces du répertoire courant que l'Illustre-
Théâtre et Molière font le mieux et le plus « applaudir »
dans le Midi.

Maintenant, et pour conclure, ai-je besoin d'insister
sur la valeur de certaine anecdote donnant pour cause
de la haine de Molière contre les médecins en général,
une rancune personnelle contre un médecin dont il fut
le locataire à Paris, à son arrivée du Languedoc, et qui
lui avait signifié son congé? Se peut-il même que l'on
continue à se demander quel grand intérêt national et
social pouvait avoir, au fond, cette mise au pilori satirique de la médecine et des médecins, après s'être rendu
compte de l'insanité à la fois grotesque et criminelle
des doctrines et des pratiques alors à la mode, surtout
en Languedoc, — véritables plaies qui ulcéraient et
gangrenaient le dix-septième siècle? Se peut-il qu'on
ne voie pas l'inspiration d'un sentiment d'humanité et

[1] *Mémoires de Daniel de Cosnac.*
[2] Gabriel Gilbert, *les Intrigues amoureuses.*

l'accomplissement d'un devoir patriotique, dans cette
entreprise d'assainissement public par le ridicule? Enfin,
et au point de vue plus spécial de l'histoire et de la critique littéraire, après tous les rapprochements que je
viens de faire, ce travail ne répond-il pas à la question
que le dernier éditeur de Molière se pose [1], sans la
résoudre, quand, reconnaissant que le *Médecin volant*
« contient en germe plusieurs des traits vraiment co-
« miques de l'*Amour médecin* et du *Médecin malgré lui* »,
il ajoute : « Ces traits appartiennent-ils à Molière ou
aux comédiens italiens? » N'ai-je point prouvé, par le
relevé des éléments languedociens qui entrent directement dans la sélection du *Médecin volant*, que Molière ne
saurait être, pour cause d'imitation étrangère, expro-
prié du principal mérite de cette comédie, et que là, —
comme dans presque toutes ses pièces, ce que je me
propose d'établir, — à travers les canevas, les intrigues
et l'influence prédominante à ses débuts, de l'Italie et
de l'Espagne, il fait constamment et très hardiment
retour, par la voie du Languedoc rabelaisien, à la véritable patrie de son génie, à la Gaule?

[1] Édition Hachette, t. I, p. 30.

A PROPOS DE RABELAIS

Le 11 juin 1886, sans que la presse parisienne en ait parlé, un *Congrès rabelaisien* s'est tenu à Chinon. La *Société française des amis de Rabelais*, fondée récemment par nombre de Gaulois gauloisant, et entre autres par le vaillant félibre méridional Auguste Fourès, rédacteur du *Petit Toulousain*, a célébré ce jour-là et les jours suivants la mémoire de l'immortel Tourangeau. On avait organisé une sorte de *triduum* pantagruélique en l'honneur du maître. On l'a fêté à bouche que veux-tu et ventre déboutonné. Mais l'écho des fourchettes et des discours n'a pas retenti jusqu'à Paris. Cette fête n'avait pas la bonne fortune d'être présidée par un orateur susceptible de l'élever, par le retentissement et le succès de son éloquence, aux honneurs d'un événement parisien. Ce privilége était réservé à la cérémonie qui eut lieu quelques jours après à Meudon, pour l'inauguration du buste de Rabelais.

Cette fois, tous les journaux ont reproduit *in extenso* ou par extraits le beau discours de M. Henry Fouquier, prononcé à la demande de la *Cigale* et des *Félibres* de Paris ; et ce morceau de ferme et fine littérature a été le

régal des lettrés de France et de Navarre. M. Henry Fouquier parle d'or : je ne l'apprends d'ailleurs à personne.
L'éclat de sa parole a donné un caractère spécial de distinction littéraire à cette fête de Meudon ; et Cigalier
et un peu Félibre moi-même, j'ai regretté de n'être pas
là, avec mes amis, pour l'applaudir avec eux. Du moins,
j'y étais de cœur.

Je tiens à le dire, d'autant plus que, réflexion faite, il
me paraît utile d'émettre quelques légères observations
dont on appréciera la légitimité, à propos d'un oubli
commis dans ce remarquable discours.

M. Henry Fouquier, avec infiniment d'esprit et de
raison, a fait assez bon marché de « la robe de docteur
de Rabelais » à Montpellier et du « fauteuil de Molière
à Pézénas », — « chères reliques, qui ne sont peut-
être pas bien authentiques, mais qui valent, comme
toutes les reliques, par le souvenir qu'on y attache ».

Il convenait, en effet, de réduire à sa juste, c'est-à-dire
à sa très médiocre importance, cette prétendue vénéra-
tion des Méridionaux pour de tels objets.

La superstition populaire doit prendre garde de ne
pas se déplacer à la diable. Une vieille savate de grand
homme n'est jamais qu'une savate. Il y aurait des inconvénients à ne pas modérer l'enthousiasme archéologique
pour les gloires du passé. Molière s'assit dans tant de
fauteuils et Rabelais changea si souvent de robe docto-
rale, qu'un certain encombrement pourrait résulter d'un
excès de zèle à les collectionner. Ni la robe de Rabelais
ni le fauteuil de Molière n'importent aux progrès de
l'esprit humain. Et je me félicite que M. Henry Fouquier
ait dissipé toute équivoque sur la pensée qui anime la

Cigale et les Félibres de Paris à cet égard. Les Cigaliers ne sont pas des ébénistes, et les Félibres de Paris ne sont pas des tailleurs, pour tomber en extase devant ce meuble et cet habit. Ce genre d'adoration perpétuelle n'est plus de notre temps. Quand la critique historique et l'histoire littéraire en étaient à chercher les traces de Rabelais et de Molière, la robe de l'un, le fauteuil de l'autre représentaient, par la force de la tradition, un double document précieux, une double « relique », si l'on veut. Il y avait là un indice, une preuve possible du séjour de Molière à Pézénas, du séjour de Rabelais à Montpellier.

C'était si peu que rien; néanmoins, c'était quelque chose. Mais l'érudition a fait du chemin. Elle a révélé de plus sérieux témoignages de la présence des deux grands hommes dans ces deux villes, — et ailleurs aussi.

La lumière s'est faite dans leur trop obscure biographie. Et l'intérêt a changé de vue et de portée.

Ces vulgaires pièces justificatives, ces pièces à conviction du passage de Molière et de Rabelais en Languedoc; cette robe et ce fauteuil, maintenant qu'on en sait déjà long sur cette période jadis trop ignorée de la vie des deux grands hommes, ne sont réellement des reliques que pour les braves gens qui douteraient par hasard que Rabelais mît jamais de robe de docteur, que Molière s'assît jamais dans un fauteuil. Or, il n'y a guère que M. Monval qui discute encore de telles questions.

Ce n'est pas, comme vous voyez, sur les déclarations de M. Henry Fouquier, relatives à ces « souvenirs », que j'ai des réserves à faire. Là-dessus, je vais plus loin que M. Henry Fouquier lui-même; car moi, je serais fâché, vraiment, qu'on me supposât grand admirateur de Molière et de Rabelais pour de si puérils motifs. Mais si j'abandonne volontiers ces reliques banales et insignifiantes, et si je confesse qu'elles ne justifieraient pas à elles seules l'attachement des Méridionaux à ces grands hommes, ni le rattachement de la gloire de ces grands hommes, au Midi, — je regrette que M. Henry Fouquier n'ait pas cru devoir mettre en relief les compensations honorables et authentiques qui reviennent au Midi; je regrette qu'il n'ait pas affirmé que, robe et fauteuil à part, les Méridionaux avaient d'incontestables droits à réclamer à l'actif de leur histoire littéraire quelque chose de ces deux génies. Il est hors de conteste, désormais, que le Midi, le Languedoc surtout, fut l'école préparatoire de Rabelais et de Molière. N'est-ce pas en Languedoc que Rabelais manifeste ses premières velléités d'écrivain satirique? N'est-ce pas en Languedoc que Molière fait applaudir ses premiers essais de comédie? — Je vais préciser.

Rabelais habita le Midi, entre Lyon et Montpellier, de 1530 à 1537. Durant sept à huit ans, de 1649 à 1657, c'est presque constamment en Languedoc et, dans tous les cas, entre Lyon et Bordeaux, par Montpellier, que Molière séjourne avec sa troupe. Molière à Pézénas avait trente-trois ans; Rabelais à Montpellier avait à peu près le même âge. La similitude des rapports d'âge, de lieu et de milieu, — et qui se continuera par l'identité des tempéraments, — éclate jusque dans les débuts comiques des deux écrivains. A Montpellier, le premier essai littéraire de Rabelais est une pièce de théâtre, — à laquelle Molière empruntera plusieurs traits de mœurs et de

mots pour le *Médecin volant* et le *Médecin malgré lui*. On
lit au chapitre XXXIV du livre III de *Pantagruel :* « Je ne
vous avois oncques puis vu que jouâtes à Montpellier,
avecque nos antiques amis Ant. Saporta, Guy Bouguier,
Balthasar Noyer, Tollet, Jan Quentin, François Robinet,
Jan Perdrier et François Rabelais, la morale *comédie* de
celui qui avait épousé une femme mute... » Je renvoie
aux commentateurs de Rabelais et de Molière pour la
confrontation de cette comédie, connue par l'analyse,
avec le *Médecin malgré lui* et le *Médecin volant*. « Il y a
au même chapitre de *Pantagruel*, dit M. Paul Mesnard,
le savant éditeur de Molière (Hachette), il y a le médecin
Rondibilis qui, de même que Sganarelle, prend l'argent,
en s'écriant comme indigné : « Hé, hé, hé, monsieur, il
« ne falloit rien. » Voilà donc Rabelais précurseur de
Molière, et débutant, comme écrivain, au théâtre, sur le
théâtre populaire de Montpellier.

Ce qu'était déjà au seizième siècle, ce que fut au siècle
suivant ce théâtre provincial, les épaves qu'on a pu en
recueillir le disent assez. Procurez-vous à la Bibliothèque nationale, à défaut des pièces du temps de Rabelais, les pièces languedociennes du temps de Molière, et,
par exemple, le groupe si curieux, si original et si vivant
qui a pris chez les annalistes du théâtre national le nom
de *Théâtre de Béziers*, et vous en aurez une idée approximative, par induction.

Beaucoup d'œuvres se sont perdues, — et les meilleures
peut-être. Mais quelle saveur, quelle verdeur et quelle
verve on trouve à ces compositions improvisées! Sous
le ciel où elles surgissent avec la spontanéité de l'imprévu
et la vibrante vivacité de l'humeur méridionale, on

comprend qu'un Gaulois comme Rabelais se sente tout
de suite dans son élément et soit excité à lâcher la bride
à son joyeux entrain d'esprit. Pour Molière, le même
phénomène d'excitation à la gaieté comique ne sera qu'un
effet produit par d'égales causes. Molière, surtout, sera
dans sa véritable atmosphère. Aussi, que de rapprochements inattendus et piquants s'offrent entre ce *Théâtre
de Béziers,* dont je viens de parler, et le Théâtre même
du grand comique!...

Toutes les fois que l'occasion s'en présente, je me fais
un devoir de signaler cette grande source languedocienne où Molière a puisé des deux mains. A la suite
d'une étude en ce sens publiée à l'*Artiste*, M. Paul Mesnard m'écrivait : « Je reste attentif aux vues nouvelles
que vous ouvrez sur la vie de Molière en Languedoc. »
Aujourd'hui, en voyant M. Henry Fouquier, un des
maîtres de la critique dramatique, ne pas même toucher
par une allusion à ce chapitre de l'histoire littéraire du
Languedoc, chapitre illustré par Rabelais et Molière,
mon regret de cette indifférence ou de cet oubli est
d'autant plus profond que nul mieux que M. Henry
Fouquier n'est à même de jeter une éclatante lumière
sur un tel sujet.

Vous conviendrez qu'il est assez intéressant pour
l'histoire de la littérature dramatique de savoir où et
comment le génie populaire du Midi a favorisé les sélec-
tions poétiques du génie de Molière. Vous ne nierez pas
que c'est autrement intéressant que de disserter sur
l'authenticité de la fameuse robe et du non moins
fameux fauteuil. M. Henry Fouquier a ce rare mérite
d'être sorti de l'École normale avec le riche fonds clas-

sique qu'on y acquérait de son temps, et de l'avoir
considérablement augmenté, renouvelé, rafraichi par
d'intéressants appoints de connaissances plus jeunes,
plus actives et plus à la mode du jour. M. Francisque
Sarcey retarde quelque peu sur Molière. Et, si vous
tenez à mesurer l'exact étiage des notions d'un critique
de théâtre frais émoulu de l'École normale, et à déter-
miner les différences de niveau chez le même critique
dix ans après, — comparez la thèse de M. Jules Lemaître
sur le *Théâtre après Molière* avec le premier feuilleton où
il parlera de Molière dans les *Débats*.

Il y a longtemps que M. Henry Fouquier a dû s'aper-
cevoir que l'enseignement de l'École normale manquait
d'étendue et d'exactitude en matière d'histoire littéraire.
La thèse de M. Jules Lemaître rappelle la fable de la
poule aux œufs d'or — celle qu'on ne tuait pas, mais
qui avait commencé par couver des cailloux. La critique
normalienne se stérilise dans un infécond labeur [1]. Mais
M. Henry Fouquier, esprit largement et généreusement
compréhensif, n'en est plus là depuis longtemps. Il s'est
ouvert d'autres horizons. Pourquoi faut-il qu'il n'ait
jamais regardé plus attentivement du côté du Midi ! Il
sait, lui, la vieille langue romane et la nouvelle. Sa
compétence spéciale ne diminuerait pas l'autorité de ses
conclusions, s'il lui prenait envie de dire son mot, — le
mot qu'il n'a pas dit, — sur les affiliations languedociennes de l'œuvre de Rabelais et de l'œuvre de Molière.
Établir que Rabelais n'a peut-être pas laissé « sa robe »

---

[1] Voir, comme preuve, le recueil de rapsodies banales que
M. Larroumet a béatement publié sous ce titre : *la Comédie de
Molière !*

là-bas, mais que, certainement, Molière y a pris maints
sujets de pièces, maintes idées de scènes, — la tâche
n'est point indigne d'un critique célèbre. Et quels services il rendrait en la réalisant ! Le moindre résultat ne
serait pas de modifier les opinions universitaires sur
l'état intellectuel et moral de la province au milieu du
siècle de Louis XIV. On apprendrait que Paris et Versailles, la ville et la cour, ne formaient pas toute la
France — il s'en faut !

Elle ne serait pas trop rébarbative, cette entreprise.
Le choix des sujets d'étude y serait libre et varié : on y
aurait des surprises. Puis, sans bien chercher, sans
grande peine, on aurait le plaisir de se convaincre vite
que ces « tendances séparatistes », dont on a incriminé
les félibres de Provence et de Languedoc, si elles avaient
encore une ombre de réalité, seraient positivement la
négation historique de l'esprit unioniste des aïeux. Le
théâtre languedocien au temps des luttes de Richelieu
pour la constitution définitive de la grande unité nationale — ce théâtre est étonnamment patriote et français !
La muse a recours à l'idiome du cru pour être intelli-
gible — et influente !

« Ils ne comprendront pas si je parle françois », dit-
elle, en s'excusant d'adopter presque toujours le langage vulgaire. Mais elle se déclare du parti de la grande
France. — Tenez ! il y a une pièce de 1634, intitulée *la
Modo*, tellement animée d'enthousiasme ardent pour la
souveraineté universelle du goût, de l'esprit français,
surtout pour la merveilleuse « délicatesse » et l'incomparable « beauté de la langue française » — *la plus bello
que jamai vengue*, — que je défie le plus lettré des

érudits de m'en citer l'équivalent au dix-septième siècle
pour l'intensité virile d'un patriotisme absolu !

Ce n'est pas, sans doute, une satisfaction à dédaigner
que celle de pouvoir donner aux sentiments présents la
sanction rétrospective de l'hérédité. Mais à côté de cette
vérité assez peu prévue pour être piquante, que d'autres
particularités inédites dans cette même pièce de la
Modo ! Vous doutiez-vous, — pour en revenir à Molière,
— que tout le dialogue — sur « la mode » précisément
— entre Ariste et Sganarelle, dialogue qui ouvre
l'*École des maris*, n'est qu'une paraphrase, parfois
textuelle, de cette poésie languedocienne? Vous doutiez-vous que toutes les expressions bizarres et burlesques employées par Cathos et Madelon et Mascarille
dans les *Précieuses ridicules* se retrouvent là, trente ans
avant les *Précieuses?* Cela est ainsi; et la moindre conséquence à quoi cela tire, c'est que l'argument allégué
par les éditeurs et biographes de Molière pour contester
que les *Précieuses ridicules* eussent été représentées pour
la première fois en province, perd du coup toute
valeur. « Comment Voltaire a-t-il pu croire qu'un public
provincial fût capable de rien comprendre à ce style
étrange, baroque et précieux ? » s'écriait à peu près
M. Bazin. — Comment?... Le voilà, et ailleurs...

Mais achevons. J'en ai assez dit pour justifier mes
regrets.

UN

MONOLOGUE DE 1635

IMITÉ PAR MOLIÈRE

En France, où tout finit par des chansons... à n'en
plus finir, on a eu raison de dire qu'un recueil de vaudevilles est indispensable à qui veut écrire notre histoire.
Chez nous, tout est matière à refrains. J'entends refrains
et vaudevilles dans l'ancien sens, qui comprenait, sous
ces mots-là, toute la menue monnaie courante de l'esprit
français gauloisant : épigrammes et boutades, satires
plus ou moins courtes, mais bonnes, triolets piquants,
madrigaux alertes et lestes, voire monologues vivement
rimés et mimés à la diable.

Monologues ? Oui! Il y a beau temps qu'il s'en fait et
qu'il s'en débite en notre cher pays. D'aucuns, on ne sait
pourquoi, s'imaginent que le monologue, aujourd'hui à
la mode, n'est inventé que d'hier. Il est aussi vieux que
le théâtre lui-même; tout au plus entre le monologue de
jadis et celui d'aujourd'hui existe-t-il une différence dans
le choix de la scène où il est débité. On le disait sur la

place publique, on le dit dans les salons, voilà tout. Au
fond, la chose est bien la même; et c'est le cas d'ajouter
que l'origine s'en perd dans cette fameuse nuit des temps
pour laquelle l'éclairage au gaz n'a pas d'effet rétroactif.
Les archéologues ont beau jeu sur un tel chapitre.

Toutefois, sans tomber dans le bric-à-brac et le *far-
rago* chers aux regrattiers d'érudition, un lettré peut
honnêtement insinuer que c'est au pays natal du sonnet,
en Provence, qu'a fleuri plus et mieux que partout ailleurs le monologue vraiment poétique et spirituel : en
quoi les Provençaux n'étaient pas moins « nés malins ».
Seulement, les Provençaux (Languedociens compris),
têtes chaudes en un climat chaud, grands amateurs de
vie en dehors, ont presque toujours monologué en plein
vent, même en hiver. Si « chaque ville du royaume avait
son rieur », comme l'observe le joyeux Scarron, là-bas,
dans l'exubérant Midi, chaque ville avait autrefois mieux
que son rieur, son acteur-auteur qui, dans les grandes
occasions, était là pour amuser en s'amusant. S'agissait-
il de fêter l'entrée d'un roi ou d'un prince, de rendre
honneur au carnaval ou de célébrer quelques faits et
gestes locaux? L'acteur-auteur de l'endroit avait un rôle
à jouer : il n'y manquait pas. Poète, il improvisait des
vers de circonstance, et autant n'en emportait pas le
vent, car plus d'une improvisation ainsi produite a été
recueillie et classée par les annalistes du théâtre. J'en
sais deux, par exemple, que le bibliophile Pont de Veyle
avait précieusement gardées dans cette incomparable
collection dramatique où s'est retrouvée l'*Andromède* de
Corneille, avec un autographe très précieux. Le duc de la
Vallière les a inscrites avec soin sur la liste des pièces

du *Théâtre de Béziers,* et Soleinne, ainsi qu'en témoigne
le catalogue du très regretté bibliophile Paul Lacroix,
les appréciait en homme qui a pris beaucoup de peine
pour les avoir. Il y avait de quoi, s'il savait que l'une des
deux, intitulée : *la Modo* (la Mode), avait été imitée par
Molière, durant son long séjour en Languedoc. — Ceci
n'est pas une fable.

Le monologue de la *Modo* date du mois de mai 1635.
Il fut composé à Béziers, à propos de l'édit de Louis XIII
contre le luxe. Comme vingt autres pièces du *Théâtre
de Béziers,* rassemblées par Brunet après Soleinne, la
Modo ne porte pas de nom d'auteur. L'avocat Bonnet,
lauréat des Jeux Floraux, et l'ami de du Ryer, ou l'avocat
Michaille, auraient pu l'écrire. Mais je crois que ce fut,
cette fois encore, « l'hostelier du *Lyon d'Or* », le réjouis-
sant « Papari », type rabelaisien qui faisait la joie de la
ville et des environs à trente lieues à la ronde. Papari
était de toutes les représentations. C'est à lui que revenait l'envié privilège de conduire à travers la ville le
chameau symbolique qui figurait dans les cavalcades annuelles du jour de l'Ascension. Cavalcades mirobolantes
s'il en fut! De Toulouse et de Nîmes, d'Agde et d'Albi
l'on y venait en foule, pour admirer un « si grand nombre
de théâtres qu'on voyait, dit un chroniqueur contemporain, rouller par la ville comme des chariots triom-
phans ». Une procession religieuse ouvrait la marche du
cortège; trompettes et clairons, « toute sorte d'instruments de musique » éclataient à l'envi, et après les
« ecclésiastiques » défilaient : une galère, montée par des
Turcs et prise d'assaut par des chrétiens, les chars enru-
bannés de toutes les corporations, puis les magistrats

« en robbe d'escarlatte », et finalement Papari et le Chameau ! A chaque carrefour, à chaque place, on faisait étape, pour que Papari reparût sur un des théâtres roulants et y débitât quelque joyeuseté. Enfin, arrivé sur la place du marché, Papari avait la parole pour le bouquet de la fête, aux applaudissements d'un public enthousiaste. En fait de succès populaires, Papari, en Languedoc, fut un des précurseurs de Molière.

Or, en 1635, le sujet d'actualité, le grand événement du jour et de l'année étant l'édit contre le luxe, édit frondé grandement par les satires et les caricatures d'alors, c'est sur la mode que Papari débita son morceau, vrai morceau choisi, je vous jure ! C'est curieux et piquant comme un article de la vie parisienne en province au dix-septième siècle... Mais vous ai-je prévenu qu'il

> ...accommodera son discours, son langage,
> A la capacité des hommes du village,
> Quoiqu'il soit bon Gaulois ?

Force lui est de parler la langue vulgaire, le languedocien, pour être compris de tout son auditoire. — Par procuration de la *Modo*, qu'il est chargé de défendre, et déguisé en perroquet, Papari développe, ma foi ! de très justes idées, et c'est à croire que l'Ariste de l'*École des maris* est parmi les spectateurs pour en faire son profit. Si la dernière édition connue de la *Modo* n'était authentiquement de 1642, on soupçonnerait là une vague supercherie d'amateur qui a dérobé Molière. Mais la priorité de Papari est incontestable, et voilà l'intérêt littéraire de l'aventure !

D'abord, analysons le monologue, rapidement, mais en traduisant le texte même de Papari par les expressions de l'Ariste de Molière. L'identité des idées en deviendra plus saisissante...

Tout « *honeste homme* » qui ne veut point passer pour « hétéroclit » (*sic*) — avoir « un air bizarre », dit Ariste; — tout « *honeste homme* » qui ne veut pas vivre « *coumo un loup-garou* » — « un loup-garou », répète exactement Ariste, — doit conformer « *soun humou* », son caractère, aux usages, « *als enseignamens de la modo* », aux préceptes de la mode en toutes choses.

> *Car la modo non es pas mens*
> *Als discours qu'als habillamens.*
> ...Et tout homme bien sage
> Doit faire des habits ainsi que du langage.

Bien entendu, il faut suivre la mode dans une juste mesure. « *L'artifici non val pas res.* » « N'y rien trop affecter » est aussi la règle de conduite d'Ariste. A s'obstiner dans les vieux us, coutumes et costumes, « *un homme semblario un sauvage* »; — et c'est bien ce qui arrive à Sganarelle. Sous sa tutelle, Agnès « est au pouvoir d'un sauvage », en effet. Qu'on n'excède pas ses moyens de fortune, cela va de soi. Mais aux riches qui peuvent faire de la dépense « *que podou fa forço despens* », il sied de ne pas lésiner. A qui donc permettre de faire dignement la mode, sinon aux filles de bonne maison, « *à la fillos de conditiou* »? Rien de plus naturel et de plus légitime à la fois que le goût d'une fille qui, selon Ariste, « aime à dépenser en habits, linge, nœuds ».

> Et ce sont des plaisirs qu'on peut, dans nos familles,
> Lorsque l'on a du bien, permettre aux jeunes filles[1].

---

[1] Que devient la thèse des critiques prétendant que Molière exprime ses sentiments personnels et traduit l'état de son âme, dans cette scène de l'*École des maris*, écrite, dit-on, à la veille de son mariage?

— Mais, observera-t-on peut-être, voilà un perroquet bien philosophe et qui raisonne bien sagement. Dans un monologue, cela peut manquer de gaieté.

— La note gaie ne manque pas chez Papari : elle a son tour dans les traits de mœurs pris sur nature et raillés... à la Molière encore. Ici encore, Molière aura l'air de s'être souvenu. Donc, Papari ayant fait sa profession de foi comme Ariste fera la sienne vingt-cinq ou trente ans plus tard, on sait qu'il ne condamne que les abus et les excès de la mode. Ainsi, par exemple, trop de fard, c'est trop. Lorsque « Caliste », sœur ainée des Cathos et Madelon des *Précieuses ridicules,* lorsque Caliste met trop de fard,

Que leusis coumo un floc de lard,

au point de « reluire comme un morceau de lard », Papari ne saurait l'approuver, sans être pour cela un bonhomme comme le père Gorgibus. On sait que Gorgibus se plaint crûment dans les *Précieuses* que Cathos et Madelon « se graissent le museau » et qu'elles ont usé « le lard d'une douzaine de cochons ». Sous prétexte de ne pas trop retarder sur les modes parisiennes, être toujours par voies et par chemins, pour s'en informer, c'est ridicule aux yeux de Papari, et ridicule également de s'imaginer que « la démarche, les contenances, les œillades, les révérances, bâiller, rire, jusqu'à soupirer, tout à la mode doit se faire! » Les *Précieuses* n'agiront pas autrement : leurs soupirs étaient notés et cotés.

Les hommes ont leurs travers, et non moindres. La « jambe tout unie » réprouvée par Mascarille est devancée par « *las causses lisses* », par les chausses unies, dont parle Papari. Et la petite « moustache qui fait mourir quand on la regarde :

Que fa mouri quand on l'agacho »,

n'anticipe-t-elle pas agréablement sur l'air passionné de Mascarille qui arrache à Cathos ce joli cri : « Est-ce qu'on n'en meurt pas? » Et les « rabats » de la Grange et de Croisy, qui « ne sont pas de la bonne faiseuse », ne rappellent-ils pas les rabats des élégants du Languedoc modelés sur « la façon en cours à la cour »?

Le langage « *mignard, délicat et sucré comme un muscat* », n'est pas oublié par Papari, à qui n'échappe aucune préciosité excentrique. Mais Papari est au fond un excellent patriote, et il est flatté de rêver pour son pays la domination universelle de la langue et des modes françaises. La langue française? Il « *n'en existera jamais de plus belle* ». Les modes françaises? Elles porteront toujours « *la fleur d'excellence sur l'oreille* »; nul ne les saurait détrôner. Les étrangers n'y pourront rien. « *Faïssou toudesque* », façon tudesque, c'est tout dire. Quant aux Espagnols, de quoi se mêleraient-ils, avec leurs habits du temps des vieux Sarrasins?

L'Espagnol que nous controcarro
En soun esprit fach per BECARRO...

« l'Espagnol qui nous contrecarre avec son esprit dominateur », n'a qu'à nous laisser tranquilles. Ainsi parle le perroquet Papari. Et comme s'il était écrit qu'à chaque mot de lui correspondrait une réminiscence de Molière, ce mot encore de *becarro,* qui a tant intrigué les éditeurs et commentateurs du *Sicilien,* réitère une fois de plus les traces de provincialisme qui se retrouvent dans les œuvres de Molière. Cette fois, le fait est d'autant plus curieux qu'il est unique, — et je demande à ouvrir ici une parenthèse.

Les érudits commentateurs du *Molière-Hachette* n'ont pas consacré moins d'une note de trente lignes, escortée elle-même de trois notules de dix-neuf lignes en plus petit texte, à l'explication de cet énigmatique « bécarre », dont il est question dans le *Sicilien,* quand Hali dit : « Là-dessus vient un berger joyeux, avec un *bécarre* « admirable. » Pour comble d'embarras à expliquer ce mot, Littré, dans son *Dictionnaire,* ne cite pas d'autre exemple de son emploi. Après Castil-Blaze et autres Saumaizes qui ont sué sang et eau sur ce grave problème, les nouveaux éditeurs du *Molière-Hachette* donnent cet à peu près d'explication : « Hali parle du *bécarre* comme les précieuses parlaient de la *chromatique;* ce sont termes que, *sans trop les entendre,* il a recueillis de la bouche de ses musiciens. » Selon ces messieurs, Adraste, à qui s'adresse Hali, « ne semble pas le comprendre du tout ».

Eh bien, voyez comme quoi un simple monologue peut servir à quelque chose! L'emploi du mot *becarro,* bécarre, était aussi familier que fréquent en Languedoc, avec le sens de « ton supérieur ». Le vers de la *Modo* l'indique assez; mais voici une citation qui le prouve mieux encore. On lit dans la *Seconde Apologie de l'Université de médecine de Montpellier,* par un médecin de Montpellier, éditée à Paris en 1654, pendant le séjour de Molière en Languedoc, et dont parle si violemment Gui Patin dans ses *Lettres :* « Qu'est devenue cette

« grande expérience de vos docteurs, tant chantés sur le
« *Bécarre* de Jean Riolan? »

...Revenons à Papari.

Après avoir exposé en bons et beaux vers languedociens, en vers souples, rapides et pittoresques, sa théorie
de la mode, Papari, trop Gaulois pour qu'il ne lui
vienne pas le scrupule d'être un peu sérieux, se rappelle,
pour se rattraper en terminant, qu'un oiseau, un perroquet, a le droit de battre la campagne, — et le voilà
donc, décochant aux dames galantes de l'assemblée, qui
en ont, d'ailleurs, entendu bien d'autres, ce quatrain
effrontément gaillard :

> Je caquette dans un bocage,
> Et mes discours sont bien hardis;
> Mais si j'étois dans votre cage,
> Je ferais plus que je ne dis !

Ainsi finit la comédie, le monologue.

De toutes les pièces frondeuses où était pris à partie
l'édit contre le luxe, c'était assurément la meilleure, à
tous égards. Les vers n'en sont pas seulement vifs, ner-
veux, colorés, sonores et marqués au coin d'une mé-
trique toute moderne; ils sont animés d'un libre esprit
de progrès en quelque sorte prophétique. Le bon sens
populaire y réclame les franchises du génie national
dans cet art de la mode où il est destiné et prédestiné à
donner des lois. Cette fois encore, c'est bien l'instinct du
peuple qui est dans le vrai, et c'est bien la royauté qui
se trompe. On ne réglemente pas le luxe, en France
moins qu'ailleurs.

Et que penser de cette diffusion, de ce rayonnement
des modes parisiennes, qui, de la ville et de la cour,

pénètrent au fond des campagnes lointaines, et, deux siècles avant l'ère des chemins de fer, procèdent à cette unification générale du costume qu'on ne croyait pas être l'œuvre même du passé ?

Tout finit par des chansons en France, oui ; et c'est l'honneur des chansons, — vaudevilles, satires ou monologues comme aujourd'hui, — de faire succéder à ce qui prend fin, entre deux airs, un commencement de vérité sociale qui donnera fortune et gloire après deux siècles !

Certes ! le coq gaulois, image de la vigilance laborieuse, est à sa place sur les clochers de France ; mais en quoi une plume, fût-ce une aile de colibri, est-elle de trop sur une coiffure de jeune femme? De la même rude main qui cloue une chouette à un portail de ferme, il doit être permis au paysan, qui s'humanise le dimanche, d'attacher un nœud de rubans à un corsage de jolie fille !

MOLIÈRE A BORDEAUX

Jusqu'ici, la deux fois séculaire tradition relative au séjour de Molière à Bordeaux n'a été confirmée par aucun document authentique d'origine bordelaise. Ni les archives provinciales de la Guyenne, ni les archives municipales de Bordeaux n'ont pu fournir encore le moindre fait positif et probant; et c'est ailleurs, c'est aux dépôts publics d'Albi et de Narbonne que cette confirmation a pu s'effectuer sur des pièces justificatives.

Dès 1869, l'*Inventaire des Archives d'Albi*, CC, 495, page 122, enregistrait à l'année 1647 ces indications précieuses, à la suite de l'entrée solennelle du comte d'Aubijoux, un des trois lieutenants généraux du Roi en Languedoc : « *Les Comédiens du duc d'Épernon* vinrent à « cette occasion de Toulouse à Albi et y restèrent jus- « qu'au départ du comte. La ville leur accorda pour « dédommagement 500 livres, ainsi qu'il résulte de la « quittance signée *Dufresne*, *René Berthelot* et *Pierre* « *Rebelhon,* le 24 octobre 1647. » Dix ans après la publi- cation de cet *Inventaire*, M. J. Rolland, auteur d'une *Histoire littéraire d'Albi* (Toulouse, 1879), n'avait qu'à rechercher le texte original et à prendre connaissance d'une lettre de l'intendant de Breteuil y afférente, pour compléter ces renseignements et fournir aux moliéristes l'occasion d'en tirer parti pour l'histoire même des pérégrinations de Molière en province. On savait déjà que Molière (orthographié *Morlière*) avait, en 1648, paru à Nantes en compagnie des mêmes Dufresne, Berthelot et Reveilhon ; il est à peu près établi sûrement qu'à cette époque Molière était l'associé de ces comédiens. On s'est donc cru autorisé à conclure que Molière, quoique non désigné, était effectivement avec ses camarades à Albi et, par conséquent, faisait partie comme eux de la *troupe du duc d'Épernon*, alors gouverneur de Guyenne. L'induction de son passage à Bordeaux, après de tels faits, allait de soi. Encore que quelques réserves soient de mise sur ce point, l'opinion générale des moliéristes se prononce en faveur de cette thèse. Il n'y a pas trop lieu d'y contredire : ce n'est pas le moment, du reste, d'en discuter la valeur absolue.

Le deuxième document, celui qui nous vient des archives de Narbonne, est à coup sûr plus formel et plus décisif, — quoique les révélations qu'il apporte soient plus contestées. A la série BB 23, folio 541 du registre, on lit : « Du XXVIe jour dudit mois de febvrier au dit « an (1656) en conseil particulier : sur ce que M. le pre- « mier consul a représenté que *les comédiens de S. A. le* « *prince de Conty, sortant de Pézenas de jouer pendant la tenue* « *des Estats, et s'en allant à Bourdeaus pour attendre Son* « *Altesse, où elle doit aller à son retour de Paris, désire-* « *raient de passer quinze jours* dans cette ville pour la « satisfaction publique, et comme il n'y a point d'autre « lieu à représenter que la grand'salle de la maison con-

« sullère, ils la demandent, et avec eux toutes les hon-
« nestes gens de la ville. » Les consuls, « d'avis de
remercier lesdits comédiens », accordèrent la salle.
M. Mortet, le nouvel archiviste de l'Aude, n'avait eu qu'à
consulter les originaux analysés dans l'*Inventaire* —
comme à Albi — pour y puiser ces informations précises. Or, par une contradiction qui ne s'explique guère
que par la force du préjugé ou par la difficulté qu'éprou-
vent parfois certains érudits à raccorder les faits et à
former la chaîne des événements, M. l'archiviste du
Théâtre-Français, en commentant, dans une petite revue
spéciale, cette déclaration des comédiens du prince de
Conti, *s'en allant à Bordeaux*, insistait sur « l'importance
« de ce document, *qui donne l'année exacte du voyage de
« Molière à Bordeaux, qu'on n'avait pu fixer jusqu'ici*[1] ».
C'était oublier étrangement qu'on avait déjà considéré
Molière comme faisant partie de « la troupe du duc
d'Epernon » dès 1647! Mais le piquant n'est pas là : il
est dans l'intensité de l'éternel préjugé qui « jusqu'ici »
représentait Molière comme ayant fait *un* voyage unique
à Bordeaux et même dans les villes de l'Ouest; il est
surtout, le piquant, dans le systématique dédain avec
lequel on refusait de rien admettre contre cette erreur.
Il a bien fallu entendre raison. Dirai-je que le très
humble mérite m'en revient? C'est une vérité, et hier
encore M. Mortet a bien voulu se souvenir de la priorité
de mon avis sur ce chapitre[2]. De fait, au mois d'octobre 1884, dans la propre revue de M. l'archiviste du
Théâtre-Français, j'écrivais : « Je crois savoir que l'opi-

[1] *Le Moliériste*, 3ᵉ année, p. 23.
[2] *Le Moliériste*, 8ᵉ année, p. 21.

« nion de M. Monval (c'est le nom de l'archiviste) n'est
« pas loin de se modifier sur ce point. Quant à moi, je
« suis convaincu que depuis son départ de Paris, et tant
« que le duc d'Épernon fut gouverneur de Guienne,
« c'est-à-dire jusqu'en octobre 1650, *Molière fit annuelle-*
« *ment le voyage de Bordeaux.* » Aujourd'hui, il n'y a pas
que l'opinion de M. Monval de modifiée : ce qui est plus
et mieux, il y a l'opinion du plus grand nombre des
moliéristes sérieux.

Mais Molière alla-t-il vraiment à Bordeaux en cette
année 1656, comme le dit le document de Narbonne? Il
est des érudits qui ne le croient pas. Libre à eux de croire,
par contre, que Molière revenait de Bordeaux en allant
à Albi, quoique le document d'Albi le dise bien moins !
On voudrait des précisions plus complètes sur l'emploi
du temps de Molière à partir du 26 février 1656. Eh bien ,
voici quelques détails circonstanciés et inédits sur un sujet
qui touche de si près et si honorablement à l'histoire littéraire de Bordeaux. Procédons avec ordre et méthode.

Molière, tout le monde le sait, était le directeur de
cette troupe de comédiens du prince de Conti qui, à
Narbonne, déclare se rendre « *à Bordeaux pour attendre*
« *Son Altesse, où elle doit aller à son retour de Paris* ». C'est
par ordre du prince, à ce compte, que Molière reprenait
la route de Bordeaux. Disait-il vrai en annonçant l'arrivée de Conti dans cette ville, où sa prise de possession
du gouvernement de Guyenne avait été différée? L'inventaire manuscrit des archives de Bordeaux, qu'a bien
voulu me communiquer M. Gaullieur, chargé de la con-
servation de ce dépôt, cet inventaire enregistre d'abord
à la date du 30 décembre 1655 une lettre du prince de

Conti sur sa récente nomination de gouverneur, — puis, et nous voici au cœur et dans le vif de la question, un extrait des délibérations de la Jurade, à la date du 15 juillet 1656, et ainsi conçu : « *MM. les jurats ayant* « *avis que S. A. S. M. le prince de Conti, gouverneur de la* « *province, devait partir de Paris pour venir en cette ville,* « ordonnent au trésorier de la ville de remettre ès mains « de MM. les jurats la somme de 3,000 livres pour être « employée aux frais de *l'entrée dudit prince*, et estre « distribuée suivant les ordonnances et mandements de « MM. les jurats. » Ainsi, dès le mois de février, Molière était bien fondé à parler du voyage de Conti à Bordeaux.

L'entrée future du prince dans cette ville y motivait la présence des comédiens de Son Altesse. En de telles circonstances, les villes étaient obligées à de grandes fêtes publiques. On a vu que la troupe du duc d'Épernon avait été mandée de Toulouse à Albi à cause et en l'honneur du comte d'Aubijoux. La place de Molière était donc à Bordeaux au mois de juillet. Pourquoi aurait-il manqué d'y être? La raison qui l'y appelle au départ de Pézénas a-t-elle cessé avant l'arrivée au but? Non. Que Molière, au dire de l'auteur des *Pérégrinations de Molière en Languedoc*, soit à Narbonne encore dans les premiers jours de « mai », quand il n'a demandé la salle de l'hôtel de ville que pour « quinze jours », il n'importe — si toutefois l'assertion de M. E. Raymond n'est pas controuvée, ce qui reste à savoir, aucune preuve n'ayant été fournie à l'appui. L'affaire d'argent qui aurait retenu Molière à Narbonne est « mystérieuse ». M. Loiseleur insinue même que celui qui en a « parlé le premier n'y a pas compris grand'chose ». Mais, toutes réserves

faites, il n'y a nulle incompatibilité entre la prolonga-
tion du séjour à Narbonne et le voyage à Bordeaux à
temps voulu et résolu. Bien plus, Molière serait encore
à Narbonne « le 12 juin », et la troupe anonyme de
comédiens que les *Archives hospitalières* de cette ville y
signalent serait sa propre troupe, que ces atermoiements
et ces retards n'excluraient pas l'arrivée à temps à desti-
nation. De Narbonne à Bordeaux, M. Louis Moland, qui
m'a fait l'honneur d'accepter plusieurs de mes solutions,
peut m'en croire, une troupe comique mettait bien
moins de temps qu'il ne suppose en disant qu'il y avait
« une dizaine de jours de marche de Bordeaux à
Béziers[1] ». Mais qu'à cela ne tienne! Eût-on mis huit ou
neuf jours de Narbonne à Bordeaux, ce délai n'empêchait
rien. Et sur quoi se base M. Moland pour trouver que
« le plus probable est que cette excursion à Bordeaux
n'eut pas lieu »? Où en est la raison positive?

Le prince de Conti est attendu; Molière est, tout le
premier, obligé de l'attendre. Voilà, jusqu'au 29 juillet,
la situation exacte. Au 29 juillet, les choses changent.
Le prince — pour la réception solennelle de qui l'on a
voté 3,000 livres — le prince, gravement malade à Paris
(voir les *Mémoires* de Cosnac), diffère jusqu'à nouvel
ordre sa venue à Bordeaux. Une décision inédite de la
Jurade atteste cette remise à plus tard et à une époque
fixer. En effet, « le sieur Mercier », chargé de l'emploi
des fonds et de « leur distribution » dans les solennités

---

[1] *Molière, sa vie et ses ouvrages*, H. Garnier, édit., Paris, in-8°, 1885.
(Page 104, à la note.) Le « petit ordinaire » comptait 85 lieues de
Bordeaux à Béziers. On a vu dans la lettre de Dassoucy (p. 42) que
ses pages de musique faisaient *à pied* « 10 lieues par jour ».

municipales, est invité à restituer « au trésorier de la
ville » la somme déposée en ses mains pour les fêtes
projetées et qui n'ont pas lieu. Ce n'est que « le 10 janvier » suivant qu'un nouvel avis du prince de Conti
annonce définitivement la réalisation de son voyage à
Bordeaux; encore a-t-il soin d'avertir les jurats qu'un
de ses émissaires les préviendra dès son arrivée « à Poitiers », afin d'éviter les contretemps et malentendus!
Molière avait-il passé à l'attendre tout ce temps à Bordeaux? Non. Il ne l'attendit plus, et d'autant moins que
la maladie qui avait retenu le prince à Paris durant plusieurs mois avait du même coup amené chez lui une
modification profonde de ses mœurs. L'homme de plaisir
de la veille était devenu austère et dévot, sous l'influence
de son nouveau confesseur, l'abbé de Ciron. Le soin de
son salut lui interdisait d'avoir une troupe de comédiens
à son service. Et Molière dut être congédié par Son
Altesse. On n'avait plus besoin de ses divertissements.
Désormais, Conti ne voulut plus connaître Molière; et
une lettre de Conti, adressée de Lyon à l'abbé de Ciron
au mois de mai suivant, nous apprendra qu'il a fait
« défendre » à Molière de se réclamer de « son nom ».
Qu'il eût, au préalable, indemnisé Molière de son voyage
en pure perte à Bordeaux, c'est une autre affaire. On
sait que ce grand seigneur était sujet aux oublis quand
il s'agissait de payer son monde.

Maintenant, toutes ces présomptions si décisives du
voyage de Molière à Bordeaux pendant l'été de 1656
n'acquièrent-elles pas l'équivalence d'une preuve certaine, si l'on en rapproche une lettre du marquis
d'Épinay de Saint-Luc, lieutenant du Roi en Guyenne,

et comme le marquis de Jonzac, ami personnel de Molière, de Chapelle, de L'Hermite et autres? Cette lettre, découverte par M. Tholin, archiviste de Lot-et-Garonne, et publiée par M. Magen [1], est datée de Bordeaux « le 5ᵉ décembre 1656 ». Elle est adressée aux consuls d'Agen, — et par la corrélation des dates et des faits elle a force de document démonstratif. La voici : « Messieurs les consuls, une troupe de comédiens qui « a demeuré quelque temps en cette ville, à la satisfac- « tion de tous ceux qui les ont ouys declamer, s'en allant « en la vostre, m'a demandé de vous recommander leurs « intérèts dans le séjour qu'ils y fairont. Je vous prie de « les bien traiter et de les appuyer dans les choses qui « dépendront de l'authorité de vos charges, à quoy je « m'assure que vous vous conformerès et que vous me « croirès toujours, Messieurs les consuls, votre très « affectionné serviteur. — SAINT-LUC. »

On a objecté que si cette lettre fait d'abord penser à Molière, il n'est pourtant pas possible de le croire en cause « parce qu'il était en Languedoc ». Mais quand cette objection a été produite, on ignorait que Molière se déplaçait continuellement, et surtout on ne soupçonnait pas l'existence du document de Narbonne, où, de la bouche même de Molière, on sait qu'il « allait à Bordeaux » dès le mois de février 1656. Une seconde objection est plus difficile à réfuter. C'est celle qui oppose la multiplicité des troupes de campagne à la constatation irrécusable de l'identité de celle que le marquis de Saint-Luc ne nomme pas. Ces troupes étaient nombreuses, en

[1] *La troupe de Molière à Agen*, 1877.

effet. Je puis le dire aussi, et je le nie moins que personne, car un éditeur du *Théâtre-Français*, de Chappuzeau, qui a essayé de les dénombrer et dénommer, n'a pu qu'arriver à onze, et cela tout uniment à l'aide des *Recherches*, d'Eudore Soulié, qui les mentionne toutes ou à peu près toutes; or, pour mon compte personnel, je crois être en mesure de tripler ce chiffre sans exagérer.

Inutile de les énumérer ici. Mais en est-il quelqu'une, dans la quantité, qui soit assez chère à M. de Saint-Luc pour obtenir une lettre de recommandation pareille à celle que je viens de transcrire? Je ne le pense pas, même en mettant en ligne la troupe de « La Roche », qui paraît à Bordeaux dès 1633, presque comme celle de Du Fresne, et qui, depuis, ne discontinue pas d'exploiter ces parages. Ce La Roche est le même qui signe un baptistaire à Narbonne avec Du Fresne encore et Madeleine Béjart (le 26 ou 27 décembre 1649). Il était comédien-musicien. Un de ses « airs de cour » est mentionné par Perrin, l'introducteur de l'opéra en France; et Dassoucy le cite, avec nombre d'autres acteurs-directeurs alors populaires, dans son *Ovide en belle humeur*. Lui seul, sans doute, peut disputer à Molière la préférence des sympathies de Saint-Luc. Or, je crois savoir qu'à cette époque La Roche était du côté de Lyon. Et je ne vois pas de motif qui détourne l'application de la lettre ci-dessus à Molière lui-même. Notez qu'il est très probable que le *Dépit amoureux* ne fut représenté pour la première fois à Béziers qu'à la fin, tout à la fin de l'année 1656, si même il ne le fut pas dans les premiers mois de 1657, contrairement aux opinions courantes. La question est à élucider. Ce qu'il y a d'indiscutable dès aujourd'hui, c'est que le document du 16 décembre 1656, qui a si fort intrigué les érudits et par lequel les États de Languedoc siégeant à Béziers renvoyaient brutalement « aux comédiens de présent en cette ville » les billets de faveur distribués aux membres de l'Assemblée en vue d'obtenir quelque « gratification », ce document ne visait pas Molière. Une pièce des archives de Béziers, récemment découverte par celui qui écrit ces lignes, lève toute équivoque à cet égard. Il s'agit non de Molière, mais de « La Pierre d'Avignon, et de ses dix compagnons ». Ce La Pierre avait été à Montpellier, en 1654, l'associé de Molière ; peut-être à Béziers lui gardait-il sa place. Mais, en fait, c'est La Pierre qui était visé le 16 décembre. C'est bon à savoir, en raison de la considération dont Molière avait joui jusque-là auprès des États et qui ne se démentit jamais, car son camarade Béjart obtint de leur générosité, en avril 1657, une nouvelle allocation (500 livres) pour la deuxième partie de son armorial de Languedoc.

Dans ces conditions, Molière serait donc revenu de Bordeaux dès les premiers jours du mois de décembre. Le 9 décembre, sa troupe est à Agen. De cette ville à Béziers, il y a cinquante-huit lieues de petite poste : Molière pouvait être, à la rigueur, « le 16 décembre » à Béziers, dans l'hypothèse qui le met en cause à cette date. Est-il inadmissible qu'il traverse Toulouse sans y faire étape avec séjour? N'importe. Matériellement, Molière pouvait être à Béziers « le 16 décembre » en partant de Bordeaux « le 6 » de ce mois. Il ne faut pas bien des jours pour faire quatre-vingt-cinq lieues.

Donc, pour conclure, Molière déclare aller à Bordeaux; il a ordre d'y aller, et vers la seconde quinzaine de juillet sa présence y est motivée par l'arrivée prochaine du prince de Conti, qu'on y attend, qu'il y attend. Ce n'est qu'à Bordeaux que Molière a pu apprendre que le prince n'y viendrait pas de longtemps; c'est là aussi que le prince lui a sans doute signifié le retrait de sa protection, de son « privilège ». La lettre de M. de Saint-Luc prouve qu'une troupe qui a « joué à la satisfaction » du public prend le chemin du Midi. N'est-ce pas celle de Molière? Pourquoi pas? Et « la satisfaction » des Bordelais ne fait-elle point pendant à la demande des « plus honnestes gens », au « remerciement » des consuls de Narbonne? — Tout indique que Molière a dû aller à Bordeaux, tout, jusqu'aux circonstances probables de son retour. Où est et quelle est l'affirmation capable de prévaloir contre l'affirmation de Molière lui-même? Tenez pour certain que Molière alla à Bordeaux, en 1656!

LE
MARQUIS DE JONZAC

Tout contact personnel avec Molière vivant doit-il être
pour ses contemporains un titre nominatif de gloire posthume? Je ne le pense pas; et je suis loin de m'associer
aux recherches de certaine agence de renseignements
(genre Tricoche et Cacolet, à l'usage de la biographie de
Molière), qui demandait à tous les échos « le nom du
valet de Molière qui mit un jour à son maître les bas à
l'envers ». Ce personnage qu'on a essayé d'immortaliser
ne m'intéresse pas. Mais ce que j'estime digne d'une
curiosité passionnée, par exemple, c'est la connaissance
exacte et complète des amis du grand comique, de ceux
qui vécurent dans l'intimité et la solidarité de son cœur
et de son génie, de ceux qui furent les auxiliaires de sa
pensée, de ses luttes et de ses triomphes. En dehors du
cercle de ses associés naturels, c'est-à-dire en dehors de
ses camarades de théâtre, Molière avait des amis dans le
monde. Où sont-ils et qui sont-ils? Voilà ce que je tiens
à savoir. Le nom, la vie des partisans de Molière m'importent; car l'histoire littéraire doit leur être reconnais-

sante du concours prêté au maître en faisant cause commune avec lui et en portant témoignage par leurs
sentiments pour la personne en faveur de l'œuvre du
poëte. Les sympathies, les affections, les dévouements
inspirés par Molière aident à comprendre son caractère
et son talent. Il n'est pas inutile d'établir ce qu'il entre
d'estime et d'amitié publique dans la confiance qu'a Molière lui-même en sa force. Eh bien, si jamais on groupe
en une sorte de galerie de famille les figures amies du
grand homme pour les associer à son souvenir, il ne sera
que juste d'y comprendre le médaillon de son fidèle ami
le marquis de Jonzac! Leur mémoire à tous deux n'a
qu'à y gagner.

Jusqu'ici, le nom du marquis de Jonzac n'a été prononcé dans la biographie de Molière qu'à propos de
l'épître de Chapelle sur le *Dîner à la Croix-de-Lorraine*,
épître adressée audit marquis, dîner auquel assistent
tous les joyeux buveurs et viveurs avec lesquels Molière
frayait au cabaret, tels que Broussin, Du Toc, Des Barreaux, de Lignon, La Mothe le Vayer, du Boullaye, etc.
Dans le compte rendu de cette agape parisienne, « Molière » est représenté « buvant assez »

> Pour, vers le soir, être en goguettes

Les moliéristes portent ce détail anecdotique à l'actif
des notions sur la vie de Molière, et passent outre, à
moins qu'il n'entre dans leur système de critique d'insinuer que la bonne humeur de Molière reposait sur de
mauvaises mœurs. Mais, alors, on risque de le calomnier
par ignorance, faute de savoir que les cabarets littéraires
du temps, comme la *Croix-de-Lorraine* et autres, n'étaient

nullement des lieux mal famés et susceptibles d'être
évités par la meilleure compagnie. Racine, Boileau, La
Fontaine ne s'y donnaient pas moins librement rendez-
vous avec Molière que Chapelle, Dassoucy, Saint-Amant
et autres écrivains, à tort discrédités et déconsidérés aux
yeux des historiens de la littérature classique. Ceux
qu'on appelait les « honnêtes gens » au dix-septième
siècle n'avaient point les scrupules qu'une fausse érudition leur prête aujourd'hui par anachronisme. N'est-ce
pas Faret, dont le nom rime à « cabaret » dans les
satires de Boileau, n'est-ce pas Faret qui dans un de ses
ouvrages a donné excellemment et savamment le portrait typique de l'*honnête homme?* Or, à s'en tenir au
simple détail relatif à Molière dans l'épitre de Chapelle
au marquis de Jonzac, il y a excès de discrétion de la
part des moliéristes à ne pas se demander pour quels
motifs Chapelle donnait ainsi des nouvelles de Molière
à son correspondant. On se résigne trop à ignorer que
le marquis de Jonzac connaissait Molière autrement que
ne le connaissait le public, c'est-à-dire comme auteur-
acteur déjà célèbre. L'étroite liaison qui existait depuis
longtemps entre Chapelle et le marquis de Jonzac, et qui
s'étendait à Dassoucy, à J. B. L'Hermite et à bien d'autres camarades de Molière, n'excluait pas Molière, au
contraire[1].

Si jamais quelque érudit, jaloux de ne répéter per-

[1] Le marquis de Jonzac comptait aussi l'abbé de Marolles au
nombre de ses relations personnelles et littéraires. Il traduisait
les *Métamorphoses* d'Ovide en même temps que Dassoucy les traves-
tissait; et l'abbé de Marolles traduisait *Lucrèce* précisément à
l'époque (1649) où Molière l'étudiait et le paraphrasait pour son
théâtre.

sonne et de montrer l'originalité de son savoir en des sujets nouveaux, traite le chapitre de la collaboration tacite et anonyme de Chapelle avec Molière, il ne pourra se dispenser de s'informer sur ce marquis de Jonzac qui, par moments, occupe dans la vie et les idées de Chapelle une vraiment grande place. Sur ce terrain propice aux annexions biographiques, il ne tardera pas à relever une surprenante quantité d'indices et de synchronismes moraux de nature à l'édifier sur les origines de plus d'une comédie de Molière. Ainsi, pour me borner à une indication dans ce sens, comment désintéresser le marquis de Jonzac de l'histoire du *Tartuffe*, quand s'agite la question de savoir si Chapelle, comme on l'a dit et répété, fut à un degré quelconque le collaborateur de Molière? Gouverneur de Cognac et de la Rochelle, lieutenant du Roi en Saintonge, il est en province comme à la *Croix-de-Lorraine*, bon vivant « libertin », ennemi de toute contrainte et de toute hypocrisie. Sceptique à la manière de son ami d'Aubijoux (celui-ci était gouverneur de Montpellier et lieutenant du Roi en Languedoc), il serait l'esprit le plus indépendant de sa région s'il n'avait pas à Cognac son beau-frère, le « chevalier » d'Aubeterre, célèbre par son duel avec Chabot, où il eut d'Aubijoux pour témoin. C'est à Cognac que Chapelle, souvent en voyage, s'arrête maintes fois pour faire une « débauche ». Et voici, dédié au marquis de Jonzac, un sonnet de Chapelle; il vaut un poème comme étude de mœurs à cette époque :

Que dans une petite ville
Le Saint-Père est bien obéi!
Et qu'en carême il est facile
Qu'un honnête homme soit haï!

Le « chevalier » eût dans sa bile
Bien juré contre Adonaï,
Et par l'âcreté de son style
Rendu Cognac bien ébahi.

Mais ce n'est pas là la manière,
Cher marquis, dont j'use pour faire
Que personne ne dise mot.

Quoique ta puissance y soit grande,
Il me faut faire le dévot
Pour pouvoir manger de la viande!

L'art des accommodements avec le ciel est connu et pratiqué à Cognac; et l'on voit que Chapelle en sait quelque chose. Notez que ce sonnet est probablement de 1650, et qu'il date peut-être un séjour de Molière à Cognac, après le séjour de l'Illustre-Théâtre à Agen. Soit dit en passant, malgré le silence absolu des moliéristes sur tout passage probable de Molière à Cognac, au temps de ses pérégrinations en province, il faut, par conformité à la logique d'une série de faits qu'il serait trop long d'exposer ici, mais qui paraissent singulièrement probants, il faut s'habituer à regarder Cognac comme une des étapes mémorables de la troupe de Molière en campagne.

L'hospitalité du marquis devait être généreuse, car il était gentilhomme dans toute la distinction du mot; et elle devait être flatteuse, car il était fort lettré et grand ami des poètes. Les quelques lettres de lui qu'on possède attestent qu'il écrivait avec verve et vivacité, en homme d'esprit. Ses amis de Paris se faisaient une fête de recevoir de ses piquants et pimpants billets. On les lisait en assemblée générale à la *Croix-de-Lorraine...*

Nous avons lu l'épître tienne,

lui dit précisément Chapelle en tête de l'épître citée tout

à l'heure. — La lettre suivante écrite à d'Hozier par le
marquis de Jonzac, à la date du 19 novembre 1657, donnera d'abord et à la fois un spécimen de son style et de
sa gaieté; puis elle fournira à l'étude des pérégrinations
de Molière, en cette année 1657, une particularité précieuse :

« J'ai reçu deux lettres de L'Hermite, lequel est tout
« à fait résolu au voyage de Paris; mais il me mande
« que si je le fais en ce temps rigoureux de l'hiver, il
« ne se sent pas assez vigoureux pour souffrir le train
« du carroce; mais bien de nous y voir dans le Caresme;
« et dans ces humeurs sombres de la mort, il me parle
« de son incertitude d'aller demeurer dans un cloistre
« de Saint-Benoist, sous les auspices d'un sien neveu et
« nièce, et que le bon M. Rivière le flatte de celui de
« Notre-Dame, parce que je luy avois écrit à La Haye
« que luy garderois une chambre dans mon auberge et
« vivrions dans mon ordinaire ensemble. *Je luy escris et
« lui chante goguettes là-dessus, et luy fais voir par ma
« rétorique que le vin de Mâcon que nous boirons, vous, luy
« et moy ensemble, vaudra mieux que l'eau béniste d'un
« cloistre.* »

Le marquis, lui, pensait à vivre gaiement et ne se mettait point martel en tête. Son épicuréisme gaulois ne se
dément jamais.

L'allusion qu'il fait au vin de Mâcon n'est pas la preuve
d'un goût spécial pour ce cru. Il est même de son pays
à cet égard, et c'est bien le vin de Bordeaux qu'il choi-
sirait, s'il avait une préférence à marquer. Au fond, il
les aime tous, s'ils sont bons. Un jour, après avoir reçu
de beaux raisins de Languedoc, il chargea Balzac, son

ami, de lui en procurer « des plants » par l'entremise
du comte de Clermont-Lodève. Balzac répondit « aux
belles paroles de sa lettre » que son « hôte » et « maître », à lui, estimerait désormais « incomparablement
plus qu'il ne le faisait » ce « plant », depuis que le marquis de Jonzac en avait si bonne opinion « en présence
de celuy de Cognac, qui est universellement estimé ».
Balzac était d'avis qu'il n'y a pas de petits profits pour
l'éloquence; et il se mettait en frais de grand style sur
ce sujet. Mais c'est assez prouver que le « buveur » marquis était un fin connaisseur ès beuveries. Il n'est que
temps de revenir à la lettre adressée à d'Hozier.

J'ai dit qu'elle contenait une particularité intéressante
pour l'histoire de Molière en province. Elle est dans la
coïncidence des dates du départ pour Paris, projeté par
L'Hermite et effectivement réalisé par l'Illustre Théâtre,
dont il faisait partie. C'est bien « au Caresme » à peu
près que Molière et ses camarades quittèrent le Midi
pour se rapprocher de Paris. L'espoir qu'avait un moment le marquis de Jonzac de faire ce voyage en « hyver »
avec L'Hermite indique bien que la troupe lui avait paru
se diriger vers Bordeaux. Selon toute apparence, Molière
était en Languedoc en octobre et novembre 1657. L'Hermite malade et craignant « le train du carroce » devait
préférer le voyage par le Rhône, la Loire et le canal de
Briare : c'est d'ailleurs par cette voie que le trajet fut
effectué. J'ajoute que la présence de L'Hermite semble
constatée ou tout au moins révélée par induction dans
un document municipal des archives d'Agde, mais au
mois de février, à la clôture des États de Languedoc
tenus à Pézénas. Dans ce cas, le séjour de la troupe

de Molière aurait pu n'être pas entièrement de la même durée que celui de L'Hermite : ce qui n'a rien que d'ordinaire. Ces sortes de disjonctions partielles étaient fréquentes. D'ailleurs, que Molière fût en Languedoc ou dans la vallée du Rhône, voire à Grenoble, en octobre et novembre et jusqu'en janvier (époque où il est à Lyon), le fait essentiel à dégager de la lettre du marquis de Jonzac à d'Hozier, c'est que le gouverneur de Cognac était en correspondance régulière et suivie avec L'Hermite, et que, n'eût-il pas été lié avec Molière — comme il l'était — il avait du moins des intelligences dans la place, je veux dire dans la troupe. Or, par ce temps d'enquête générale sur les années ignorées de Molière en province, n'est-il pas opportun de conseiller aux chercheurs de se mettre à la découverte de la correspondance du marquis de Jonzac? J'ai idée qu'elle éclairerait singulièrement bien des points obscurs dans la vie et même dans l'œuvre de Molière.

Dans l'œuvre : j'y reviens. — La source des comédies de Molière n'est pas toute à Paris. Pour soutenir et faire triompher cette thèse, je n'invoquerai pas une circonstance fortuite, un détail d'occasion. Mais si je multiplie d'abord sur un point déterminé les constatations d'identité soit en fait de mœurs, soit en fait de caractères, soit en fait de langage, et si à ce premier point, accepté comme point de départ, j'ajoute toute une série de révélations semblables, de manière à faire former la chaîne aux synchronismes moraux sur toute l'étendue de la vieille France visitée alors par Molière, et si j'arrive, à la fin de cette sorte de recensement et de jalonnement, à retrouver tous les traits de mœurs,

d'esprit et d'observation du *Tartuffe*, par exemple, et
puisque j'ai mis le *Tartuffe* en avant tout à l'heure, si
j'arrive à ce résultat, ne serai-je pas tout au moins tenu
d'attribuer à un effet rétroactif de l'imagination et du
talent de Molière l'inspiration et la composition de la
pièce, dont les éléments ne se rapportent plus, ni comme
lieu ni comme date, à sa rentrée définitive à Paris? Il y
a là un problème de critique historique et littéraire que
l'étude personnelle de la vie du marquis de Jonzac autorise à poser, si elle ne permet pas de le résoudre. Lieux
et milieux, faits, gestes et gens, rien n'est à négliger dans
une telle question. Et ici, n'objectez pas que c'est uniquement d'intention et par goût de scepticisme mondain que
le marquis de Jonzac est enrégimenté dans la levée de
boucliers contre les hypocrites. S'il n'y avait d'autre symptôme ou d'autre attestation de son attitude « libertine »,
de sa liberté de penser, pour employer le mot d'aujour-
d'hui, s'il n'y avait que le sonnet de Chapelle sur Cognac
ou la lettre de Jonzac à d'Hozier, je ne m'aventurerais
pas à le considérer pour si peu comme un partisan de
Molière dans sa guerre aux faux dévots. Non. Il n'y aurait pas de quoi. Mais toujours et partout où il m'est
possible de l'étudier, je le vois agir, parler, penser de
même, seul ou avec ses amis, chez lui et chez les autres.
Elle est topique, à cet égard, la lettre de Chapelle à
« M. Carré pendant la guerre de la Fronde », lettre où,
en son nom et au nom de ses amis (y compris le marquis
de Jonzac), Chapelle trace audit M. Carré « quand il sera
curé », le programme d'épuration à pratiquer :

> ...Aussi ne verra-t-on chez vous
> *Hippocrites* ni loups-garous,

Torts-cols à grimaçante mine,
Ni cagots de telle farine,
Mais bien des gens faits comme nous...

C'est là le fond des idées de Molière. Libertins, oui ; mais non absolument irréligieux, quoique ennemis d'instinct de toute hypocrisie. Ils sont Gaulois.

Il va sans dire que mon unique but, aujourd'hui, étant de faire pressentir, par quelques traits rapides, l'intérêt qu'offrirait un travail de biographie comparée sur le marquis de Jonzac dans ses rapports avec Molière, je laisse ici dans l'ombre bien des côtés de cette physionomie curieuse. A coup sûr, il y aurait pour un amateur une jolie page à écrire, entre autres, sur le marquis de Jonzac gastronome. Comme son ami du Broussin, qui se vantait d'avoir acquis « la plénitude de la science » en fait de repas, il était passé maître en érudition culinaire, dans la pratique et dans la théorie tout ensemble. Mais je ne veux pas élargir le cadre de cette courte étude, et je la terminerai par une dernière mise à contribution des œuvres de Chapelle.

On sait que dans le recueil des poésies de Chapelle et de Bachaumont, indépendamment de leur *Voyage*, ont été insérées deux lettres de Chapelle adressées à Molière, sans date ni lieu. Toutes deux ont exercé la sagacité des érudits. La plus longue comme aussi la plus remarquable de ces lettres constitue un document à utiliser pour l'histoire des amours de Molière et de la composition de sa troupe : mais elle n'a pas à être discutée à propos du marquis de Jonzac, qu'elle ne concerne en rien. Je me borne donc à dire que, sauf erreur, j'ai trouvé le mot de l'énigme : elle fut écrite de la Chapelle, près Saint-Denis, au mois de mars 1651. Les moliéristes qui savent que j'ai, par mon procédé d'érudition trigonométrique, donné la date et le lieu de certaine lettre de Dassoucy à Molière qu'on avait renoncé à déchiffrer depuis un demi-siècle [1], — les moliéristes voudront bien attendre un prochain volume pour avoir les explications que j'ai à fournir sur ce point. Quant à la seconde lettre de Chapelle, « écrite de la campagne », sans qu'il soit dit ni où ni quand, je ne crois pas me tromper en la déclarant envoyée de Cognac au mois d'octobre 1659. Avec nombre de poètes et de beaux esprits parisiens à qui le voyage de la cour aux Pyrénées avait subitement suggéré le goût d'une villégiature dans le Midi ou tout au moins dans le Sud-Ouest, Chapelle, d'ailleurs coutumier du fait, avait gagné la Saintonge. Benserade était à la Basinière, chez la belle et galante amie du duc d'Épernon, Mlle d'Artigue. Lui, Chapelle, il était à Cognac, chez son hôte habituel. Il écrivait donc de là à Molière, désormais fixé à Paris :

« ...Je n'ai encore vu chez lui (chez Jonzac) qu'un ou deux gentilshommes fort aisés et fort honnestes gens ; néanmoins, comme il ne faut jurer de rien, s'il faut que les autres ne leur ressemblent pas, et que dans la suite quelqu'un de ces messieurs s'avise de nous venir faire ce beau compliment ordinaire et d'être

> Pour mon malheur aussi courtois
> Que ceux de tant d'autres endroits,
> Que pensez-vous que je devienne,
> S'il faut que pendant plus d'un mois,

[1] Voir le *Moliériste* de septembre 1884.

10.

> Soir et matin j'en entretienne
> Tout au moins deux, fort souvent trois,
> De tout ce qu'on fait en Guienne
> Pour l'alliance des deux rois?... »

La cour, de retour des Pyrénées, était attendue à Bordeaux ; et en sa qualité de Parisien, Chapelle était obligé de satisfaire la curiosité de la gentilhommerie locale, très vivement mise en émoi par la prochaine arrivée de la cour et par les fêtes qu'on se disposait à célébrer en son honneur à Bordeaux. Par ces commentaires, la lettre « écrite de la campagne à M. de Molière » se place et se classe assez naturellement. La conclusion à en tirer, c'est que Chapelle était encore là dans son rôle de correspondant et d'intermédiaire entre Molière et le marquis de Jonzac. Il est même probable que si la lettre en question avait été imprimée en entier et non en fragments par les éditeurs de Chapelle et de Bachaumont, nous y aurions trouvé une contre-partie de l'épître sur le *Dîner de la Croix-de-Lorraine*, c'est-à-dire qu'on y aurait lu un mot de Chapelle sur M. de Jonzac, pour donner à Molière de ses nouvelles. Bref, entre eux, la correspondance ne chômait pas ; et je réitère mon exhortation aux érudits de la rechercher de leur mieux. Quiconque nous la rendrait aurait bien mérité de l'histoire littéraire, car nous connaîtrions beaucoup mieux Molière !

P. MIGNARD ET MOLIÈRE

A AVIGNON

Les discussions parfois très vives entre érudits qui
s'occupent spécialement de Molière, rappellent assez
souvent la fameuse querelle de ces deux chevaliers italiens qui soutenaient mordicus, l'un la supériorité absolue
du Tasse, l'autre la supériorité non moins radicale de
l'Arioste. N'en démordant ni l'un ni l'autre, il fallut en
découdre. On alla sur le pré, on mit flamberge au vent, —
et le champion du Tasse paya de sa vie sa préférence
obstinée. « Ah! dit-il avec un soupir qui était le dernier,
encore si je l'avais lu! » Pour avoir de moins tragiques
dénouements, les duels d'érudition n'en pourraient pas
moins finir sur ce mot-là, qui mêle un peu de gaieté à ces
aventures. On discute à propos d'un texte problématique,
on ferraille, on se pourfend à coups de plume : et au fond
ni l'un ni l'autre des adversaires n'a vérifié le texte qui
lui fait jeter feu et flamme et qui, appris par ouï-dire,
leur donne tort à tous deux! Cela s'est vu, par exemple,
il y a six ans, dans la polémique ardente qui eut lieu,
sur un détail de la vie de Molière, sur la date de la ren-

contre du poète avec le peintre P. Mignard, à Avignon. Le critique d'une grande revue et le rédacteur d'un grand journal échangèrent d'amères épitres. Ils alléguaient de part et d'autre, avec passion et conviction, un passage de l'histoire de Mignard par l'abbé Monville, sans y aller voir et sans se douter que le témoignage invoqué ne démontrait que leur commune erreur! C'est que, malgré toutes les apparences contraires, il est rare qu'un biographe patenté de Molière, en se plaignant du manque de documents sur telle partie de la vie du grand homme, prenne la peine d'étudier par lui-même, à tout le moins les informations acquises, pour s'assurer de leur exactitude et de leur véritable portée.

...Après avoir signalé le séjour de l'Illustre-Théâtre en juin à Dijon, M. L. Moland, le dernier et consciencieux historien de Molière [1], passe sans transition à la fin de l'année, et dit : « Vers la fin de l'année, les comédiens redescendirent dans le Midi. Vers novembre ou décembre, ils étaient à Avignon, où Molière rencontra le peintre Mignard, qui revenait d'Italie, et se lia avec lui d'une durable amitié. *C'est l'abbé Monville, l'exact biographe de Mignard, qui constate cette rencontre, et l'on peut s'en rapporter à son témoignage.* » Sans doute, Monville mérite toute confiance. Eh bien, que nous apprend-il? Je vais analyser et citer son témoignage; et comme les dates ont ici une importance capitale, j'aurai soin d'en faire ressortir l'enchaînement. On jugera.

D'après l'abbé Monville, Pierre Mignard s'embarque pour Marseille « le 10 octobre 1657 ». Il y arriva après

---

[1] *OEuvres de Molière*, biographie. Garnier frères, éditeurs, Paris.

« huit jours de traversée ». Il séjourne à Marseille, il séjourne à « Aix ». Il voyage en touriste ; et après avoir à petites journées parcouru la Provence, il s'arrête à Avignon chez son frère Nicolas Mignard, où, « peu de jours après » son arrivée, « *il tombe dangeureusement malade* ». Monville ajoute aussitôt, afin qu'on n'en ignore : « *Cet accident différa de plus d'une année son retour à Paris.* » Ce détail a pour le moins le mérite de nous prévenir que si Molière n'a pas encore rencontré Mignard, il en aura le temps, et largement. Mais pas de nouvelles de Molière. Continuons. — « Durant sa convalescence », Mignard « fait un grand tableau pour l'église de Cavaillon. » Puis il fait des promenades de paysagiste aux alentours. Il va tantôt « à Vaucluse », tantôt ailleurs. Il remonte un peu vers le Nord, et il « dessine toutes les antiquités d'Orange » ; il redescend vers le Midi, et il dessine les antiquités de « Saint-Remy ». « Il n'oublia pas ces grands et fameux bâtiments du pont du Gard et des Arènes. » Jusqu'ici pas de Molière encore ; mais le voici enfin ! On lit, page 55 : « *Revenu à Avignon, il y trouva Molière.* Ces deux hommes rares eurent bientôt lié une amitié qui n'a cessé qu'avec leur vie. »

Évidemment, ce n'est qu'après son complet rétablissement que Mignard « rencontra » Molière.

Or, une maladie assez grave pour faire retarder « de plus d'une année » le retour du peintre à Paris, ne dut pas être une maladie de peu de jours, et ne dut pas avoir non plus une convalescence très courte.

Que Mignard soit arrivé d'abord à Avignon en novembre ou en décembre ; qu'il ait ou non passé « un mois à Marseille », comme le prétend un criti-

que [1], il n'importe. A peine arrivé à Avignon, Mignard est
malade — avant d'avoir vu Molière. Il est malade en novembre ou décembre, dans tous les cas. Il est convales-
cent en décembre ou janvier. Admettez si vous voulez
qu'il soit parfaitement guéri en janvier : est-ce en plein
hiver, au sortir d'une maladie qui l'oblige à rester un an au
pays du soleil, qu'il va courir à la fontaine de Vaucluse?
Est-ce même en février, même bien portant, qu'il va
« dessiner » en plein air « toutes les antiquités d'Orange,
de Saint-Remy, le pont du Gard et les Arènes »? De telles
promenades d'artiste, on en conviendra, sont peu vrai-
semblables avant le retour du printemps, avec une santé
à ménager, encore une fois. Et comme c'est après ces
excursions en tous sens que Mignard revient à Avignon
et « y trouve » Molière qui l'y avait précédé, est-il possible, vraiment, d'accepter « novembre ou décembre »
1657 pour date de leur première rencontre? Est-il possible d'admettre le mois suivant, janvier 1658? Mais « le
6 janvier 1658 », « un secours de 18 livres tournois »
est accordé par les administrateurs de l'aumône générale de Lyon à une « demoiselle Véraud, veuve d'un con-
trôleur des douanes, sur la recommandation de Mlle Bé-
jarre (Béjart), comédienne », et cela indiquerait, selon
quelques érudits, que la troupe de Molière est à Lyon.
Entre le 15 juin 1657 et le 6 janvier 1658, c'est en vain
qu'on chercherait à découvrir un vestige, un indice de
l'existence de Molière, soit à Avignon, soit dans les
environs.

La préface de l'édition de 1682, qui ne parle nullement

----

[1] *Revue des Deux Mondes*, 1er août 1877.

de la « rencontre » avec Mignard, particularité assez
importante cependant, assure que Molière « passa le carnaval à Grenoble », et que l'Illustre-Théâtre partit pour
Rouen « après Pâques », c'est-à-dire après le 27 avril.
Le carnaval finissait le 8 mars. Si Molière l'acheva à
Grenoble, on vient de soupçonner qu'il l'avait commencé à Lyon. A-t-on une preuve de son passage à Grenoble? On n'a qu'une présomption vague, fournie par
une contestation entre une troupe de comédiens et le
conseil municipal, à la date du « 2 février ». Le « 1er mai »,
le baptême d'un enfant de René Berthelot et de Marquise du Parc attesterait que la troupe est de nouveau
à Lyon : elle n'arrivera du reste à Rouen qu'au milieu
de mai, tout au plus.

Eh bien, du 8 mars au 1er mai, il n'existe aucun argument ni document capable, jusqu'à plus ample informé,
de rendre inconciliable la rentrée, la seconde arrivée de
Mignard à Avignon avec un retour de Molière dans cette
ville. De Grenoble à Avignon, il n'y a pas loin. A ce
compte, c'est à la fin de mars ou dans le commencement
d'avril que Molière et Mignard se seraient liés d'amitié.

A ce compte encore, et soit dit entre parenthèses,
c'est en mars et en avril que Mignard aurait peint le
célèbre portrait de celle que Louis XIV appelait « la
Belle Provençale », la marquise de Castellane, depuis
marquise de Ganges, « fameuse par sa beauté et par sa
fin tragique ». — « On prétend, raconte Monville, on
prétend que pour échauffer l'imagination du peintre, elle
employa le même moyen dont un orateur grec s'était
autrefois servi pour emporter les suffrages de l'Aréopage
en faveur de Phryné, dont il plaidait la cause. Le peintre

ne réussit pas moins bien qu'avait fait l'orateur. » Soit
dit entre parenthèses toujours, Monville exagère de la
moitié, — et le « moyen » ne fut employé que... jusqu'à la ceinture. Encore reste-t-il à savoir si « l'exact
Monville » n'a pas confondu ici Pierre Mignard avec
Nicolas Mignard, son frère. Celui-ci, en effet, exécuta le
portrait de la marquise, portrait possédé en ces derniers
temps par le félibre Aubanel.

Ces détails ont ici leur raison d'être; car c'est peut-
être durant l'exécution de ce portrait par Pierre ou par
Nicolas que fut jouée au naturel certaine scène du *Sicilien*, dont maints traits de mœurs et jusqu'au titre éveil-
lent de vagues, de charmantes réminiscences du temps
du roi René, « roi de Sicile » et si populaire en Provence.

Après l'achèvement du portrait de Mme de Castellane, bien après, Mignard, au rapport de Monville,
quitta Avignon et se rendit à Lyon, d'où il ne repartit
qu'au bout de plusieurs mois pour Fontainebleau. Tant
il est vrai que tout paraît concorder dans le récit de
Monville, c'est à Fontainebleau que Louis XIV chargea
Mignard de peindre sa royale image pour être envoyée
en Espagne, pendant les négociations du traité des Pyrénées et du mariage du roi de France avec l'infante espa-
gnole.

Ceci, on le voit, nous reporte bien à « plus d'une
année » après la première arrivée de Mignard à Avignon. — Bref, la conclusion irrécusable à tirer du témoignage non suspect de Monville, c'est que, contrairement à l'assertion de tous les biographes de Molière, ce
n'est pas à la fin de l'année 1657, mais très probablement

dans le courant d'avril 1658, que Molière et Mignard
purent faire connaissance. Mais quand un fait, lisible et
visible dans un ouvrage faisant autorité, est sujet à de si
diverses interprétations, comment s'étonner que la vérité soit si lente à se faire jour sur des points où l'attention ne suffit plus?

(Extrait du _Mental_, 1887.)
p. 159 et s.)

UN
CAMARADE DE MOLIÈRE

LA PIERRE, CHANTEUR CHORÉGRAPHE.

Par acte du 15 septembre 1688, passé devant Moufle et Béchet, notaires à Paris, « un sieur La Pierre » acquérait de « Madeleine Lambert », veuve de Lully, et de « Nicolas Francine », son gendre, le droit « d'établir une académie de musique dans la ville de Rouen, pour des représentations d'opéras tant en français qu'en langue étrangère ». Qu'était-ce que ce La Pierre? Un ancien collaborateur de Lully, pour la danse et le chant; dès la représentation de *Pomone*, il avait été attaché à la fortune de l'Opéra fondé en France. Il était, avec Beauchamps, Favier, Saint-André et d'autres, un de ces émérites artistes méridionaux, recrutés par Perrin en Provence et en Languedoc, où la plupart étaient célèbres dans des troupes de comédie, d'opéra et de ballet exploitant les provinces. Le jour où La Pierre se fixait à Rouen, il prenait là sa retraite d'une longue, militante et méritante carrière au théâtre. Sa vie d'artiste

avait eu le curieux privilège d'être associée à la fin de
Lully et aux commencements de Molière. C'est dans ses
rapports avec Molière qu'il est particulièrement intéressant de le montrer. Ce qui va être dit ne se trouve dans
aucun Dictionnaire de biographie.

La Pierre, dit *le Comtadin*, était né à Avignon vers
1619. Le Comtat fut alors une véritable pépinière de
comédiens, de musiciens, de danseurs et de chanteurs
renommés dans le Midi et même en Savoie et en Espagne.
Le poëte et musicien Dassoucy, que des liens de parenté
rattachaient au Comtat (un de ses oncles habitait Car-
pentras), eut de bonne heure l'occasion de les connaître
et de faire campagne en France et à l'étranger avec eux,
comme « joueur de luth en comédie » et comme librettiste de « ballets ». La Pierre et Dassoucy se rencontrent
souvent dans les annales du théâtre provincial de 1640
à 1659; et c'est en grande partie au poëte burlesque
que La Pierre doit de revivre aujourd'hui dans la mémoire des lettrés et des amateurs de notre histoire artistique au dix-septième siècle.

Dès 1640, La Pierre courait les provinces, et s'il n'était
pas déjà directeur d'une troupe, il n'allait pas tarder à
le devenir. Au mois de décembre de cette année, il
figure dans le *Ballet du Bureau des Adresses* dansé par
« Mgr le duc d'Anguien », « devant Mgr le prince de
Condé », à Dijon. « Bossuet l'aîné et Bossuet le cadet »,
c'est-à-dire le père et l'oncle du grand évêque de Meaux,
paraissaient en travesti dans cette soirée. Un chef de
bande comique, « La Roque », jouait aussi dans la pièce,
et peut-être La Pierre était-il son associé.

Quelques mois après, des comédiens faisaient parler

d'eux à Bourbon. Scarron, dans sa *Gazette de Bourbon*,
les peint

Gueux comme des Bohémiens.

Mais Scarron charge toujours, et peut-être exagère-t-il
ici la « gueuserie » de ces héros du *Roman comique*.
Tout fait supposer que La Roque et La Pierre étaient au
nombre de ces « Bohémiens », et, eux du moins, ils
n'étaient pas minables et misérables. Le maréchal de
Schomberg, qui allait aux eaux de Bourbon tous les ans,
était à la veille de prendre La Pierre à son service et
sous sa protection, si déjà même il ne l'avait autorisé à
se dire, lui et sa troupe, ses « comédiens privilégiés ».
On sait que le maréchal de Schomberg était gouverneur
du Languedoc : son père y avait été lieutenant du Roi,
et lui-même y avait exercé cette fonction ; mais le duc
d'Orléans, gouverneur en titre de la province, selon
les intermittences fréquentes de sa faveur auprès de
Louis XIII, laissait le gouvernement vacant. Le duc de
Schomberg remplissait, comme d'office, ces intérims
variés. Or, il aimait les arts et les artistes. C'était d'ailleurs dans les traditions languedociennes d'avoir tous
les ans une troupe de comédie et de musique à la session des États de Languedoc, session qui durait parfois
six mois. La « musique », dans les comptes de la province, est souvent inscrite pour 4 ou 6 mille livres. La
Pierre fut pendant longtemps le bénéficiaire de ces allo-
cations et subventions. A coup sûr, il était à la session
tenue à Béziers en 1642, et comme le maréchal de
Schomberg, en mars et avril, résida à Narbonne auprès
de Louis XIII et de Richelieu, durant ce qu'on a appelé

« le voyage de Perpignan », il est à supposer que c'est La Pierre qui fut chargé à Narbonne des représentations théâtrales et des divertissements offerts à la cour.

Il n'est pas douteux qu'en 1642 La Pierre ne tînt la tête des grandes et petites compagnies d'acteurs nomades les plus applaudies. L'art avait alors ses joyeux aventuriers. Joyeux? Pas toujours. Plus d'une fois ces amuseurs publics exerçaient leur noble métier aux dépens de leur vie. Ils traversaient les plus divers pays, par monts et par vaux, à leurs périls et risques. De Turin à Bordeaux, par Lyon et par le Languedoc, le chemin était hasardeux; aussi force leur était d'être braves. Ils s'armaient en conséquence. Dans son *Ovide en belle humeur*, Dassoucy les montre tels qu'ils sont — en jouant, à son ordinaire, sur les noms :

> Gens belliqueux et d'œil farouche,
> Qui font feu sitôt qu'on les touche,
> Et serviraient à fier outil,
> Au besoin de pierre à fusil;
> Témoin nos seigneurs sans reproche,
> *La Pierre*, *La Roque*, *La Roche*,
> Les *Rochefort*, les *Des Rochers*,
> Qui vont desrochants les rochers,
> Les *Roquerouges*, *Roquebrunes*,
> Les Iroquois, les Croqueprunes,
> Bref, tous les gens de ric et roc.
> Excepté Monseigneur saint Roch,
> Et défunt Monseigneur saint Pierre,
> Le sieur Dampierre et Bassompierre,
> Et l'honneste roy du Maroc,
> En ont tiré leur dur estoc...

Les noms soulignés sont tous des noms authentiques de comédiens du temps. En cette année 1642, il est question de La Pierre dans une des pièces les plus curieuses du *Théâtre de Béziers*, ce remarquable répertoire de plus de vingt farces, pastorales ou tragi-comédies, dont les catalogues de Pont-de-Vesle, de Beauchamp et La Vallière, et surtout de Soleinne, ont consacré l'importance littéraire pour l'histoire du théâtre en France. Les *Aventures de Gazette* parlent du « Comtadin » dont la « bande », qui va de Bordeaux en Italie, est en voie de « passer les monts ». Même on mentionne avec le Comtadin, populaire à Béziers, un autre comédien, « La Fosse », dont l'identité a fort intrigué les érudits commentateurs des *Historiettes* de Tallemant des Réaux. Ces érudits se demandent d'où venait ce « La Fosse », que Tallemant représente attaché à la cour du duc de Savoie et traduisant « Tacite en octaves ». C'était l'ancien camarade de La Pierre, que l'évêque de Béziers, Clément de Bonzi, avait introduit et finalement mis en faveur à la cour de Florence. Clément de Bonzi aimait les comédiens : il recevait à sa table même Dassoucy; et l'on sait par la *Toscane française*, de J. B. L'Hermite, que « le comte de Bonsi », frère de l'évêque, était à Florence l'ami dévoué de tous les Français. On peut voir du reste, et pour clore cette explication incidente, dans la Correspondance diplomatique de l'époque, plusieurs lettres de Pierre de Bonzi, neveu de Clément de Bonzi et son successeur à l'évêché de Béziers, lettres relatives au fils de ce même La Fosse, que Pierre de Bonzi, chargé d'une ambassade à Venise, a occasion de recommander et d'obliger par continuité d'une sorte de tradition de famille. Mais revenons à La Pierre.

D'humeur plus vagabonde que son compagnon, La Pierre, qui allait souvent en Italie et qui sans doute avait visité Florence dans quelqu'une de ses excursions transalpines, La Pierre ne prit racine nulle part. Vers la fin de juin 1642, après avoir fait le service de musique, ballets et comédies aux États de Languedoc, après avoir très probablement eu occasion de se lier à Narbonne avec les Béjart et Molière lui-même, qui était à la suite de Louis XIII comme tapissier-valet de chambre en remplacement de son père, La Pierre dut séjourner encore avec les Béjart, puis Molière aussi, à Montfrin, près de Nimes, quand le Roi s'y arrêta pour voir Richelieu, qui faisait là une saison de bains. De Montfrin, le cardinal se rendit à Arles; et à Arles comme à Montfrin, les archives municipales portent trace du passage alors de comédiens qu'il semble bien difficile de ne pas identifier et confondre avec La Pierre et ses amis. Après le départ d'Arles, La Pierre alla-t-il à Florence ou à Turin? On perd sa trace; mais certainement il passa alors en Italie, et non moins positivement il était destiné à aller souvent à la cour de Savoie.

Les ballets français faisaient florès à Turin, où toute préférence était réservée aux troupes comiques françaises. Le comte Philippe d'Aglié, grand ami des artistes et à l'occasion lui-même poète de ballets (on lui doit le ballet de *Grisdelin,* qui eut un prodigieux succès en 1653), le comte Philippe d'Aglié était le surintendant des plaisirs de Leurs Altesses Royales, et il n'était pas homme, gentilhomme, veux-je dire, à faire petitement les choses. Les comédiens étaient largement payés et comblés de riches cadeaux. La Pierre fit à Turin de bonnes affaires. Les *Rimes redoublées,* de Dassoucy, nous ont conservé, quoique sans date, le souvenir d'une de ces pérégrinations et expéditions : on y peut lire le long « prologue » d'un

ballet dit par « les deux filles de La Pierre », « deux
Comtadines ». La Pierre excellait dans « les divertissements de cour », comme on disait. Pour donner une
idée de son incomparable talent musical et chorégraphique, Dassoucy, dans les *Amours d'Apollon et de
Daphné*, rappelle qu'Apollon, comme moyen irrésistible
de séduction, a recours à « la musique de La Pierre ».
Mais Daphné résiste à tout, et La Pierre et sa musique
galante n'y peuvent rien eux-mêmes! Le morceau est à
citer :

> Il a beau l'appeler son âme,
> Luy composer son anagramme,
> Luy présenter beaux affiquets,
> Belle guirlande et beaux bouquets,
> Beaux fruits et fleurs de rhétorique,
> *Luy faire entendre la musique*
> *De La Pierre et de Constantin,*
> *Luy mener le jeune Martin*
> *Et Monsieur Lambert son compère,*
> Cela ne lui profite guère,
> Non plus que les petits poulets,
> La comédie et les ballets...

Notez ces rapprochements et ces mises à niveau de
Constantin et de Lambert avec La Pierre. Comme avec
les comédiens de tout à l'heure, La Pierre sort du commun avec les musiciens. Et croyez que la seule amitié de
Dassoucy n'y met pas du sien outre mesure pour se permettre de telles comparaisons. Les succès de La Pierre
lui donnaient raison. Quant au « jeune Martin », c'était
un musicien faisant partie, en 1655, de « la troupe du
prince de Conti », c'est-à-dire de la troupe de Molière.

De rapides recherches, forcément incomplètes, dans

les archives communales des villes du Midi, n'ont pas permis de marquer toutes les étapes de « la bande de La « Pierre », en ces années de vie errante. Du moins on a pu, ou mieux, j'ai pu (car je suis le premier biographe de notre artiste) reconstituer l'ensemble général de ses itinéraires, et préciser quelques points d'arrêt essentiels. Les documents découverts suffisent pour caractériser et l'importance de l'entreprise de La Pierre, et le mérite qu'on lui reconnaissait, et les succès qu'il obtint, succès qui, en Languedoc, expliquent d'avance ceux de Molière.

Telle était la popularité de La Pierre, et telle était aussi l'estime dont l'honorait le maréchal de Schomberg, qu'on lit dans l'*Inventaire des archives municipales de Narbonne*, à la date du 4 février 1645 : « Double vote du conseil municipal : — 1° construction d'une galerie dans la grande salle de la maison consulaire, *sur l'ordre de Mgr le maréchal de Schomberg, afin que le monde qui ira entendre la comédie ne soit pas trop pressé;* — 2° autorisation à MM. les consuls de donner telle gratification qu'ils jugeront convenable à *la bande de La Pierre,* qui a accompagné les consuls le jour de leur élection et le lendemain à rendre les actions de devoir qu'ils avaient à faire à la chapelle de Saint-Just, aussi ayant *chanté* à leur messe de Saint-Blaise à La Major. » Cette délibération correspond à la tenue des États de Languedoc à Narbonne. Durant cette session, la troupe des comédiens « du prince d'Orange » donna des représentations aussi à Narbonne, à côté et peut-être même avec celle de La Pierre. En général, on trouve plus d'une troupe à ces réunions provinciales; mais pour les bandes survenantes, la permission de jouer était subordonnée aux convenances de « la troupe privilégiée ».

L'année suivante, les États siégèrent à Pézénas. Les archives des États font mention, aux dates des « 8 janvier et 6 février 1646 », de sommes assez considérables allouées « soit à la musique », soit, en spécifiant plus exactement, « à La Pierre et ses compagnons », qui figurent, entre autres actes de présence constatés, « à la messe des États », où ils ont « joué des hautbois et violons ».

Un article spécial « à la musique » était voté sur le chapitre des dépenses des États en session. La Pierre ne manquait jamais d'être là pour en profiter, soit avec une troupe ou bande composée d'avance, soit avec une troupe recrutée sur les lieux mêmes. Ainsi, en 1651, aux États de Pézénas encore, La Pierre était à la tête de « vingt-quatre compagnons de Pézénas et d'Agde ». Les maîtrises locales fournissaient d'excellents musiciens et chanteurs ; et ces maîtrises étaient obligatoires pour les villes du Languedoc : la province, je veux dire l'administration languedocienne, veillait rigoureusement à leur entretien et à leurs progrès, quand les consuls eux-mêmes se départaient de leurs devoirs de surveillance. Chaque chapitre était tenu d'avoir une « chapelle de musique », sous la responsabilité de « son syndic ». A Pézénas, par exemple, le 29 juin 1646, la municipalité avait mis en demeure le syndic du chapitre de compléter et reconstituer la chapelle de musique désorganisée, refusant d'admettre comme excuses valables « les subterfuges et faux-fuyants » invoqués en attribuant pour cause « aux absences, maladie ou peste ». On avait donc

là, toujours, sous la main, les éléments d'une société
musicale ou de chant. Lors du recrutement de la troupe
et de l'orchestre de l'Opéra, qu'on allait inaugurer en
France, Perrin, comme on sait, n'eut que l'embarras du
choix pour avoir des sujets incomparables. Dassoucy
parle dans ses *Aventures* des admirables voix qu'on
trouve dans le bas Languedoc et dont il n'existe nulle
part les égales en beauté. Tout ce pays est comme un
merveilleux Conservatoire. Le goût, la culture de l'art y
sont donc développés comme d'office : la nature, propice aux vocations, est secondée à souhait par le concours des populations et des autorités publiques. Cela
aide à comprendre l'immense force de propulsion qui
mit en jeu à un moment donné le génie de Molière,
quand après, ou plutôt avec La Pierre, il vint à son tour
se faire applaudir en ces parages.

C'est à Montpellier, durant la session des États de
1654-55, que Molière et La Pierre, d'après les données
jusqu'ici acquises, eurent pour la première fois l'occasion de s'associer. Ensemble, leurs troupes respectives
montèrent le *Ballet des Incompatibles,* où ils figurent l'un
et l'autre en personne et en nom. Mais il faut compter
que des recherches plus actives et plus heureuses éta-
bliront la preuve prochaine de l'association des deux
artistes à une date antérieure. L'un et l'autre, ils étaient
positivement aux États de Pézénas. Ne pouvant s'exclure,
ils durent s'entendre. Quelque document le démontrera
aussi péremptoirement sans doute que pour Montpellier.
Ici, nulle équivoque sur leur union coopérative. Ils parti-
cipent à une même représentation. Dans la première partie du *Ballet des Incompatibles,* la première « entrée » in-

combe à La Pierre, personnifiant « *la Discorde* ». Les vers
« d'application » qui le concernent sont même fort signi-
ficatifs...

> En me voyant si bien *danser*
> Et charmer par *mes airs* l'esprit le plus sauvage,
> On peut dire sans m'offenser
> Que je fais mal mon personnage.

Rappelez-vous la scène du maître de musique et du
maître à danser du *Bourgeois gentilhomme*. L'idée dans
le ballet et dans la comédie n'est-elle pas absolument la
même? La danse est pour les hommes le moyen d'éviter
« les mauvais pas » dans les affaires; la musique est pour
les hommes le plus sûr moyen « de s'accorder »; et *la
Discorde* n'est-elle pas « l'incompatibilité » absolue de la
danse et de la musique par définition comique? Notez
cette particularité qui a son prix : c'est le même La
Pierre, ici présent sous les traits de la Discorde, qui, en
1670, reparaîtra dans le ballet du *Bourgeois gentilhomme*.
N'y a-t-il là aucune corrélation d'origine entre le quatrain de l'entrée et la scène de la comédie? Je me borne
à l'indiquer.

A la fin de la session des États à Montpellier se rat-
tache un acte authentique, qui marque et précise mieux
encore que le *Ballet des Incompatibles* lui-même le séjour
de La Pierre dans cette ville. Je tiens de l'obligeance du
savant bibliothécaire de Montpellier, M. Gaudin, à qui
les études moliéresques doivent déjà beaucoup, la com-
munication d'un baptistaire inédit daté de mars 1655, et
où il est dit que « Louise, fille de M. La Pierre et de
Mlle Vellas », a pour parrain « Jacques de Roquelaure,
marquis de Lavardin », pour marraine, « Louise de

Caboy, baronne de Fabrègues ». Le baron de Fabrègues et le marquis de Lavardin figurent dans le *Ballet des Incompatibles*. Louise de Caboy ou de Cavoye est une des nombreuses filles de la célèbre Mme de Cavoye, femme d'honneur de la Reine, et dont Tallemant des Réaux et les mémoires du temps parlent souvent et beaucoup. Elle était la sœur de M. de Lort-Sérignan, ami personnel du prince de Conti. C'est même très positivement dans l'hôtel d'un autre gendre de cette dame, « l'hôtel de M. d'Alfonce », que l'année suivante, durant les États tenus à Pézénas, le prince de Conti fera « jouer la comédie » par Molière et sa troupe. Les points de contact par les personnes du même entourage sont, comme on voit, nombreux, fréquents et probants. Quand il s'agira, ailleurs, d'établir l'identité des personnages mentionnés dans le livret du *Ballet des Incompatibles*, ce baptistaire apportera un témoignage décisif et qui coupera court à toute équivoque sur « le marquis de Lavardin ». On ne confondra plus désormais, comme l'ont fait Paul Lacroix, Eugène Despois, Louis Moland, et comme on m'a reproché à moi-même de l'avoir fait en les citant sans contrôle, on ne confondra plus, dis-je, « Jacques de Roquelaure, *marquis de Lavardin* », avec son homonyme du Mans.

Mais ne quittons pas cet acte de baptême sans une dernière constatation. Qui est-ce que cette « demoiselle de Vellas », femme de La Pierre? On ne sait trop, et peut-être la négligence mise à orthographier les noms (Caboy pour Cavoye) n'est-elle pas faite ici pour simplifier la solution de ce petit problème onomastique. Sauf erreur, je crois que cette « demoiselle de Vellas » était une fille de Jacques Veillar ou Vellar, qui, comme La Pierre, organisait des divertissements de cour. C'est Jacques Veillar qui, en 1646, dansa « devant Mgr le comte de Mont-revel, à Bourg-en-Bresse », le « Ballet sur le subiet des Ambassades au roy de France par les princes Chrétiens intéressés en la guerre des Turcs ». Ce ballet, que je n'ai trouvé cité ni signalé nulle part, m'a été révélé par les manuscrits de Samuel Guichenon, déposés à la bibliothèque de l'École de médecine de Montpellier. Ces indications, les seules possibles actuellement, suffiront peut-être pour mettre sur la voie les érudits en quête d'informations définitives. Là où les renseignements font défaut pour l'histoire du théâtre en province, rien de ce qui peut suggérer une piste à suivre n'est de trop peu d'importance. Je ne voudrais pas en abuser pour mon compte, et cependant, soit dit en passant et pour mon excuse, je sais par expérience personnelle qu'il en a fallu moins que je n'en dis sur la femme supposée de La Pierre pour arriver à des résultats d'un incontestable intérêt. Ne perdons jamais de vue que les fort nombreuses troupes de comédie, de danse et de musique qui exploitaient les provinces au milieu du dix-septième siècle, se coudoyaient, s'alliaient sans cesse, et que la fusion de leurs entreprises avait pour corollaire souvent l'union en légitime mariage des artistes qui composaient leur personnel respectif.

A la veille de la clôture des États de Montpellier, « le 13 mars 1655 », « la musique », dirigée par La Pierre, obtint une allocation de « 3,000 livres ». L'année précédente, à Montpellier aussi, elle avait touché même somme. Les députés du Languedoc semblaient trouver cette dépense onéreuse. Ils prirent une décision en vertu de laquelle, par mesure d'économie, « à l'avenir on ne se servirait plus de musique que le jour de l'ouverture des États, le jour de la procession et pour chanter le *Te Deum*, et qu'à cet effet on n'en employerait point d'autre que celle qui serait dans la ville où les États se tiendraient ». Mais cette décision ne fut pas appliquée, et l'ancien usage prévalut encore et toujours. Non seulement La Pierre et ses compagnons obtinrent leurs indemnités accoutumées, mais des maîtres de musique nouveaux bénéficièrent des dispositions toujours libérales de « messieurs des États ». Parmi les pièces de comptabilité relatives aux dépenses artistiques, on me saura gré sans doute de relever et relater la suivante :

« *Nous soussignés avons receu de monsieur Le Sec, tresorier de la bourse des Estats de la province du Languedoc, la somme de deux cens livres qui nous a esté accordé pour avoir fait chanté* le Te Deum laudamus *à la bénédiction des Estats. A Pézenas, ce vingt-troisième febvrier mil six cent cinquante-six.*

« JOUVÉ.   PALADILHE. »

Ce dernier nom est à remarquer. C'est apparemment un aïeul de l'auteur de *Patrie,* qui descend en effet d'une lignée d'anciens maîtres de musique.

M. L. Lacour de La Pijardière, archiviste de l'Hérault, a découvert un autographe de Molière sous forme d'un reçu de « six mille livres », délivré au même trésorier Le Sec — un poète à ses heures — et portant la date du « 24 febvrier ». Cette découverte, qui remonte à 1873, a été suivie en décembre 1885 d'une nouvelle de même nature et qui semble mettre fin aux doutes et suspicions

dont le premier reçu était l'objet. Ce second autographe
atteste la présence de Molière à Pézénas, « le 17 décembre 1650 ». Il m'appartient moins qu'à personne d'insister jusqu'à plus ample informé sur l'authenticité de ce
document, attendu qu'il est venu, comme à point nommé,
confirmer absolument une de mes conjectures. Deux
années auparavant, j'avais en effet supposé, cru et écrit
que Molière avait assisté aux États de Pézénas de 1650-51.
Tous ces faits se corroborent mutuellement. En général,
durant une période de près de dix ans, quand La Pierre
est en Languedoc, Molière n'est pas loin; et c'est cette
corrélation de leurs marches et mouvements qu'il est
utile de connaître à l'avenir. Mais encore convient-il de
ne pas s'imaginer qu'ils n'aient point leurs coudées fran-
ches et leurs itinéraires distincts après une campagne
commune aux États. On se tromperait. Les villes où
siège l'Assemblée du Languedoc sont leur point de ral-
liement, voilà tout. Parfois, ils s'y rendent l'un avant
l'autre : c'est ce qui leur arriva justement à Béziers à la
fin de 1656, et c'est ce qui va nous permettre de résoudre
une question longtemps controversée par les moliéristes,
question importante à leurs yeux, et qui a provoqué une
infinité d'hypothèses, où la sagacité des érudits s'épuise
en combinaisons ingénieuses. J'arrive au fait. La Pierre
a un rôle ici.

« Les États de Languedoc s'ouvrirent, en cette année
1656, à Béziers, le 17 novembre, écrit M. Louis Moland,
dans le tome Ier de sa nouvelle édition des œuvres de
Molière (page 105). Le comte de Bioule[1] avait reçu com-

---

[1] Ici, M. L. Moland met cette note que je transcris : « La Grange
dit *Bioule*. M. Despois a corrigé *Bieule*. M. A. Balaffe maintient

mission du Roi pour la convocation et la direction des débats. Entre ce 17 novembre et la fin de l'année, Molière fit représenter sa deuxième comédie : *le Dépit amoureux*... » Passons une page ou deux et reprenons l'exposé de la situation, interrompu par des explications étrangères au sujet qui nous occupe. On lit encore, page 107 : « Messieurs des États se montrèrent peu sensibles à la bonne fortune que le poète leur avait ménagée. Ils paraissent avoir eu de l'humeur de la libéralité de six mille livres faites aux comédiens à la fin de la session précédente sans les consulter. Ils saisirent la première occasion de faire sentir à ceux-ci que leur protecteur n'était plus là. Le procès-verbal de la séance du 16 décembre 1656 contient le paragraphe suivant : « Sur les plaintes qui « ont esté portées aux États par plusieurs depputez de « l'Assemblée, *que la trouppe des comediens quy est dans* « *la ville de Béziers* faict distribuer plusieurs billets aux « depputez de cette compaignie pour les faire entrer à la « comédie sans rien payer, dans l'espérance de retirer « quelque gratification, a esté arresté qu'il leur sera no- « tifié par Loyseau, archer des gardes du Roy en la pré- « vosté de l'hostel, de retirer les billets qu'ils ont distri- « bué et de faire payer, si bon leur semble, les depputez « quy yront à la comédie, l'Assemblée ayant résolu et « arresté qu'il n'y sera faict auculne considération et

Bioule. » Depuis, M. de La Pijardière a certifié *Bioule*, en alléguant la signature même du personnage en cause. Il n'en est pas moins vrai que le nom de la terre patrimoniale de ce personnage fut et est toujours *Bioule*. Mazarin, Louis XIV écrivent *Bioule*. La *Gazette* dit *Bioule*, etc. La Grange écrivait donc selon le plus commun usage ; et quand tout le monde a tort, tout le monde a raison. Au demeurant, *Bioule* est la prononciation méridionale.

« deffendu par exprès à messieurs du bureau des comptes
« de directement ny indirectement accorder auculnes
« sommes, ny au trésorier de la bourse de les payer, à
« peine de pure perte et d'en respondre en son propre
« et privé nom. »

Cet incident est commenté par tous les moliéristes; en
s'accordant tous à croire et à dire qu'il s'agit de la troupe
de Molière, aucun ne parvient à s'expliquer un si outra-
geant procédé envers un homme que les États ont jusque-là comblé d'égards. Comment concilier cette attitude,
cette conduite des États et l'oubli des injures chez Molière, qui n'en donnerait pas moins à ces messieurs la
première représentation du *Dépit amoureux?* Comment
comprendre ensuite que « le 15 avril » suivant, ces
mêmes députés si ladres allouent encore à Joseph Béjart,
camarade de Molière, « cinq cents livres » pour l'hommage de sa deuxième partie des *Tiltres, quallitez,
armes,* etc., des *barons de Languedoc?*

L'hypothèse qui voit Molière en cause dans l'affaire
des billets dédaigneusement refusés et renvoyés étant
toute gratuite, il n'est pas invraisemblable qu'elle soit
erronée. Elle est fautive, en effet. Non seulement rien
ne prouve que Molière fût alors à Béziers, non seulement
rien n'établit que s'il avait été à Béziers le 16 décembre,
il eût pu être l'objet d'une pareille avanie; mais, au
contraire, il appert d'une pièce de comptabilité municipale de Béziers qu'en novembre et décembre « *la*
troupe de comédiens » jouant en ville n'était autre que
celle de notre La Pierre, qui, comme je l'ai plusieurs fois
précisé, donnait à la fois des comédies, des ballets et
des exécutions musicales. Ce document inédit, que j'ai

découvert dans les liasses des *ordonnances et mandements*
des consuls au receveur des deniers communaux, porte,
à la date du 1er *janvier* 1657, que « M. Jacques Vala-
don, clavaire de la maison consulère de Béziers en la
présente année », est autorisé à « allouer, aux comptes
et déduits de sa recepte », la somme de « 24 livres » qu'il a
« payée par leur ordre au sieur La Pierre Davignon (*sic*),
M⁰ joueur de violon, et à ses compagnons au nombre de dix,
marché faict avec eux, pour avoir joué le jour et feste de
Sainct André dernier », devant les consuls, « lors de la
prestâon du sereman » à leur entrée dans leur charge.

Évidemment, du jour de « Saint-André » (30 novembre
1656) au « 1er janvier 1657 », *la troupe* de « La Pierre
Davignon » est à Béziers. Au « 16 décembre », *la troupe*
de comédiens qui est dans cette ville n'est donc pas celle
de Molière : cela ferait deux troupes, et il s'agit d'une
troupe unique dans l'ordre signifié par les États. La
question est tranchée et tirée au clair sans équivoque
possible. Molière est hors de cause absolument.

Que Molière arrivât à Béziers du 16 au 31 décembre,
c'est possible. Que La Pierre l'y attendit et lui gardât
en quelque sorte la place, c'est possible encore. Reste à
savoir si le *Dépit amoureux* fut représenté dans cette seconde quinzaine de décembre 1656, comme tous les
moliéristes l'ont cru et moi aussi, ou bien si le *Dépit amoureux* ne fut réellement joué que durant le carnaval de
1657, comme je commence à le croire. Mais ce débat
n'est pas à vider aujourd'hui; et je m'en tiens à la conclusion qui nous importe. La présence de La Pierre à
Béziers est constatée par un document authentique, et
d'après les termes de l'ordre des États, à la date du

16 décembre, cette présence exclut celle de Molière.
Voilà qui est net et formel.

Sans doute, le passé, la réputation, le talent applaudi
de La Pierre méritaient des ménagements qu'on s'étonne
de lui voir refuser. Mais, d'abord, qu'était sa personnalité en comparaison de celle de Molière déjà célèbre? Et
puis, disons tout, quel que fût son mérite, La Pierre n'y
regardait pas toujours de près pour le racolement de sa
troupe : il prenait un peu de toute provenance et de
toute main. Dans le *Théâtre de Béziers*, le bohème
« Gazette », qui se déclare échappé de sa « bande » et
qui offre aux Biterrois de rester à leurs gages comme
« le farceur » en titre de la ville, ce bohème ne donne
pas une haute opinion de la sévérité qui préside au choix
des collaborateurs de La Pierre. Il était peut-être en
malechance passagère. Enfin, n'avait-il pas, en novembre,
Dassoucy dans ses rangs? Dassoucy avait eu, quelques
mois auparavant, des démêlés tristement fameux avec
les dames de Montpellier. Il est vrai, l'évêque de Béziers
le reçut à sa table pendant son court séjour à Béziers,
en ce mois de novembre et peut-être durant les premiers
jours de décembre; mais les sympathies de l'évêque ne
pouvaient rien pour le remettre dans la bonne grâce de
messieurs des États, qui lui tenaient rigueur. La Pierre
subit peut-être les conséquences de ce compromettant
voisinage!

...Nous en resterons là de cette notice biographique.
La Pierre nous échappe désormais, non qu'il disparaisse
à nos yeux, non qu'il nous soit trop difficile de le suivre
dans ses pérégrinations en Languedoc encore, et surtout
en Italie, en Savoie, mais nous ne le retrouvons plus

dans le cercle des amis de Molière jusqu'au jour de son enrôlement dans la troupe de l'Opéra. Notre dessein était de le montrer à l'œuvre sur le terrain, dans le milieu même où Molière préparait son avenir et accomplissait le noviciat de son génie et de sa gloire. C'est, avant tout, l'histoire de leur camaraderie artistique que nous voulions raconter, mettre en lumière, sinon en relief.

Au bas de la statue du grand homme, sur le socle du poëte immortel, l'esquisse légère d'un médaillon représentant la vague effigie, le maigre profil d'un ami, d'un compagnon des années de jeunesse, pouvait n'être pas déplacée. Je viens de l'essayer : c'est fait et c'est tout!...

LES
MENUS PLAISIRS ROYAUX

A TURIN

AU DIX-SEPTIÈME SIÈCLE

Une étude historique, complète et pittoresque, exacte, colorée et vivante, des spectacles de théâtre, comédies et ballets, des divertissements de cour, bals, ballets et « concerts chromatiques », selon le style d'alors, constituerait, à coup sûr, un des plus curieux chapitres, aussi instructif qu'intéressant, des annales dramatiques au dix-septième siècle. Elle est à faire, cette étude. J'en trouve les éléments un peu partout ; j'en vais rassembler quelques traits rapides, — bornant mon ambition à suggérer à quelque érudit doublé d'un lettré et d'un artiste (on en rencontre) l'idée et le dessein de l'entreprendre et de l'écrire avec honneur et avec succès.

I

L'avènement de Charles-Emmanuel II, fils de Victor-Amédée et de Christine de France, marque, dès 1637, l'inauguration d'une série de fêtes artistiques d'une incomparable magnificence. Aucune cour royale d'Europe ne déployait plus d'éclat, de luxe et de goût dans les réjouissances de ce genre. La tradition piémontaise, jusque-là sobre de plaisirs et de dissipations élégantes et mondaines, après avoir subi l'influence charmante et gaie, légèrement gauloise au bon sens du mot, de la fille de Henri IV, femme d'esprit ouvert et joyeux comme le Béarnais, la tradition piémontaise s'émancipant entra dans une phase de glorieuse splendeur. Pendant près de quarante ans, on eut là comme le prélude et comme la répétition générale, sur une scène moindre, du siècle de Louis XIV en incubation. Turin fut un foyer rayonnant d'art, de poésie et de grâce. L'Italie mélodieuse et raffinée y donnait rendez-vous à la Gaule d'hier, à la France de demain qui, vaillantes et brillantes, moitié rieuses et moitié sérieuses, étaient déjà prêtes pour les suprêmes dominations du génie. A Turin s'accomplissait l'alliance des deux civilisations; — et comme si l'instinctif pressentiment des grandeurs futures déterminait les préférences intellectuelles de la société savoisienne, c'est aux œuvres d'origine française que ses sympathies, de plus en plus vives, s'attachèrent avec une sorte d'irrésistible élan.

Charles-Emmanuel II tenait de son aïeul Henri IV par
la générosité d'un cœur chaud et par les familières ron-
deurs d'un esprit libre et libéral. Il attirait historiens,
savants, poètes, musiciens, comédiens, chanteurs, tout
le personnel d'illustrations que ses faveurs pouvaient
grouper autour de son trône. Le jeune prince,

> Prince des bons et roy des beaux,

comme l'appelle Dassoucy, ne cessa de s'en montrer le
protecteur éclairé et l'ami sincère et dévoué. Samuel
Guichenon a la charge d'historiographe de Son Altesse;
et l'on doit à une première mise en pratique de ce titre
et de cette fonction cette copieuse et si savante *Histoire
de la Bresse et du Bugey*, un des monuments de notre
érudition provinciale. Le généalogiste Chorier est invité
à travailler, à concourir à l'histoire de la maison de
Savoie confiée à son ami Guichenon. L'admirable icono-
logiste Ménestrier, l'un des hommes les plus experts de
l'époque en matière d'esthétique décorative, de tournois,
de carrousels, de chorégraphie, et dont les ouvrages
sont cités en France et partout comme des modèles du
genre, n'est nulle part plus « recherché et chéri » qu'à
la cour de Turin : aussi, mieux que personne initié aux
fastueuses merveilles des « ballets » représentés au palais
de Leurs Altesses Royales, le P. Ménestrier est-il demeuré le plus précis et le plus précieux des chroniqueurs
de cette cour. Ses doctes volumes abondent en relations
et descriptions de mainte fête superbe, dont le souvenir
se fût peut-être, trop promptement et à tort, effacé de
la mémoire publique. Son talent et son autorité ont
consacré historiquement des faits dignes d'échapper à

12

l'oubli, parce qu'ils sont à l'honneur du milieu où ils se sont produits et à l'honneur de l'art français dans ses manifestations à l'extérieur et dans telles de ses formes les plus originales et les plus séduisantes.

Le compte rendu seul des « ballets » à la cour de Savoie est un trésor de renseignements et d'enseignements pour l'histoire de notre inimitable mondanité nationale. Joies et jeux, tout sert de prétexte aux essors éclatants d'une chevaleresque distinction. Et, chose à noter, parfois mieux même qu'à la cour de France, la noblesse de nos qualités toutes françaises se manifeste à Turin dans son cadre lumineux et doré. Turin anticipe sur Versailles. L'âpre climat des Alpes n'est pas contraire et semble propice à souhait aux belles éclosions de la grâce et de l'élégance, ces fleurs parisiennes. On a, au dehors, comme une secrète intuition et comme une notion officielle de cet état particulier; et Louis XIII, qui n'a pas l'humeur à plaisanter, trouve tout naturel et tout simple d'envoyer un jour en ambassade en Piémont un des ordinaires de sa chambre de musique, le fameux Berthold, maître de chant et de violon. La musique? elle est adorée à Turin, et non pas l'exclusive musique italienne, la seule que la France paraisse reconnaître et connaître. Non. Les premiers essais d'opéra français, avant que M. de Sourdéac en prenne l'initiative, auront une scène et des auditeurs dans un royal château piémontais. Dix ans avant de tenter l'aventure de la fondation de l'Opéra, Perrin, que les dons et les bienfaits attachent à la maison de Savoie, aura déjà offert à ses hôtes princiers l'hommage de ses premiers vers et des prémices de son industrieuse activité de novateur.

La comédie française, avant la musique vaguement française, eut ses grandes entrées et ses solennelles assises à la ville et à la cour de Turin, avec d'autant plus d'éclat qu'on y professait la plus ardente passion du théâtre. En 1629, Beltrame, l'auteur de l'*Inavvertito* que Molière allait imiter dans l'*Étourdi*, avait joué et publié à Turin sa pièce, alors nouvelle et bientôt fameuse. Mais ce n'était là qu'un événement sans conséquence, au point de vue des destinées prochaines réservées à l'art et aux artistes français. Le choix d'une troupe dramatique au service de Leurs Altesses ne se porta désormais qu'accidentellement, — et sans préjudice des acteurs ordinaires et privilégiés, — sur des troupes italiennes de passage. Invariablement, les comédiens français restèrent maîtres de la position. Recrutés parmi les plus renommés et les plus habiles, ils formaient une compagnie d'élite et qu'on plaçait hors de pair. La surintendance des beaux-arts veillait avec un soin jaloux et à tout prix à ce que le prestige et la réputation de cette troupe exceptionnelle ne fussent éclipsés par aucune concurrence étrangère. Soit pour la supériorité de l'exécution, soit pour la nouveauté des pièces, soit encore pour les innovations dont les décors étaient susceptibles, rien ne coûtait au zèle toujours en haleine, toujours intelligent et diligent du groupe d'amateurs qui présidaient à l'administration des menus plaisirs. Ces amateurs étaient des gentilshommes de grande marque, tels que les d'Aglié, les Pasturel, les Turville, les Thévenot, les Pallavicin, les Truchy. Ils se tenaient incessamment au courant à tous les progrès de l'art dramatique, interrogeant les voyageurs et les comédiens nomades qui

venaient de l'étranger, entretenant des rapports con-
tinuels avec le monde des théâtres parisiens et avec les
auteurs célèbres, bref, ouvrant une enquête perpétuelle,
en vue de n'être jamais en retard pour rien ni sur personne. L'émulation qui semblait exister alors entre les
troupes du prince d'Orange, du duc de Brunswick, de
l'électeur de Bavière, du prince de Condé, du duc
d'Épernon et la troupe du duc de Savoie ne trouva
jamais en défaut leur sollicitude passionnée pour tout
ce qui avait trait à la scène. Sous ce rapport, Truchy,
à qui Chappuzeau a dédié son *Théâtre français* et que
Dassoucy célèbre en style hyperbolique :

> Grand Truchy, de nos jours le miracle étonnant!

Truchy payait de sa personne et de la bourse de son
maître avec une libéralité qui justifie l'enthousiasme
qu'il excitait chez les comédiens et les poètes. Il avait
« les finances » de Charles-Emmanuel II, et au besoin il
y eût mis du sien ; mais fêtes et ballets ne devaient rien
laisser à désirer.

Quand Madame Royale, Christine de France, ne voulait pas laisser ignorer à un artiste la satisfaction personnelle que lui avait causée son mérite, elle intervenait
à son tour par de riches dons, aux frais de sa cassette
particulière ; et c'est M. de Surville qui distribuait ces
nouvelles largesses gracieuses, dont le secret n'était
trahi que par la gratitude exaltée de ceux qui en étaient
l'objet. Surville s'entendait à ces bons offices ; son tact,
sa courtoisie aimable et obligeante ajoutaient à la valeur
parfois considérable du cadeau royal. Il n'était pas, en
ce temps-là, jusqu'à « M. de Pallavicini » ou Pallavicin,

l'opulent grand seigneur, qui, jeune et ne comptant pas,
ne déployât l'ardeur généreuse d'un véritable ami des
artistes. Plus tard, la vieillesse venue, il fut, paraît-il,
moins prodigue et plus regardant à la dépense. Plaçons
ici une anecdote sur ce personnage, afin de marquer
l'originalité des types et la différence des temps.

Donc, comme on l'a dit, Pallavicini changea de
manières en vieillissant. Gourville raconte que se trouvant avec le marquis de Sillery, à Anvers, ils allèrent
ensemble rendre visite à l'ancien ami des arts, considéré
alors comme « un des hommes du monde les plus riches
et qui n'en était pas persuadé. En nous montrant, dit
Gourville, un cabinet à côté de sa chambre, il nous fit
entendre qu'il y avait là pour cinq cent mille livres de
barres d'argent, qui ne lui rendaient pas un sol de
revenu ; qu'il avait cent mille écus à la banque de
Venise, qui ne lui donnaient pas trois pour cent ; qu'il
avait à Gênes, d'où il était, quatre cent mille livres,
dont il ne tirait guère plus d'intérêt, et il finissait toujours en disant que cela ne lui rapportait pas grand'-
chose. Après que nous fûmes sortis, M. le marquis de
Sillery m'avoua qu'il avait peine à croire ce qu'il avait
vu et ce qu'il venait d'entendre. Il m'a dit quelquefois,
de plus, qu'étant revenu à Paris, il était fâché de n'avoir
pas donné cette scène à Molière pour la mettre dans sa
comédie de l'*Avare*. » Ce marquis de Sillery, à qui le
prince de Conti avait légué son écurie, l'ayant eu dans
sa maison, avait été le commensal de Molière en Languedoc, à la Grange des Prés. Il connaissait donc assez
le grand poëte comique pour avoir pu dire qu'il eût été
le bienvenu à lui communiquer le trait de mœurs ci-

dessus. Mais Molière savait sans doute à quoi s'en tenir sur Pallavicini. Il l'avait, sinon personnellement connu dans sa jeunesse, du moins connu par des amis communs, et entrevu. En ces années de liberté heureuse et vagabonde, où Molière courait tous les pays et où il n'est pas certain qu'il n'alla pas en Savoie, la figure de Pallavicini ne lui fut pas, je crois, bien étrangère. Pallavicini et lui avaient entendu parler l'un de l'autre. C'est bien pendant que le richissime Italien était à la cour de Savoie que Dassoucy y fit chanter par ses pages cette chanson composée « à Béziers » et dont Molière avait écrit « le premier couplet ». Je vais rentrer dans l'alignement de cette étude en citant ce couplet, qui a d'ailleurs l'intérêt d'un document biographique. Le voici :

Loin de moy, loin de moy, tristesse,
Sanglots, larmes, soupirs :
Je revoy la Princesse
Qui fait tous mes désirs !
O célestes plaisirs, doux transports d'allégresse !
Viens, mort, quand tu voudras,
Me donner le trépas :
J'ay revu ma Princesse !

A défaut de tout caractère poétique, ces mauvais vers ont du moins une signification. Ils attestent que dans l'entourage de Molière, et dans la pensée de Molière lui-même, Madame Royale revivait, inoubliable, comme l'idole des artistes. Peut-être Molière n'exprimait-il pas les sentiments d'autrui seulement dans ce couplet. Comment n'être pas tenté de le croire, quand on lit les circonstances dans lesquelles il fut chanté, circonstances rapportées par Dassoucy en ses *Aventures ?* La question d'un séjour de Molière à la cour de Savoie n'a

jamais été ni suggérée, ni posée. Ce n'est pas le cas de
la discuter incidemment ; mais elle est, d'ores et déjà,
de celles qu'il faut se préparer à résoudre. Et, quoi qu'il
en soit, tout comme Dassoucy, qui fit de fréquentes
visites à Turin, Molière eût été là en pays de connaissances.

Le comte Philippe d'Aglié, parent du comte de
Fiesque, était l'ami et quelque peu le collaborateur de
J. B. L'Hermite, camarade de Molière. L'*Aurore du bois
de Vincennes*, par J. B. L'hermite, est dédiée à « M. le
comte Philippe de S. Martin d'Alié » (*sic*) ; et cette
poésie est d'une époque où Molière et J. B L'Hermite
ne se quittaient guère, — l'époque unique où, comme
dans certaine épitre de Dassoucy encore « au duc de
Savoye », étaient réunis autour de ce prince « Thévenot et Surville », et où

Le seigneur de Pallavissain

ne s'était pas fait « ermite ».

En attendant que la vérité se dégage de ce réseau de
synchronismes singulièrement caractéristiques, en attendant que la biographie de Molière soit mise à même
d'exercer sur ces faits concordants ses reprises possibles,
et dès à présent plausibles, rattachons à quelques dates
positives des indications et des informations de nature
à accentuer certains points laissés dans l'ombre par les
traits généraux que nous venons de tracer.

II

D'ordinaire et par la force des choses, la comédie française, à Turin, fut ce qu'elle était à Paris et en province ; et pour mettre en relief des exceptions spéciales au répertoire courant d'alors, il faudrait opérer des recherches d'archives que nous avons dû différer. Les annalistes piémontais ont là du champ ; c'est à eux de nous révéler tôt ou tard les représentations de pièces nouvelles dont la cour de Savoie put avoir la primeur. Le répertoire parisien n'y était pas seul mis à contribution ; et, chaque troupe de campagne d'une réelle valeur ayant ses fournisseurs patentés, il ne serait pas invraisemblable que des ouvrages dramatiques restés ignorés dans la capitale de la France eussent vu brillamment le jour en Piémont. Le service que rendront les érudits qui voudront s'appliquer à des investigations en ce sens, pourra se traduire par deux sortes de résultats : 1° par l'exhumation de pièces, ou tout au moins de titres de pièces, demeurées en dehors du catalogue parisien d'après les recensements les plus étendus ; 2° par la découverte de pièces, ou de titres de pièces, de source provinciale, ayant pour auteurs des écrivains anonymes ou dédaignés, comme en vit éclore en plus grand nombre qu'on ne suppose la première moitié du dix-septième siècle. De toute façon, l'histoire de notre vieux théâtre y trouverait son compte.

Pour une autre partie de l'art dramatique alors intimement liée à la comédie, pour les « ballets », le répertoire banal ou resté inédit n'est plus celui sur lequel les historiographes de la cour de Savoie aient à faire fond. Ces divertissements ne furent plus ceux de tout le monde ni des autres cours. Ils furent un produit particulier du cru. On les composa sur commande, pour des circonstances déterminées, et rarement on recourut aux emprunts. Quand on prit ou reprit un ballet déjà représenté ailleurs, c'est qu'on voulait multiplier les modes d'agrément et doubler le plaisir : mais on avait toujours un ballet écrit exprès pour la cour. A commencer par l'année même où Charles-Emmanuel II (sous la tutelle de Christine de France) succéda à son père Victor-Amédée et ouvrit une ère nouvelle pour le théâtre à Turin, la nomenclature des ballets est longue, et glorieuse, et variée, malgré les lacunes inévitables! La liste dorée débute par le *Théâtre de la gloire* (1637) ; et l'on voit se succéder : la *Bataille des vents* (1640), le *Ballet des alchimistes* (même année) ; l'*Orient en guerre avec l'hiver* ; l'*Hermione pastorale* (1645), pour la naissance de Madame Royale, « par le prince Maurice » ; les *Tributs de la mer* (1646) ; les *Conquérants libres et captifs* (1647) ; les *Prières exaucées* (1650) ; et le *Grisdelin* (1653) ; et l'*Entretien champêtre des chasseurs* (1656), etc., etc.

Les princes étaient poètes à l'occasion. Conrart a recueilli de leurs sonnets dans ses fameux *Manuscrits*. A défaut d'un auteur, d'un librettiste à gages, Philippe d'Aglié prenait le parti de s'en mêler ; et il y réussissait autant que quiconque. Le P. Ménestrier cite le ballet de *Grisdelin* comme un modèle ; et le fait est que l'invention en est poétique ; les allégories prêtent aux plus exquis développements, aux décors les plus pittoresques. C'est l'œuvre d'un homme d'imagination. L' « idée » en est ingénieuse ; vous allez en juger :

« L'Amour, qui a toujours un bandeau sur les yeux, s'ennuie d'être aveugle ; il appelle la Lumière et la prie de se répandre sur les astres, sur le ciel, sur l'air, sur l'eau, sur la terre, sur toutes choses, afin que, leur donnant un nouvel éclat et mille beautés différentes par la variété des couleurs, il puisse choisir celle qui lui agrée le plus. Junon, qui est la déesse de l'air, pour satisfaire les désirs de l'Amour envoie Iris sa messagère étaler dans l'espace ses couleurs en plusieurs bandes. L'Amour considère ces couleurs et choisit le *Grisdelin* comme la couleur la plus belle et la plus parfaite, et veut qu'elle signifie un amour sans fin, faisant de cette couleur la devise de cet amour constant qui persévère toujours. Il ordonne en même temps que les campagnes en parent les fleurs, que les pierreries en brillent, que les oiseaux la portent en leur plumage, et que l'on en fasse dans le monde des ornements d'habits. »

Le gris de lin était la couleur de Mme Christine de France. Les flatteries les plus délicates avaient là moyen de s'insinuer en mille combinaisons et par mille artifices. Et pour prolonger au delà de la pièce l'enchantement féerique des figurants, la gracieuse princesse leur offrait, comme un présent des dieux, ces « pierreries » qu'on n'avait supposé d'abord en scène que pour la beauté de la fable. Ne vous étonnez pas, après cela, des métaphores dithyrambiques de Dassoucy, comparant la princesse environnée de plusieurs autres princesses et de plusieurs dames de qualité, à « un soleil parmi les estoiles ».

Le *Ballet de Grisdelin* fut donné « le dernier jour du carnaval de l'an 1653 ». Or, il convient de faire remarquer, si l'analyse n'a pas permis de le constater déjà, que malgré la coutume générale de représenter, en carnaval, des figurations chorégraphiques d'une outrageuse privauté de ton et de tournure, les convenances parfaites sont respectées absolument sans que le divertissement y perde de son attrayante gaieté. A la cour de France, on fut long à s'habituer à une pareille réserve. Les plus grossières gravelures n'offensaient personne; tout se disait dans ces vers d'application qu'on introduisait, en forme d'épigrammes, sur les personnages participant à l'action. « C'est en cet endroit, dit le P. Ménestrier, que les poètes se donnent souvent la liberté de faire des allusions peu honnêtes et de publier des vers qui sentent la licence des anciennes saturnales. » Ces vers sont là comme les devises dans les carrousels. « On a voulu par ce moyen découvrir des passions secrètes et les faire connaître aux personnes pour qui on entreprenait et ces courses et ces danses; et comme la plupart de ces fêtes se font ou pour des mariages, où l'on ne renouvelle que trop souvent les libertés de la poésie païenne en de pareilles occasions, ou au carnaval, qui est un temps de débauche, on s'est permis en ces rencontres ee qui ne doit jamais être permis quand on a de la pudeur... » Deux ans après le *Ballet de Grisdelin*, dans le *Triomphe de Bacchus,* où figure le jeune Louis XIV, on n'est pas médiocrement écœuré de trouver des vers d'application dans le goût de ce quatrain, un des moins

obscènes encore de ceux qu'on adresse « aux demoiselles » :

> Il n'est pas malaisé d'acquérir nos offices,
> Et pour y parvenir le chemin en est doux;
> Mais vous ne sauriez mieux vous adresser qu'à nous,
> Si vous voulez apprendre à devenir nourrices...

Passe encore quand les ballets licencieux ne sortaient
pas de leur domaine naturel, le théâtre, pour envahir,
après le salon, l'église elle-même! « Les Portugais ont
des ballets ambulants qui se dansent dans les rues d'une
ville et vont en divers lieux, avec des machines mobiles
et des représentations. Ils les font aux fêtes des saints et
en leurs plus grandes solennités. » L'Espagne ne craint
pas de mêler le grotesque le plus inouï aux cérémonies
religieuses. Il faut lire une lettre de Montreuil, secrétaire de l'archevêque d'Aix, sur une procession du Saint
Sacrement à Saint-Sébastien. Je cite :

« Je vis passer d'abord environ cent hommes habillés
de blanc, *dansant* avec des épées et des sonnettes aux
jambes, chaque bout d'épée dans la main gauche de son
camarade. Après cela *dansaient* cinquante petits garçons
avec des tambours de basque, et ceux-là et ceux-ci avec
des masques de papier et de parchemin ou des tavaïolles
à claire-voie. Ensuite marchaient sept figures de trois
rois maures, chacun sa femme derrière lui et un Saint-
Christophe, le tout de la hauteur de deux piques, de sorte
qu'on voyait *des têtes grosses comme un demi-muid qui
allaient de pair avec les toits... Dix ou douze petites et
grosses machines suivaient pleines de marionnettes.* Entre
autres, je remarquai *un dragon gros comme une petite*

baleine, sur lequel sautaient deux hommes avec des postures si extravagantes qu'ils semblaient être des possédés. Enfin, l'évêque parut avec le Saint Sacrement, quatre seigneurs portaient le dais. Le Roi suivait, et on ne pouvait dire qui marchait plus gravement, ou celui qui portait Notre-Seigneur, ou Philippe IV. » Ce dernier détail date la lettre : « Les cours d'Espagne et de France voisinaient alors dans les Pyrénées pour la conclusion du mariage de l'Infante avec Louis XIV, qui, l'année précédente, avait été sur le point d'épouser sa cousine, la princesse Marguerite de Savoie. »

C'était le temps où un poëte voulait mettre la « Passion de Jésus-Christ en vers burlesques », et où cela pouvait se réaliser sans paraître énorme. La cour de Turin avait le bon goût de ne pas donner dans ces folles exagérations du ridicule. On n'y était point prude et collet monté, à coup sûr; mais on se tenait à l'écart des indécences. La galanterie y florissait sans gêne comme sans excès.

Les bontés de Madame Royale pour Dassoucy accusent assez qu'on ne s'y piquait pas d'une intolérante bégueulerie. La faveur dont il avait joui auprès de Louis XIII et dont l'honoraient encore les plus grands seigneurs de France servait de recommandation à « l'empereur du burlesque ». Dassoucy avait écrit la musique de l'*Andromède* de Corneille, et l'on aimait à s'en souvenir à Turin; il avait un réel talent « de jouer de luth en comédie », et l'on en tenait compte, on en faisait cas volontiers; surtout, on attachait du prix à divers prologues pour ballets dont il était l'auteur, et tant que le poète s'observait en ses jeux poétiques, on lui en savait gré. Un moment même, Dassoucy put se croire au comble de ses vœux; il espéra, il eut toute raison d'espérer finir ses jours comme pensionnaire des ducs de Savoie. Les cadeaux abondaient en récompense ou de ses vers ou de sa musique. Mais Dassoucy était incapable de ne pas lasser les meilleures amitiés et de ne pas abuser de la bienveillance qu'on lui témoignait. Un jour, cela devait arriver, Dassoucy s'oublia; il fit chanter « au petit coucher » de la princesse un air dont les « paroles équivoques » lui firent infliger son congé immédiat. Dassoucy allait loin, parfois, dans le cynisme des élucubrations fantaisistes. Il en porta la peine. Et tout fut fini : une frasque lui enleva ainsi le fruit de ses veilles; « vers » et « motets pour la chapelle » et « chansons pour la chambre royale », rien n'avait de rien servi !

Faut-il s'excuser de parler même un peu longuement de Dassoucy à la cour de Turin? Je ne pense pas. Il y eut bon accueil et honneurs; et les impressions de sa résidence à cette cour, qu'il nous a conservées, quoique éparses et incohérentes, dans ses vers et ses récits en prose, dans ses *OEuvres meslées* et ses *Rimes redoublées* qu'on ne lit plus, ces impressions aident à connaitre les personnages qu'il lui fut permis d'approcher et de fréquenter. Ne le dédaignons pas plus que de raison, d'ailleurs. Sa sortie humiliante de Turin ne supprima pas le passé; le dernier séjour si brusquement clos était, après tout, le cinq ou sixième. C'est avec une lettre d'introduction de Louis XIII qu'il était venu la première fois en 1630; c'est sous les auspices du duc d'Harcourt qu'il s'était représenté en 1639; finalement, encore, l'ostensible amitié de « madame de Servien » le retirait aux

yeux des courtisans des promiscuités de la bohème où
ses mœurs déplorables semblaient le condamner sans
merci. Ses vices n'avaient pu le discréter entièrement,
et des scandales récents ne lui faisaient qu'à peine tort.
Bref, son indignité ne fut jamais telle qu'il y ait à rou-
gir de tirer parti de ses souvenirs et de le croire sur
parole. Or, en un endroit de ses œuvres il touche à une
particularité qu'il serait bon de tirer au clair et au net.
C'est quand il imprime des vers *pour une entrée de ballet
dansé à Thurin devant Son Altesse Royale par les deux filles
de La Pierre, habillées en paysannes, portant des paniers
pleins d'oiseaux à vendre.*

III

Le La Pierre ci-dessus mentionné était le musicien
chorégraphe, directeur d'une troupe de comédie, que
nous avons vu déjà populaire en Languedoc. Avant, puis
avec Molière, il avait donné des représentations aux États
de cette province. L'importante notice biographique
que nous lui avons consacrée nous dispense d'insister
longuement sur son compte; il suffit de rappeler qu'à
la session de l'assemblée languedocienne tenue à Montpellier en 1654-55, il avait organisé de concert avec
Molière le *Ballet des Incompatibles*, où ils figuraient ensemble et en nom. Aux États de Béziers, La Pierre avait
devancé Molière en novembre et décembre 1656; et

en avril 1657, à la fin de cette session, tandis que Molière gagnait Lyon en mai, Dijon en juin, et poursuivait un itinéraire inconnu à partir de cette dernière station, lui, La Pierre, après un court arrêt à Avignon, sa ville natale, il parcourait la Provence, et par Toulon, Antibes, Nice et Monaco, se rendait à Turin pour y passer l'été, pendant les vacances de la troupe ordinaire de Son Altesse Royale. La saison théâtrale à Turin ne se prolonge guère au delà du carnaval. Les acteurs ont alors la faculté de repasser les Alpes. Ils donnent des représentations dans les provinces, où ils sont fort appréciés; et cela se conçoit. Comme l'observe Chappuzeau, la cour du duc Savoie « étant très polie et pleine de gens d'esprit, les comédiens, s'ils n'étaient habiles, n'y plaisaient pas ». La Pierre et ses compagnons ne faisaient pas trop regretter, parait-il, les acteurs qu'ils remplaçaient à l'occasion; et cette excursion de 1657 n'était pas la première. C'est probablement dans une des résidences d'été que le « Ballet », dont Dassoucy nous a conservé une « entrée », dut être représenté. Il y est fait allusion aux exploits cynégétiques de Charles-Emmanuel. L'absence de toute précision chronologique dans les écrits de Dassoucy laisse quelque doute sur l'époque de cette représentation, d'autant plus que le P. Ménestrier rapporte à l'année 1656, c'est-à-dire à l'année précédente, l'*Entretien champêtre des chasseurs,* auquel l'« entrée » qui nous occupe s'adapte par analogie. Tout compté, néanmoins, c'est l'année 1657 qui nous semble l'année authentique. Une allusion aux lointaines expéditions de chasses du duc de Savoie était toujours une actualité. Les deux filles de La Pierre, dans les vers de Dassoucy, parlent

surtout en « Comtadines » qui ont vu ou pu voir le prince
chasser dans la vallée du Rhône et de Vaucluse...

> Charles, la gloire de notre âge,
> Qui *souvent près de nos hameaux*
> *Venez chasser* sous nos ormeaux,
> Et reposer à leur ombrage,
> Au doux son de nos chalumeaux...

A la cour de France, la comédie était le délassement
habituel des fatigues de la chasse. Durant ses villégia-
tures d'été à Fontainebleau, à Chambord ou à Saint-
Germain, en sa jeunesse, Louis XIV se reposait d'une
longue randonnée par le spectacle de quelque pièce représentée, dans l'après-midi, par une de ses troupes
ordinaires. Il en avait toujours au moins deux pour la
comédie. A la cour de Savoie, Charles-Emmanuel II, au
retour de la chasse, se remettait de la lassitude des
excursions par monts et par vaux, grâce à quelque divertissement plus ou moins improvisé. C'est bien ainsi, et
dans de telles circonstances, qu'au château de Front,
terre du marquis de Saint-Germain, chef de la maison
de Saint-Martin d'Aglié, c'est bien ainsi que pendant
l'été de 1656 les choses s'étaient passées. C'est à un des
livres de Perrin que nous devons ce détail : « Une manière d'opéra », — d'opéra français, — fut monté pour
faire honneur au prince; de sorte que cette fête à la
campagne est devenue une date pour l'histoire de notre
art lyrique. Perrin était au fait de ces particularités, et
pour cause. J'ai déjà dit un mot de sa situation à la cour
de Savoie. Si je ne me trompe, c'est Perrin qui, à propos
des allures supposées un peu trop profanes de ces petits
opéras d'essai, rassurait les scrupules alarmés de « l'ar-

chevesque de Thurin ». Pour sûr, il était en correspondance avec ce prélat, comme on peut s'en convaincre par les œuvres mêmes de Perrin et notamment par la *Lettre à Mgr l'archevesque de Thurin,* après la représentation d'une « comédie en musique », le 30 avril 1659.

Elles sont utiles à relire, à consulter, ces œuvres, poésies et lettres de Perrin. On s'y renseigne sur les incertitudes des obscurs commencements de l'opéra à la frontière. Et, coïncidence piquante, on y apprend, par les rapprochements des noms qu'il met en relief, l'étroite communauté d'efforts qui, sans qu'on l'eût encore soupçonné, fait concourir aux débuts de l'opéra français précisément plusieurs des amis et camarades de Molière, c'est-à-dire que les promoteurs de l'opéra sont aussi les promoteurs de la véritable comédie française. La plupart du temps, les mêmes sujets d'une troupe cumulaient trois et quatre emplois aujourd'hui distincts et renfermés dans des spécialités exclusives. On sait que La Pierre, déjà nommé, était comédien, musicien, chanteur et danseur. Or, l'un des acteurs de sa compagnie, lors de sa fusion avec la troupe de Molière à Montpellier (1655), qui se qualifiait, à ce double titre, de « comédien de Mgr le prince de Conti », était en même temps un des collaborateurs de Perrin pour les *Airs de cour* dont il avait composé un recueil. Il y a dans le recueil de Perrin, entre autres morceaux, un *Dialogue à deux voix par le sieur Martin,* et ce Martin n'est autre que le « jeune Martin », célébré par Dassoucy dans son *Ovide en belle humeur.* Un des concurrents de La Pierre, La Roche, Charles La Roche, fort répandu alors, comme chef de troupe de comédie et de musique, dans tout le

Midi, a collaboré, lui aussi, avec Perrin, pour un air de cour ; et il est prouvé que ce La Roche eut occasion de s'associer un moment avec Molière à Montpellier et à Narbonne (1649-50). Et comme tous ces noms s'appellent les uns les autres, le tour de Dassoucy ne manque pas de revenir. Mais quand Perrin publie son recueil en 1660, Dassoucy est mal famé et Perrin abrite sous de simples initiales le nom du compositeur devenu compromettant. Un *Rondeau*, une *Sarabande*, une *Chanson à boire* et un *Dialogue à boire* aussi portent cette discrète et pudique mention : « par le sieur D. S. ». Revenons à Martin. Perrin le classe au niveau des plus célèbres musiciens d'alors. Le Père Ménestrier lui-même lui fait une place honorable parmi les excellents compositeurs du début. « Il y a, dit-il, plusieurs dialogues de Lambert, de *Martin*, de Perdigal, de Boisset et de Cambert, qui ont servi, pour ainsi dire, d'ébauche et de prélude à cette musique que l'on cherchait et qu'on n'a pas d'abord trouvée. » Or, Martin, de la troupe de La Pierre, était probablement à Front pendant l'été de 1656, au moment où s'inaugurait là, comme en partie de campagne, l'Opéra français à ses débuts préalables et inconscient de l'importance historique d'une telle anticipation. La place de Martin devait être là. Et par droit de conquête et par droit de naissance, sa présence y était naturelle : Martin était un peu de la maison.

Comme La Pierre, Martin, dit Foulle-Martin, était un Comtadin. Il était né à « Aubignan », dont la seigneurie appartenait au marquis de Panisse-de-Pontevez de La Beaume-Suze, allié aux Pianezze. La fille de Charles-Emmanuel-Philibert de Simiane, marquis de Pianezze,

grand chambellan de Savoie, — Irène de Simiane, —
avait épousé le marquis de Saint-Germain, Charles-Louis
de Saint-Martin d'Aglié, maréchal des camps et armées
de Savoie, gouverneur de Coni, premier écuyer du duc
de Savoie, dont la sœur, Françoise-Marie, était mariée à
Louis Ferrero de Fiesque, marquis de Crèvecœur. Entre
ces familles, de prime origine italienne, existait, persis-
tait, à côté des liens de parenté, une traditionnelle solidarité de goûts et d'influences artistiques. Telle était
l'autorité personnelle de Fiesque sur le monde du théâtre
à Paris, que c'est par son entremise que Chapelain, au
nom de Richelieu, comme traitant de puissance à puissance, avait négocié l'adoption de la règle dramatique
« des trois unités », dont le cardinal faisait une affaire
d'État. Auteurs et acteurs étaient jugés incapables de
refuser une pareille concession à leur meilleur ami et
protecteur, M. de Fiesque[1]. Le fait est que Rotrou
l'écoutait avec docilité. Les d'Aglié jouaient un rôle
identique à Turin, comme je l'ai dit; et si Martin, le
protégé-né des Pianezze d'Aglié, n'eût pas été tout recommandé par ses talents à l'attention du marquis de
Saint-Germain, il eût été, comme artiste, désigné à ses
sympathies par sa naissance à Aubignan, à cause du
maître et seigneur du lieu. Ces Italiens de la veille étaient
fiers des vocations artistiques qui poussaient, en pro-
mettant de grandir, sur leurs terres. Ils se flattaient
d'avoir semé autour d'eux un peu de l'âme de leur an-

---

[1] C'est à la marquise de Crèvecœur qu'est dédié le petit livre
(rarissime) de Françoise Pascal, *Le Commerce du Parnasse*. F. Pascal, auteur de pièces de théâtre et comédienne, se trouva à Lyon
dans l'entourage immédiat de Molière, qui, dit-on, fit jouer de
ses tragédies par l'Illustre-Théâtre.

cienne patrie. Ces grandes familles venues d'au delà les Alpes, instinctivement, assimilaient leurs somptueuses demeures, hôtels à la ville ou châtellenies, à des fiefs esthétiques. Et il ne faut pas se méprendre au sens des affiliations, entre artistes et grands seigneurs, que nous essayons de marquer ici au passage. Le patrimoine national s'est formé, pendant de longs siècles, par bien des acquêts variés, au gré de l'alliance et du mélange des races. Il entre dans le bronze florentin de l'or qui ne vient pas de Florence : un rayon italien a doré aussi, à l'occasion, l'antique airain sonore des Gaules. Dans cette humble organisation d'artiste obscur qui s'appelait Martin, et qui eut son heure de renommée, il y a peut-être de l'ingratitude à nous à méconnaître un des nombreux précurseurs de nos gloires lyriques, et j'ai tenu à le saluer.

Au demeurant, qu'on n'attribue pas à une erreur ou à un anachronisme moral l'espèce de naturalisation française que je parais faire ici d'artistes distingués comme La Pierre et Martin, venus au monde en terre papale. La fiction géographique qui enclavait une circonscription apostolique et romaine en plein sol de France n'empêchait, ni réellement ni légalement, les indigènes d'être et de se déclarer Français par un droit imprescriptible d'option que François Iᵉʳ avait politiquement consacré, et dont on retrouve une application curieuse dans l'acte de mariage du musicien Martin, où on le dit « né à *Aubignan*, EN FRANCE[1] ». Il n'y a donc point méprise de notre part dans cette petite question de nationalité; et

[1] Voir cet acte dans la brochure de M. Brouchoud sur les *Origines du théâtre de Lyon*, 1865.

c'étaient bien des musiciens et des chanteurs français qui, à la cour de Savoie, en ouvriers de la première heure, préparaient la création prochaine et officielle de l'Opéra à Paris. La Pierre, du reste, à la suite de Molière, ne devait pas tarder à devenir un des collaborateurs de Lully, pour continuer, à la mort de Lully, son œuvre à Rouen, où il eut le privilège d'exploiter un théâtre lyrique. S'occuper de La Pierre et de Martin, ce n'est donc point parler des premiers venus; chacun d'eux était quelqu'un, et ils n'étaient pas des artistes quelconques.

IV

Je ne prolongerai pas cette esquisse sommaire. En terminant, une réflexion, inspirée simultanément par le sujet même et par une critique de source étrangère, me paraît légitime et logique. Ne ressort-il pas des faits, en toute bonne foi résumés et impartialement interprétés, cette vérité incontestable, que dès le milieu du dix-septième siècle, les comédiens français sont en train de s'emparer, — pour la posséder à l'avenir, — de la faveur publique en Europe, à commencer par Turin? Si, dans ces pages, cette conclusion n'est formellement justifiée qu'en ce qui a trait à la cour de Savoie, c'est que j'aurais dû dire et prouver que les troupes théâtrales du prince d'Orange, du duc de Brunswick, de l'électeur de Bavière, du duc de Lunebourg, etc., étaient recrutées dans les rangs des acteurs de France [1]. Du moins, circonscrite à la seule cour de Piémont, la démonstration est assez explicite et décisive pour répondre à qui, en Allemagne [2], insinue que les revendications rétrospectives d'un chauvinisme excessif m'ont fait prétendre dans un ouvrage récent que, dès la venue de Molière, la réaction commence contre la domination de l'Italie sur la scène française, et qu'un mouvement inverse se produit, de France au dehors, mouvement devant imposer avant peu la suprématie dramatique de la France. Peut-on le nier? A l'appui de ma thèse, ce qui précède est, il me semble, un argument péremptoire.

[1] Voir le *Théâtre français*, par Chappuzeau, 1674.
[2] Voir la livraison de mars 1887 de la *Literaturblatt für germanische und romanische Philologie*. Heilbron.

GUEZ DE BALZAC

ET MOLIÈRE

LES ORIGINES DE LA *COMTESSE D'ESCARBAGNAS*
ET DE *TARTUFFE*.

En rendant justice, comme il sied, à la savante édition de Molière publiée par la maison Hachette, dans la *Collection des grands écrivains*, M. Sarcey disait récemment qu'on n'ajouterait rien de nouveau ni d'intéressant aux notices historiques qui précèdent chaque pièce et aux notes critiques qui accompagnent le texte. La grande autorité du feuilletoniste du *Temps* donne du prix à une telle opinion; mais les opinions littéraires ne sont pas plus infaillibles que les opinions politiques, et peut-être faut-il voir dans son langage plutôt une formule d'éloge qu'un arrêt. Sainte-Beuve n'avait pas été moins affirmatif pour l'édition à laquelle Taschereau eut l'honneur d'attacher son nom; et Sainte-Beuve se trompait. « C'est un travail complet et définitif, écrivait le célèbre *lundiste;* il faut en conseiller la lecture, sans

avoir la prétention d'y suppléer. » Près d'un demi-siècle
s'est écoulé depuis lors, et même avant « le travail complet et définitif », à leur manière, de MM. Eugène Despois et Paul Mesnard, plusieurs éditions successives,
notamment celle de M. Louis Moland, ont prouvé que
l'érudition historique et littéraire n'acceptait pas de
limite à ses progrès. On n'avait pas fait mieux avant
Taschereau, on a fait mieux après. Ne préjugeons rien
quant aux surprises que l'avenir pourrait nous réserver
de la part des biographes et des commentateurs de
Molière! Dès à présent, il y aurait inconvénient grave
à trop persuader aux érudits que toute initiative serait
décevante pour ajouter aux résultats acquis. Quelle
que soit l'exceptionnelle valeur de l'œuvre réalisée par
MM. E. Despois et P. Mesnard, elle n'est pas sans
lacunes, qu'il importera de signaler, sans parti pris,
d'ailleurs, d'amoindrir leur édition. M. Paul Mesnard,
le seul vivant des deux éditeurs, ne se fait pas à cet
égard, je crois, d'excessives illusions; et il n'est pas
nécessaire de mettre en cause sa modestie pour obtenir
de sa bonne foi clairvoyante l'aveu que tout n'est pas dit
et qu'il reste possible d'aller plus loin. L'honneur de la
tâche, telle qu'elle a été accomplie par MM. E. Despois
et P. Mesnard, est assez grand, après tout, pour qu'on
ne leur sacrifie pas d'avance jusqu'à l'espoir de faire bien
en faisant autrement. Le péril, plus que l'inconvénient,
des éloges sans réserves, quand ces éloges sont dus à
une personnalité très influente dans la presse et dans
l'Université, le péril serait dans le découragement causé
parmi les chercheurs et les lettrés qui auraient éprouvé
le légitime souci de se distinguer par d'originales révé-

lations. Ni Christophe Colomb, ni Améric Vespuce n'ont découvert toute l'Amérique; et, après le continent, il resta les îles, de grandes et belles îles. Il doit y avoir des terres inconnues dont la science historique n'a pas encore pris possession. Ceci soit dit pour nos professeurs qui, dans les éditions classiques de Molière, se rabattent avec résignation sur la seule innovation qui leur semble désormais possible, sur la variété des commentaires : il y a des pays inexplorés à voir. Il est vrai, ces pays sont très éloignés de Paris, plus éloignés que l'Amérique, car il s'agit des provinces de la France au temps de Louis XIV. Mais, avec du bon vouloir, on peut y arriver. Voulez-vous tenter l'aventure? Rassurez-vous, du reste, je ne vous propose pas de pousser la hardiesse du voyage jusqu'à ces bouts du monde qui s'appellent la Provence ou le Languedoc! Il suffira, pour cette fois, d'aller à Angoulême et d'y découvrir les œuvres de Guez de Balzac...

I

Balzac? Guez de Balzac? Mais qu'y a-t-il de commun entre Balzac et Molière? Si je m'en rapporte aux biographes et aux éditeurs de Molière et de Balzac, je dois m'empresser d'avouer qu'il n'y a rien de commun, apparemment, entre ces deux auteurs. On risque même d'étonner bien des gens instruits en commençant par

insinuer que des relations personnelles entre « le grand
épistolier » et le grand comique ne furent pas absolument impossibles. Et, justement, c'est par là que je vais
commencer! Je ne vous prends pas en traitre. Mes noirs
desseins, les voici : 1° j'établirai que Balzac et Molière
purent se connaître à Angoulême; 2° je démontrerai,
pièces en main, que la comédie de la *Comtesse d'Escarbagnas* se passe à Angoulême, autrement que par l'indication de scène fournie par Molière, et que, du reste, si
les motifs de cette comédie sont fort explicitement cités
dans les *Lettres* de Balzac, le nom et le caractère de
Tartuffe n'y sont pas moins.

Il est, aujourd'hui, authentiquement certifié que Molière et sa troupe furent attachés à la cour du duc Bernard d'Épernon, à Bordeaux, dès les premiers jours de
1647. A cette époque, et depuis de longues années,
Balzac résidait exclusivement en province. Il sortait peu
d'Angoulême, et il n'en sortait que pour jouir de l'hospitalité amicale et généreuse que lui offrait sans cesse et
sans fin le comte de Clermont-Lodève en ses châteaux de
la région. Parlant de la « maison » de ce gentilhomme,
qu'il visitait, lui aussi, en Périgord ou en Languedoc,
Des Barreaux déclarait que « la liberté et la bonne
chère » avaient là « un trône ». Des Barreaux se plaisait
chez ce grand seigneur lettré, grand ami des gens de
lettres. Le comte de Clermont-Lodève siégeait aux États
de Languedoc, et là il ne put pas, à partir de 1649,
ignorer Molière. Je n'irai pas jusqu'à soutenir que Balzac
dut en faire de même, tôt ou tard; je n'allègue point
pour motif de leur mise en relation le fait des séjours
de Balzac chez le comte de Clermont-Lodève sur les

bords de la Dordogne ou sur les bords de l'Hérault.
J'écarte même toute application élastique du dicton qui
veut que les amis de nos amis soient nos amis ; car ici le
dicton tendrait à faire supposer que les nombreux amis
de Balzac en Languedoc, entre autres le poète Roudil,
de Montpellier, et le savant Borel, de Castres, qui prirent le deuil à sa mort et le pleurèrent chacun dans leurs
vers [1], ces amis de Molière aussi, avaient amené une
liaison quelconque entre l'écrivain et le poète. J'ai une
et même deux hypothèses meilleures à faire valoir, en
attendant de sortir des conjectures.

D'abord, on peut s'en convaincre par la correspondance du duc d'Épernon comme par les *Lettres* de Balzac
dès 1644, dès sa rentrée dans son gouvernement de
Guyenne, le duc d'Épernon avait gracieusement sollicité
Balzac de devenir son hôte « à Plassans ». Il tenait à
donner du lustre à sa petite cour. Balzac refusa la chaîne
dorée qu'on lui offrait ; mais malgré son âge et ses goûts
de plus en plus sédentaires, il lui arriva d'aller « rendre
ses devoirs » au gouverneur de Guyenne dans l'une ou
l'autre de ses nombreuses résidences. Molière y était
tout au moins de janvier à mars, durant les années 1647,
1648 et 1649. Balzac et Molière avaient donc chance de se
rencontrer dans cet entourage. Objecterez-vous qu'une
probabilité n'est pas une preuve ? Soit. La chance de se

---

[1] Un sonnet de Borel sur la mort de Balzac est recueilli dans
les *Manuscrits* de Conrart à l'Arsenal. Le *Dictionnaire des antiquités
gauloises*, de Borel, nous a conservé une élégie, de Pellisson, dans
le dialecte de Cahors, intitulée : *l'Amourous transit*, et où se trouve
le mot *valisquos*, employé par Lucette dans *Pourceaugnac*, mot dont
le sens n'a pu être précisé exactement dans l'édition Hachette,
même par un romanisant distingué.

rencontrer fut plus grande à Angoulême, et ceci mérite considération.

M. de Montausier était alors gouverneur de l'Angoumois et de l'Aunis. Il habitait Angoulême. On connait le mordant croquis que nous a laissé Tallemant des Réaux de son caractère et des ridicules préciosités de sa belle-sœur Angélique d'Angennes. — Les commentateurs du *Misanthrope* n'oublient jamais de comparer le portrait d'Alceste « rompant en visière à tout le genre humain » avec le portrait textuellement semblable de Montausier par l'auteur des *Historiettes*. Molière et Tallemant des Réaux s'étaient-ils donné le mot? Notez que l'on admet que les *Historiettes* furent écrites avant 1657, et, dans ce cas, le Montausier de Tallemant n'est assimilable à Alceste qu'à propos de son séjour à Angoulême. Il est prouvé, d'ailleurs, qu'après sa nomination comme précepteur du Dauphin, Montausier était « incapable », c'est lui qui l'écrit à Fléchier, de faire de la peine à un poète en disant du mal de ses vers [1]. L'observation du caractère de Montausier par Molière parait donc bien avoir été faite sur les lieux, d'après nature, avant 1657. Or, il n'y a pas que cette particularité à relever dans l'inventaire des traits de mœurs de province qui émaillent le *Misanthrope*. On ne s'explique pas le goût d'Alceste, qui va à la cour de Versailles, pour les vieilles chansons du temps jadis. Dans le sixième *Entretien* de Balzac (1652), il est dit : « Il y a tel lieu, en deçà de la Loire, où les Bergeries de *Juliette et Jean de Paris* ont des partisans contre l'*Astrée* et contre *Polexandre*

---

[1] Voir la *Jeunesse de Fléchier*, par l'abbé Fabre, pièces justificatives.

mesme, qui est, à mon avis, « un ouvrage parfait en son
« espèce… » La *Chanson du roi Henri* (Henri II) ne va-t-elle
pas de pair en cette occurrence avec *Juliette et Jean de
Paris*, sauf erreur? Le trait semble encore une fois
emprunté à la réalité locale, tant il garde la saveur du
cru. Cela tendrait à faire soupçonner le passage et le
séjour de Molière à Angoulême — si la situation de cette
ville sur la route de Bordeaux à Poitiers ne forçait à la
considérer comme une des étapes naturelles de l'Illustre-
Théâtre. Molière dut s'y arrêter nombre de fois. Des
documents d'archives ne manqueront pas de l'attester
positivement : c'est dans l'ordre logique des faits. Mais
Balzac nous donne un avant-goût des renseignements
espérés; et il nous fournit ce plaisir tout juste dans ce
même *Entretien* que je viens de citer, comme s'il avait
voulu qu'il ne servît pas moins à l'histoire de Molière
qu'à l'histoire de ses œuvres. Je transcris :

« Il y avait autrefois un boulanger, à deux lieues
« d'icy, estimé excellent homme pour le théâtre. Tous
« les ans, le jour de la Confrérie, il représentait admi-
« rablement le roy Nabuchodonosor, et sçavoit crier
« à pleine teste :

> Pareil aux dieux je marche, et depuis le réveil
> Du soleil bondissant jusques à son sommeil,
> Nul ne se parangonne à ma grandeur royale.

« Il vint de son temps *à la ville une compagnie de comé-
« diens qui estoit alors la meilleure compagnie de France.* On
« y mena Nabuchodonosor un dimanche qu'on y jouait
« le *Ravissement d'Hélène;* mais, voyant que les acteurs
« ne *prononçaient pas les compliments d'un ton qu'il se faut*

« *mettre en colère*, et principalement qu'ils ne levaient
« pas les jambes assez haut dans les démarches qu'ils
« faisaient sur le théâtre, il n'eut pas la patience d'at-
« tendre le second acte, il sortit du Jeu de Paume dès
« le premier :

> Et ce roy, tout blanc de farine,
> Desgoutté de la froide mine
> De celuy qui faisait Pâris,
> — *Mordi !* dit-il, de la quenaille !
> I ne san rien faire qui vaille,
> I fasan les pas trop petits !

L'anecdote est racontée en 1652, je le fais remarquer
avec intention. A cette date, depuis deux ans, Molière
n'était plus attaché au duc d'Épernon, qui, lui-même,
n'était plus gouverneur de Guyenne depuis le mois de
juillet 1650. En disant que « la compagnie » qui joua le
Ravissement d'Hélène « autrefois » « à la ville », c'est-à-
dire à Angoulême, était la meilleure alors, Balzac peut
ne plus savoir que la troupe de Molière est toujours telle,
s'il s'agit bien de l'Illustre-Théâtre. Mais vers quelle époque faut-il faire remonter cet « autrefois »? Le *Ravissement d'Hélène* en question est très probablement celui
de Sallebray. Cette tragédie fut représentée pour la première fois en 1640, reprise en 1647 et en 1651. C'est à la
reprise de 1647 qu'elle eut le plus de succès à Paris et
en province. On a même cru, par erreur, que c'est seulement en 1647 qu'eut lieu la première représentation.
Bref, Balzac, en 1652, pouvait, reportant à cinq ans de
là ses souvenirs, faire allusion à une représentation de
1647. « Autrefois » n'indique pas un éloignement à toute
force plus considérable. Du reste, quoi qu'il en soit, il y

a profit à retirer de l'anecdote. Elle indique bien que la tradition d'un Molière sifflé à Limoges, à Bordeaux, dans ses rôles tragiques, n'est pas sans quelque vague vraisemblance. Molière commençait sans doute à pratiquer, non sans encombre, la méthode dont on l'a fait l'un des promoteurs en France et qu'il a expliquée dans l'*Impromptu de Versailles*. Pas « d'emphase », nul « ton démoniaque », parler « humainement » : tels étaient ses principes. Le Nabuchodonosor du pétrin ne devait pas trouver la chose à son goût. Donc, si Balzac ne nous donne pas ici une information chronologique du séjour de Molière à Angoulême, il nous en fournit une présomption morale. Il est à regretter qu'il n'ait pas écrit de plus nombreuses petites chroniques locales de ce genre! Celle-ci n'avait pas été recueillie par les annalistes du théâtre en France; et elle peint un public devant qui Molière joua plusieurs fois. A ce double point de vue, tout au moins, on n'en contestera pas l'intérêt. Arrivons à des faits plus concluants.

Les rapports personnels restent douteux, quoique très probables; les rapports intellectuels seront plus manifestes.

II

Aucun, absolument aucun éditeur des œuvres de Molière n'a même pressenti que le sujet, les types et le ton de la *Comtesse d'Escarbagnas* aient pu être donnés par

Balzac. Quoique la scène se passe à Angoulême, on ne voit pas dans ce fait un certificat positif de provenance. En enregistrant les prétendues précisions d'identité que M. Benjamin Fillon essaya de fournir en 1871 sur les personnages de la pièce, on les classe, avec raison, dans la série des conjectures. « M. B. Fillon soupçonnait que « Molière doit, en effet, avoir trouvé à Angoulême le « modèle de la ridicule comtesse, et que celle-ci était « une Sarah de Pérusse, fille du comte d'Escars et « femme du comte de Baignac, à laquelle Molière a « donné un nom formé de l'assemblage des deux noms. « Ceux de Thibaudier et de Harpin lui paraissaient avoir « la même origine angoumoise. » Ainsi s'exprime M. Paul Mesnard, résumant la monographie de M. B. Fillon, dont il trouve d'ailleurs « la remarque hasardée ».

L'argumentation de M. B. Fillon pour faire triompher sa thèse manquait de netteté et de force, et je comprends qu'on y résiste. Selon lui, Harpin et Thibaudier seraient de l'Angoumois, parce qu'il existe encore des Herpin et des Thibaudière « depuis les bords de la Charente jusqu'à ceux de la Loire! » C'est vague. Quant à l'hybridation étymologique et fantaisiste de d'*Escar* et de *Bagnac* d'où serait sorti *Escarbagnas*, elle a le tort d'être possible ailleurs, dans des conditions même plus séduisantes de vraisemblance, si l'on admet cette théorie. Déjà Cailhava, dans ses *Études* (page 304), avait dû rectifier, bien avant M. Fillon, une légende toute pareille à la sienne, et qui est trop peu connue pour n'être pas rappelée. « On m'avait raconté, dit Cailhava, que Molière, directeur dans le Languedoc, fut mandé par le prince de Conti, pour l'amuser à *Bagnas*, village situé près de Pézénas; que la dame du lieu, fière d'être de la maison d'Escar, traita les comédiens avec dédain, et que Molière, pour s'en venger, la joua, non seulement dans sa comédie de la *Comtesse d'Escarbagnas*, mais qu'il composa encore le titre de la pièce et du nom de la dame et du nom de la terre. C'est dommage que ce dernier trait ne soit pas vrai. » Et Cailhava ajoute que les informations qu'il a fait prendre « détruisent absolument » cette légende. Poitevin de Saint-Christol lui écrivait, en effet, de Pézénas (7 ventôse an VII) : « Je vous donne pour certain que le nom de cette dame ne se trouve point dans les actes par lesquels la terre du *Bagnas* a passé d'une famille à l'autre, *en remontant de nos jours à un temps antérieur à l'existence de Molière.* »

J'ai tenu à reproduire ces détails, parce que cette terre de *Bagnas* va revenir dans ce chapitre à propos de Balzac, de Molière et du *Tartuffe*. J'observerai, en outre, que si Poitevin de Saint-Christol, le correspondant de Cailhava, avait voulu y mettre un peu de persistance, il lui aurait été facile de corroborer par une apparente confirmation généalogique cette anecdote qu'il déclarait controuvée. Il lui eût suffi pour cela d'ouvrir la *Toscane française*, de J. B. L'Hermite, camarade de Molière dans la troupe du prince de Conti. Dans cet ouvrage, composé en Languedoc, un des officiers et amis du prince, de Murles-Saint-Geniez de Thézan, est représenté comme un descendant d'un Guillaume de Thézan qui, le « 22 septembre 1465 », épousa « Léone d'*Escar*-Pérusse ». D'autre part, cette maison de Murles de Thézan était alliée aux Polastron de La Hillière, possesseurs du fief de *Bagnas* et attachés aussi au prince de Conti en la personne surtout de

« l'abbé de La Hillière », comme on peut le voir dans les *Mémoires* de Cosnac. Mais je ne vise pas à démontrer que le nom d'*Escarbagnas* a une source généalogique, et plutôt dans l'armorial languedocien que dans l'armorial angoumoisin. S'il a une racine réellement languedocienne, comme j'en suis convaincu, c'est dans le langage populaire qu'il faut la chercher.

Comme tous les noms de personnages comiques dont Molière a fait le titre de ses pièces, le nom d'*Escarbagnas* est caractéristique et expressif à l'égal d'une enseigne. *Sganarelle* vient de *Sganarel* (ivrogne, débauché, en languedocien); je n'ai pas besoin d'insister sur la composition du nom de *Pourceau-gnac*. Tout à l'heure j'expliquerai l'origine languedocienne du nom de *Tartuffe* à l'aide même de deux lettres ignorées de Balzac. D'*Escarbagnas* ne fait pas exception à la règle générale : il est formé d'abord du mot languedocien *descarba*, qui signifie très pittoresquement : « sans anse », et par extension, au sens moral et figuré : « bizarre, fantasque, déséquilibré ». Il est formé ensuite de la désinence méridionale et topique : *gnas,* dont le fief même de *Bagnas* dispense de citer des exemples.

Maintenant, y avait-il à Angoulême une personne de qualité pouvant être affublée de ce nom burlesque et coloré? Oui. Qui le dit? Balzac. Où et quand? Dans ses *Lettres à Chapelain,* en 1636. Laissons parler Balzac (livre I, lettre VI) : « Vous avez appris de M. de la Hou« guette que cette Mme d'Anguitar[1] n'est pas une per-

---

[1] Un des hôtels attenants à l'un des Jeux de Paume de Poitiers, où l'illustre-Théâtre dut donner des représentations, était tout juste la propriété de la famille « Anguitar ».

« sonne vulgaire... Elle se considère, elle s'étudie, elle
« se possède elle-même dans son cabinet; mais elle ne
« peut pas toujours en faire si bien fermer la porte que
« la Renommée n'y entre, pour nous en apporter des
« nouvelles. De temps en temps, cette déesse coureuse
« nous redit quelques jolies choses qu'elle a recueillies
« de la bouche de cette déesse sédentaire. Après cela,
« nous en faisons nostre profit, et M. de la Thibaudière
« en tient registre... » Cette fois, ce n'est pas « entre
les bords de la Charente et de la Loire », ce qui est fort
élastique, que nous irons chercher « M. Thibaudier ».
Mme d'Anguitar est bien « l'objet de sa flamme ». Mais
Thibaudier est « conseiller », Thibaudier fait des vers,
des « strophes », comme le dit railleusement « le vi-
comte ». M. de la Thibaudière est « conseiller » : qui
est-ce qui ne l'était pas alors? Surtout il fait des vers :
il n'y a pas la moindre équivoque à cet égard. Il fait des
« odes »! Balzac écrit encore (livre I, lettre XI) : « Ne
« me faites point languir dans l'attente du bien que
« vous me promettez par vostre dernière lettre, et en-
« voyez-moy cette ode qui *doit achever la félicité du bien-
« heureux, qui doit couronner ses autres couronnes*, comme
« parle nostre M. de la Thibaudière. » Il parle ainsi, le
M. de la Thibaudière d'Angoulême; et M. Thibaudier ne
parle pas autrement. Comparez du reste! — Mais il y a
un « receveur » dans la pièce? Attendez! Balzac écrit
toujours (16 octobre 1643) *A Monsieur de la Thibaudière,
conseiller*. « Je me prépare déjà à battre des mains et à
« crier vivat! au grand M. de la Thibaudière. S'il faut
« en croire *nostre receveur*, vous estes si grand que vous
« ne sçauriez rien faire de petit... » Est-ce que rien y

manque? Et comme dernier trait, ce M. de la Thibaudière qui ne saurait « rien faire de petit... », n'est-il pas
le Thibaudier de Molière? Enfin, pour ne rien omettre,
je ne suis pas sûr que le « receveur » ici en cause ne soit
Harpin de nom comme de fait, et que la réalité ne l'ait
prêté à la comédie. Je n'ai pas assez feuilleté les vieux
papiers des archives municipales d'Angoulême pour rien
préciser sur ce point; mais ce que je sais et puis affirmer, c'est qu'en 1653, une troupe de comédiens, qui
n'est explicitement ni celle de Molière ni une autre, eut
affaire, à Nevers, avec « un receveur » du nom de « Grap-
pin ». Celui-ci vaut celui-là; et les receveurs des tailles
du temps n'ont pas à réclamer contre la synonymie.

Pour qui sait voir, il me semble que la donnée essentielle et première de la *Comtesse d'Escarbagnas* est suffisamment indiquée dans les *Lettres* de Balzac. Sans
compter le lieu où se passe la scène, nous avons les trois
principaux personnages esquissés conformément à leur
nom, à leur conduite, à leur langage, à leurs travers.
Balzac nous les présente tout à point pour la satire dramatique. Il ne manque à saisir et dégager que le lien visible d'une action particulière à un moment déterminé.
Mais le choix de l'heure, pour la peinture de tels originaux, appartient au poète comique. Il se peut, tout
compte fait, que le dénouement lui-même n'ait pas été
inventé plus que le fond de l'intrigue. Les comédiens,
et Molière moins qu'aucun autre, ne se gênaient pas pour
mettre au vif et à nu, sur le théâtre, les scandales, les
faits divers ridicules qui défrayaient la malignité publique
des petites villes où ils séjournaient. Si haut placé que
l'on fût, la satire osait lever, plus que les yeux, la langue

sur tous. En Bretagne, à Rennes, Mme de Rohan-Chabot,
éperdue et confuse, dut, un jour, en 1648, — pendant le
séjour de Molière en ces parages, — sortir du jeu de
paume, sous l'averse de mordants quolibets qu'une farce
faisait, par allusions railleuses impitoyablement tomber
sur elle à propos de son mariage. Vous savez la crainte
d'Anselme, recommandant le secret sur l'aventure où il
a joué le rôle de mort sans le savoir :

> De grâce, n'allez pas divulguer un tel conte :
> On en ferait jouer une farce à ma honte.

C'est en farce, très probablement, que la *Comtesse
d'Escarbagnas* dût être jouée en province, dès les premiers temps des excursions de Molière en Guyenne et
dans les pays d'alentour. Mais il ne faudrait point dire
que la pièce n'arriva pas à Paris achevée et telle que nous
l'avons définitivement. Quand Molière aura composé
l'*Étourdi* et le *Dépit amoureux,* il sera de force à faire
mieux que la *Comtesse d'Escarbagnas* elle-même.

La liberté dont jouissaient parfois les comédiens dans
certaines villes n'interdit pas de supposer que c'est à
Angoulême tout d'abord que furent bernés « le receveur », « le conseiller » et la grotesque comtesse. Mais à
mesure que la pièce courut les provinces, elle se modifia,
naturellement, au gré des publics divers avec lesquels
elle eut à compter. Plus d'une ville dut tenir à y glisser
son grain de sel gaulois, son trait d'actualité locale. A ne
parler que d'elle, la comtesse d'Escarbagnas ne s'incar-
nait pas *ne varietur* dans Mme d'Anguitar. Les précieuses,
les pèques provinciales abondaient alors partout. Est-ce
qu'on n'assiste pas à une scène de Molière, quand on

jette un coup d'œil dans le château de Saint-Girons, décrit par Louis de Froidour en ses *Impressions de voyage dans le Couserans*, en 1667? « C'est un seul corps de logis, « assez large, avec quatre pavillons carrés bâtis de pierre « du pays et fort mal en ordre, même sans vitres, ce qui « m'a paru fort étrange, *vu que la dame du lieu fait fort la « grande et se fait porter la queue jusque dans sa maison.* » Revenons à Balzac.

Revenons à Balzac, non sans ajouter cependant une dernière retouche à ce tableau de mœurs, en l'englobant lui-même dans la collection des originaux dignes d'être peints par Molière, car il parlait parfois comme M. de la Thibaudière à Mme d'Anguitar. Quand il se plaint sérieusement de « la barbarie, du mauvais air » d'alentour, on croirait entendre Mme d'Escarbagnas en personne. Balzac est souvent justiciable de Molière pour la langue. Mais, — et ceci nous amène au *Tartuffe*, — mais pour le caractère et pour ses doctrines religieuses, Balzac est tout autre; et si j'avais résolu de faire à la mode antique un parallèle en forme des deux hommes, je mettrais tout de suite en relief et en regard ce que dit Sainte-Beuve du « fonds de religion modérée, sensée » qui était en Molière, et la sagesse discrète que Balzac pratique et prêche d'exemple. « Il me semble, écrit Balzac en février 1639, « prenant les devants sur Cléante, il me semble qu'il y a « un milieu entre l'impiété et la dévotion, et qu'on peut « s'abstenir des blasphèmes sans pour cela composer des « hymnes. Outre que le silence était quelquefois, comme « vous savez, partie de la religion, et qu'on criait *favete « linguis* au milieu des sacrifices, j'ay choisy cette partie « de la fausse religion, et désire m'y tenir. » Cléante n'a pas de meilleures maximes de conduite. Et nous voilà déjà en plein dans le *Tartuffe;* mais nous avons à nous occuper plutôt de l'origine très caractéristique du titre que des idées fondamentales de la pièce.

III

Faut-il énumérer toutes les tentatives d'explication étymologique auxquelles se sont livrés depuis cent ans les casuistes de l'érudition, à propos de ce nom de *Tartuffe?* On composerait une bibliothèque avec les volumes, les études, les articles divers et innombrables où le savoir surexcité des moliéristes a mis à contribution toutes les ressources de l'encyclopédie. On a appelé à la rescousse la science allemande et les vocabulaires italiens. Le diable même s'en est mêlé, et l'abbé de Longuerue a effectivement soutenu que *Tartuffe* dérivait de *der Teufeld.* En Italie, *tartufoli* signifie *truffe,* et l'on n'a pas moins soutenu que c'était de là que Molière avait tiré *Tartuffe.* Auquel entendre? Grande perplexité! Survient l'édition Hachette, qui, dans son tome IV, paru en 1878, nous apprend que ce nom de Tartuffe a été « remarqué, il y a « une vingtaine d'années, sur l'enseigne d'un artisan « établi dans un des villages de la banlieue de Paris ». — Je ne dis pas le contraire! — L'édition Hachette s'empresse de contenter tout le monde; elle ajoute : « Un pareil nom de famille devait dater d'avant la co- « médie de 1664, et avoir une signification qui le ratta-

« chait plutôt à *truffe* ou *tartuffe* (tubercule) qu'à *truffer*
« (tromper); il pouvait rappeler soit un métier, de cher-
« cheur ou vendeur, soit quelque singularité physique;
« il pouvait d'ailleurs avoir une tout autre origine et
« n'être que la transcription française du mot allemand
« *der Teufeld* (le diable). » On retombe dans l'incertitude!
Que croire? Je cours ouvrir la dernière édition savante
du *Tartuffe* publiée après 1878. Elle est due à M. Ch. L.
Livet (1882). L'Académie française l'a couronnée. Et je
lis avec anxiété : « Nous répugnons à admettre chez
« Molière aucune intention de donner à son héros un
« nom signifiacatif conforme à une étymologie quel-
« conque, plutôt qu'il ne l'a fait pour Orgon ou Alceste,
« Elmire ou Célimène. » Hélas! cela n'éclaircit rien.
Molière n'a donné ni le nom d'Orgon, ni le nom d'Alceste,
ni le nom d'Elmire, ni le nom de Célimène à aucune de
ses comédies; et quand il en a intitulé une *Don Juan*,
tout le monde en France savait la signification d'un tel
nom. Les « répugnances » de M. Livet a cet égard ne
sont peut-être pas des raisons. Mais que vois-je en note?
M. Ch. L. Livet imprime au bas de la page 27 ces
lignes : « Parmi les spectateurs que put avoir Molière à
« l'hôtel d'Alfonce, à Pézénas, M. Baluffe (*l'Artiste*,
« 1ᵉʳ septembre 1881) cite M. de Tuffes-Taraux. Quel
« facile rapprochement, Taraux-Tuffes! On n'a pas man-
« qué de le faire. » On l'a fait sans doute; mais un rapprochement n'explique rien. Et quand j'ai signalé cette
particularité curieuse, je me suis abstenu de tout commentaire. Tout au plus ai-je fait remarquer que ce
Tuffes-Taraux était le beau-frère de Polastron de la Hillière, déjà nommé à propos de Bagnas. Restait aux lec-

teurs à se demander si, le type original du *Tartuffe* étant
alors à la petite cour de Conti en la personne de l'abbé
Roquette, le nom du même type ne s'y trouvait pas en la
personne de M. de Tuffes-Taraux ou Taraux-Tuffes. Mes
réflexions sont allées plus loin depuis 1882; et vous verrez que c'est Balzac qui en est la cause. Vous verrez
aussi combien ce nom de Taraux-Tuffes est et demeure
décisif désormais[1].

Il y a trois ans, je me suis aperçu que nombre d'éditions du recueil de Richelet, contenant *les plus belles
lettres tirées des meilleurs auteurs*, reproduisaient deux
lettres de Balzac, qu'aucun érudit ou moliériste n'a jamais ni mentionnées, ni connues, quoiqu'il y soit question, dans l'une d'un « petit Tartuffe », dans l'autre d'une
« vieille Tartuffe », et cela avec une acception tellement
différente dans les deux cas, qu'il est impossible de n'en
pas être vivement frappé. Il m'importe de les remettre
sous vos yeux.

La première de ces deux lettres, empruntée aux
Lettres premières de Balzac (liv. III, lettre XVI), est adressée à *M... contre une mauvaise haleine.* En voici le texte :
« Je n'ai pu souffrir plus longtemps le petit Tartuffe *** ;
« il sort de son nez et de sa bouche des vapeurs qui em-
« poisonnent. C'est le plus haïssable de tous les mor-
« tels; et j'ai promis à mes amis de ne leur plus mettre
« devant les yeux un animal de cette odeur; son infirmité

---

[1] Dans une étude en préparation sur les « origines du *Tartuffe* »,
imité en partie des *Nouvelles* de Scarron, j'aurai à faire ressortir
les démêlés personnels de Scarron avec « l'abbé de la Hillière »,
dont l'intolérance faisait un cas de conscience à sa tante,
« Mlle de la Hillière », de ses relations d'amitié avec le poète.

« est à craindre ; et l'on ne peut sans préservatif tenir
« contre un punais si vain et si insupportable. » Ici, évidemment, Tartuffe n'exprime pas seulement, comme
l'insinuait avec raison l'édition Hachette, « une singularité physique », mais, plus que cela, une horrible infirmité. Tartuffe est une peste personnifiée. Mais nous
nous en expliquerons après.

La seconde lettre, empruntée aussi aux *Lettres premières*
de Balzac, est ainsi rubriquée : *la vieille Tartuffe*, et ainsi
conçue : « Il faut, Madame, que je vous fasse l'histoire
« de la vieille que vous prenez pour une sainte : elle est
« née des peschez de sa mère, et jamais virginité ne dura
« moins que la sienne. Elle en a perdu le souvenir ; mais
« ceux de son temps assurent que la première fois qu'elle
« sortit du logis, elle trouva au retour ses gans et son
« pucelage à dire. Depuis, comme elle devint grande et
« charmante, elle fut regardée de toute la France, et
« vendit cinquante fois à la cour ce qu'elle avait perdu
« à l'école. Ensuite, elle connut par expérience s'il y a
« plus de plaisir avec un Juif qu'avec un chrétien ; et elle
« passa ainsi la fleur de ses jours dans le vice. Elle joue
« à cette heure un autre rôle, et veut faire croire qu'elle
« se réforme ; mais, Madame, bien loin de cela, elle sol-
« licite les autres à faire mal ; et il n'y a point de chas-
« teté qui lui échappe, si elle ne se sauve dans les Car-
« mélites. Elle ne saurait souffrir qu'une femme garde
« son honneur, et elle en est aussi faschée, qui si on lui
« emportait son bien. C'est, toutefois, la sainte que vous
« canonisez, et celle dont vous espérez tant de miracles ;
« mais je la connais jusqu'au fond de l'âme, et vous écris
« ce que vous en devez croire. » Cette seconde lettre

nous restitue bien le type traditionnel de l'imposture (côté des femmes).

Grâce à Balzac, donc, nous avons comme une double épreuve de cette signification du nom de Tartuffe : une épreuve avant la lettre, ou plutôt à la lettre, et une épreuve après la lettre, ou plutôt au sens figuré. Et n'oubliez pas que ce double état du type immortalisé par Molière, nous l'avons non seulement avant la comédie de Molière, mais peut-être avant la naissance même de Molière. Il y a des éditions de *Lettres* de Balzac avant 1623. Cela mène loin. Jusqu'ici le plus grand effort des chercheurs avait consisté à faire remonter l'origine et l'usage du nom de Tartuffe au temps des courses de Molière en province. M. H. Lucas était l'instigateur de ce rattachement rétrospectif; mais il alléguait une légende mise à une estampe de *Tiel Wlespiègle*, sans date. Or, cette gravure de Lagniet, représentant en effet la *Tartuffe*, n'est pas antérieure à « 1663 ». On n'avait pas encore réellement découvert une seule application, un seul emploi, un seul indice de ce nom de Tartuffe avant Molière. Le renseignement que nous procurent à cet égard les deux lettres ignorées de Balzac a donc une importance qui ressort d'elle-même. Il n'est pas seulement d'un intérêt capital pour l'histoire particulière de ce nom, qui, sans doute, existait déjà au temps de Balzac et ne fut pas de son invention; il offre encore un intérêt supérieur pour l'étude des mœurs et de la langue dans cette région du sud-ouest de la vieille France, où demeurait Balzac et où Molière, à son tour, demeura fréquemment. Ne vaudrait-il pas la peine d'établir que ce nom de Tartuffe est d'origine populaire et méridionale — comme plus d'une comédie de Molière, y compris

peut-être celle que ce nom a marquée d'une empreinte in-
délébile et si profonde? C'est le cas d'en chercher la vraie,
la populaire, l'irrécusable signification! — Cherchons-la.

Dans la vieille langue romane et même au dix-septième
siècle, *taro* ou *tarau*, selon les localités dialectales, signifie
« défaut, tache, tare, vice ». *Tufo* ou *touffo* a un double
sens; il signifie tantôt « coiffe, capuchon, cape, chape »,
et tantôt « hure, tête de porc ». Contrôlez ces assertions : les vocabulaires du temps vous en offrent le facile
moyen. Vous en conclurez, comme moi, que Tartuffe
peut, doit se traduire par « vice sous cape, ou par vice à
museau de porc ». Dans un cas, il correspond bien à ce
« quelque chose de fourré et en dessous » que lui trouve
Sainte-Beuve; dans l'autre cas, il comporte une idée
immonde. Il ne faudrait pas jurer, du reste, qu'une certaine dose de pornographie n'est pas impliquée dans le
Tartuffe de Molière. Par moments, quand il mange et
boit comme un bouvier, ou quand il se jette, avec la
gloutonne convoitise des sens déchaînés, sur Elmire,
Tartuffe n'est qu'un Pourceaugnac devenu méchant et
obscène. L'animal prend le dessus en lui; l'instinct, vai-
nement muselé par l'hypocrisie, se révolte; et c'est alors
qu'il est mieux que jamais stigmatisé par la flétrissure
même de ce nom : Tartuffe! La difficulté de tenir à la
scène ce personnage en partie double, à la fois faux
et bestial, est d'autant plus grande, que les acteurs de
nos jours ne conçoivent pas un Tartuffe gras au lard
et papelard. Mais Molière ne fait jamais maigre dans
ses comédies. Tous ses personnages y sont en pleine
chair; et Tartuffe est bien un dévot à tous crins —
quand il tend sa « hure »!

Tartuffe est, de nom et de fait, un vilain provincial. Il est arrivé à Paris avec son tempérament et, qui pis est, sa mauvaise éducation de province. On l'oublie toujours; et quand Sainte-Beuve et tous les critiques s'ingénient à défendre ce Tartuffe-là contre les corrections superfines qu'on prête à La Bruyère, ils ne s'aperçoivent pas que Molière n'est pas responsable des erreurs d'autrui. Qu'Onuphre soit un faux dévot parisien, ou bien un Tartuffe rectifié de longue date par le frottement du monde et de la cour, un Tartuffe poli et même joli, — La Bruyère a le droit de l'entendre de la sorte, et cela prouve que la mésaventure arrivée à l'hypocrite chez Orgon a servi de leçon à Tartuffe, et qu'il a appris par expérience à mieux cacher son jeu. Mais que Tartuffe, à peine débarqué du Midi, mal dégrossi, assez rude et même assez rustre, ne soit pas rusé comme Onuphre, — c'est assez naturel pour qu'on n'ait pas à le justifier d'être encore de son pays[1]. Il ne doute de rien, et pas même de Dieu, — j'entends d'un Dieu complice de ses passions. Il s'abuse; il dupe, et il est dupé. Onuphre est un malin; Tartuffe, lui, est malicieux — comme un animal. Il mange, il boit, et il va de la table où il a mangé à la table où est Elmire; de « rot » en rut! Onuphre murmurerait : « Mon ange! » Tartuffe a l'air de dire : « Mon ange! » A quoi bon comparer ce qui ne se ressemble pas et ne doit pas se ressembler?

Assurément, ce n'est pas la faute de Molière, si l'on

[1] Je ne crois pas m'engager trop en affirmant qu'il n'y a dans *Tartuffe* que très peu d'éléments parisiens en dehors du dénouement, remanié à Paris, et qui fut suscité par une polémique. Ce dénouement, c'est l'arme de l'abbé Roullé retournée contre lui-même.

ne voit pas toujours clair dans ses comédies. Pour Tartuffe, il l'a peint de couleurs telles, qu'il fût difficile de se méprendre et sur sa provenance, et sur son éducation, et sur son caractère, et sur ses vices. Tartuffe est un vulgaire, un grossier personnage. Venu du fond de la province, il n'est pas fait pour rester à Paris; c'est si vrai, que Marianne a la perspective de le suivre là-bas, en devenant sa femme. Elle sait le sort qui l'attend...

> Vous irez par le coche en sa petite ville...
> Vous irez visiter, pour votre bienvenue,
> Madame la baillive et madame l'élue...

Pourquoi donc, encore une fois, chercher à l'affiner à la manière d'Onuphre? Molière l'a pris en un pays où l'on ne subtilisait pas. Et l'on a vu par les deux lettres de Balzac que ce nom de Tartuffe se concilie mal avec toute hypothèse de distinction personnelle et morale.

> Ce gueux qui, quand il vint, n'avait pas de souliers,

ce gueux est toujours un parasite! Si vous tenez à le faire « beau », souvenez-vous alors du mot de Dorine : « Beau comme un singe! » En général, pour ce rôle comme pour l'interprétation de beaucoup d'autres, on ne s'en rapporte pas assez, au théâtre et dans les livres, aux prescriptions textuelles de Molière. On craint de tomber dans l'excès, et l'on ne se rend pas compte qu'avec Molière, c'est précisément par l'intégral respect de la vérité qu'on reste dans le naturel et qu'on échappe à la caricature. Chez lui, il faut voir les choses comme il les montre et ne pas manquer de confiance dans son génie. Pour l'intelligence parfaite des comédies de Molière, on

ne devrait jamais perdre de vue que nul poëte dramatique n'a subi aussi profondément, aussi absolument
l'ascendant des milieux multiples où il a vécu. Il revint
à Paris après douze années d'existence en province, après
les douze années les plus actives de sa jeunesse et les
plus fécondes de sa vie même; il revint tout chargé et
tout pénétré de l'air ambiant. Son imagination en travail
s'y était fait une de ces habitudes qui sont bien une
seconde nature. Les fonctions de son génie, durant cette
longue période, s'étaient harmonisées au climat. Pensez-y
bien : douze ans dans la même atmosphère physique et
morale! La trace devait en rester; les œuvres de Molière
la portent, cette trace, et la portent toujours, malgré
tout. Cette étude sur Balzac, dans ses rapports avec
Molière, n'atteste-t-elle pas que la *Comtesse d'Escarbagnas*, puisqu'il s'est agi de celle-là, est bien positivement
une pièce inspirée, conçue et en partie composée dans
le Midi? Avec la fameuse comtesse, ne trouve-t-on pas
à Angoulême et l'original d'Alceste et, par Balzac, la
définition et comme le mot de l'énigme de *Tartuffe?*

La question des origines du théâtre de Molière, en
cette occasion comme en d'autres, est posée, si elle n'est
pas résolue. Elle est posée ici pour plusieurs comédies
sur un même point de territoire; et le moins que je
puisse dire en finissant, c'est que, non seulement à Angoulême même, j'aurais eu de plus nombreux souvenirs,
de plus nombreuses dépositions historiques et littéraires
à verser au dossier, mais que l'enquête est susceptible
d'être continuée dans les principales villes de l'Ouest, du
Sud-Ouest et du Midi, avec certitude de succès. On pourrait presque faire une édition provinciale des œuvres de

Molière avec le recensement des emprunts faits par son génie à la littérature, aux mots et aux mœurs de la province. C'est que, durant ces douze années dont je parlais, il semble que, par une mystérieuse loi de sa destinée conforme à un des plus curieux phénomènes de la nature, la fécondation de son cerveau de poète se soit opérée par l'influence d'effluves et de germes, comme la fécondation des fleurs. Telle que l'épanouissement printanier des plantes, l'efflorescence de la jeunesse de Molière, qu'on dirait livrée aux caprices du sort et du hasard, obéit à des règles fixes, s'ouvre aux souffles flottants dans chaque ville où s'arrête l'Illustre-Théâtre, si bien que toutes les grandes étapes de la troupe m'apparaissaient, maintenant, dans l'histoire de Molière à travers les provinces, comme autant de stations florales de son génie!

MOLIÈRE

CHEZ LE PRINCE DE CONTI

EN LANGUEDOC

Les *Mémoires* de Daniel de Cosnac, imprimés et publiés
pour la première fois en 1852, sous les auspices de la
Société de l'Histoire de France, renferment une page
curieuse sur l'arrivée et l'admission de Molière et de sa
troupe comique dans la maison du prince de Conti en
Languedoc. C'est à qui, à présent, parmi les biographes
de Molière, citera, à l'envi, ce fragment des « souvenirs
du siècle de Louis XIV », sans défiance contre le narra-
teur, médiocrement digne de foi, pourtant. — M. Louis
Moland, qui n'avait pas inséré ce récit dans sa première
édition des œuvres de Molière terminée en 1864, s'est
bien gardé, en 1885, de l'omettre dans l'édition nouvelle qu'il vient d'achever. Et comme pour prendre à
son tour ses précautions contre un pareil oubli, dès 1870,
M. Eugène Despois, dans le tome premier de l'édition
entreprise par la librairie Hachette, s'empressait d'annoncer qu'on trouvera tout au long le passage en

question dans la « *Notice biographique* » qui doit former le tome dernier de la publication, mais que M. Eugène Despois, mort à la tâche, n'écrira pas.

J'ignore si, comme M. Eugène Despois, M. Paul Mesnard acceptera sans contrôle et sans réserve la narration plus que suspecte de Daniel de Cosnac. Sainte-Beuve a eu beau la mettre en relief et la consacrer, pour ainsi dire, dans une de ses *Causeries du lundi* (tome III, page 240), il n'est pas possible désormais de l'accueillir autrement que sous bénéfice d'inventaire. Dans cette page fameuse, et si souvent reproduite comme un véritable document historique, Daniel de Cosnac est d'une inexactitude flagrante.

Le doute n'est plus permis. J'aurais voulu laisser le mérite d'une rectification en règle à l'initiative d'autrui; mais la *Notice biographique* tarde à paraître plus que de raison, et je ne vois pas d'ailleurs pourquoi, sur ce point comme sur bon nombre d'autres, je ne prendrais pas personnellement les devants. — Je vais donc démontrer que le récit de Daniel de Cosnac est un tissu d'erreurs et que, par suite, les réflexions dramatiques dont l'accompagne Sainte-Beuve portent radicalement à faux.

I

Pour la clarté de ce qui va suivre, quelques précisions chronologiques sont d'abord nécessaires. — Molière et sa troupe étaient à Lyon dans les premiers mois de 1653.

C'est là et alors, durant le carnaval, que fut joué pour la première fois l'*Étourdi*. Le 23 février de cette année, René Berthelot, dit *Duparc*, dit *Gros-René*, camarade de Molière, épousait « demoiselle de Gorle », comédienne, dès ce jour célèbre sous le nom de mademoiselle Duparc. Au contrat de mariage, passé le 19, figurent comme témoins : « *J. B. Pocquelin*, Charles Dufresne, J. Béjard, Pierre Réveillon, aussi comédiens ». Il n'y a donc pas à équivoquer sur le séjour de Molière à Lyon à cette époque.

Dans le rapport au ministre de l'instruction publique, où il rend compte de sa « mission » en province pour rechercher les traces de Molière (1864), M. Eudore Soulié a estimé justement intéressant de signaler, comme un synchronisme caractéristique, la présence, vers ce même temps, à Lyon, d'un brasseur d'affaires, entrepreneur de spectacles, qu'on remarque assez souvent dans l'entourage de Molière. « Dans les minutes de G. Favard « se trouve, dit M. Eudore Soulié, un acte passé le « 5 avril 1653, par *Jean Cassaignes,* syndic du diocèse « de *Narbonne,* qui trois ans plus tard se rendit solidaire « d'une assignation de cinq mille livres donnée par le « prince de Conti à Molière sur le fonds des étapes de la « province de Languedoc[1]. » Jean Cassaignes était-il à Lyon par hasard seulement? Pour croire à une coïncidence fortuite, il faudrait ignorer les relations antérieures de ce personnage avec la troupe de Molière. Le

---

[1] J'ai fait ailleurs et je renouvelle ici expressément mes réserves sur la nature de cette assignation ; mais la « caution » prêtée au prince de Conti par Jean Cassaignes est certaine, et c'est l'essentiel quant à la preuve de leurs rapports d'argent.

27 décembre 1649 et le 10 janvier 1650, Molière avait séjourné à Narbonne, et Jean Cassaignes, dès lors, avait formé « le projet d'établissement d'un jeu de paume », comme il appert d'une délibération municipale de Narbonne du « 21 mai 1650 ». Les maîtres paumiers, je ne l'apprendrai à personne, louaient leur salle aux comédiens. Celui-ci, Jean Cassaignes, spéculait en toutes sortes d'exploitations. « Bail de fournissement de la petite boucherie », — « bail à ferme du droit de robinage », — délégation rémunérée aux États d'Orléans (février 1649) : tout lui est bon, il fait argent de tout. Il a constamment la main dans les finances du diocèse de Narbonne, comme « syndic », et dans celles de la province de Languedoc, en qualité « d'étapier ». Le jour où Madeleine Béjart fera sur la province de Languedoc un placement de « dix mille livres », un des témoins de l'acte qui la constitue créancière sera positivement Jean Cassaignes, toujours là (1er avril 1655). Ce n'est donc pas sans raison qu'on devait préalablement constater sa rencontre à Lyon avec Molière. En quoi pouvait-elle tirer à conséquence? Au point de vue du rappel et du retour de Molière en Languedoc pour une nouvelle campagne.

Cette année, la session des États de la province se tenait à une date inusitée : l'assemblée siégea à Pézénas du 17 mars au 1er juin[1]. Les comédiens qui avaient l'habitude de donner des représentations devant les

[1] Comme une autre conjecture de même sorte, que la découverte d'un autographe de Molière par l'archiviste de l'Hérault a confirmée, mon hypothèse déjà émise de la présence de Molière à Pézénas, au cours de l'été de 1653, a toutes chances de se vérifier. Je la maintiens formellement.

États, et Molière tout le premier, faute d'être prévenus, pouvaient manquer de s'y rendre. Jean Cassaignes avait intérêt à combler cette lacune dans les divertissements offerts à la noblesse languedocienne : la vérification des comptes risquait d'en souffrir aux dépens personnels des étapiers. Donc, à un double titre, comme étapier et comme entrepreneur de spectacles ou maître paumier, le voyage de Jean Cassaignes à Lyon n'est pas étranger à la cause qui amènera sous peu Molière en Languedoc. Il importait d'exposer le fait et de marquer ses corrélations subséquentes.

Mais tandis que Molière est à Lyon, où Jean Cassaignes va le prendre — où est le prince de Conti? A Bordeaux. Nous allons dire ce qui le conduit au château de la Grange des Prés (banlieue de Pézénas) et comment il y vient et s'y installe. La série des circonstances qui précèdent immédiatement la résidence du prince en Languedoc fixera mieux les idées sur le sujet qui nous occupe.

II

Le traité du 30 juillet 1653 avait mis fin aux troubles en Guyenne. Conti, éprouvant soudain le besoin de se reposer des longues fatigues de la guerre civile, avait résolu d'aller prendre l'air de la campagne dans le vieux domaine qu'il avait hérité, dans le bas Languedoc, de son oncle le duc de Montmorency. Avec une suite de plus de deux cents hommes, il s'était mis rapidement en

route pour cette villégiature, non sans y avoir préalablement envoyé, sous bonne escorte, une jeune et galante Bordelaise, Mme de Calvimont, qu'il venait d'enlever sans gêne à son mari. La dame, d'humeur gaie et
facile, s'était prêtée de bonne grâce à l'aventure; et tel
était l'enchantement momentané de Conti, que peu s'en
fallut qu'il « ne la fît suivre dans tous ses voyages à la
vue de tout le royaume ». L'abbé Daniel de Cosnac, qui
avait auprès du prince la charge des menus plaisirs, eut
toutes les peines du monde à faire entendre raison et à
tempérer les écarts de cette folie amoureuse. Ce n'est
pas qu'il ne fût d'une morale accommodante, le bon abbé!
Au contraire. Avec lui, péché caché était plus qu'à demi
pardonné. Il ne demandait qu'à sauver les apparences.
« Il n'était pas contre l'honneur, disait-il, d'avoir des
galanteries », mais « à la condition qu'elles fussent secrètes », car « la mode n'était pas introduite d'enlever
hautement la femme d'autrui, sans s'attirer une espèce
d'infamie ». Ces insinuations eurent leur effet. Et
Mme de Calvimont était allée seule attendre à la Grange
des Prés le prince de Conti, « prince ecclésiastique »,
encore à cette date.

L'ancienne résidence de Montmorency, longtemps
inhabitée, à peine habitable quand le prince et sa suite
y arrivèrent, n'était pas un séjour d'agrément. Mais
durant un mois et peut-être deux, l'impérieux besoin
d'un tête-à-tête passionné fit oublier les distractions
absentes. A la fin l'on s'aperçut, et Mme de Calvimont
la première, que cette calme retraite ressemblait trop à
la solitude d'une morne thébaïde; et n'ayant pas des
mœurs d'anachorètes, on avisa aux moyens d'égayer

l'austérité des lieux. On a bien, comme dans le *Gentil-homme Guépin*, le jeu, les festins, voire

> On a la promenade et la pêche et la chasse...

Plaisirs insuffisants pour une nature agitée et difficile à amuser comme l'était Conti! Ceux qui venaient de le voir faire à Bordeaux devaient prévoir qu'il ne se contenterait pas longtemps de l'exclusive société de Mme de Calvimont. A Bordeaux il goûtait tous les genres de spectacles, même des représentations « de chiens[1] ». Sous le correct prétexte de remplir les devoirs de son rang et de faire honneur à sa position, Conti sortit un beau jour de l'espèce d'*incognito* où il s'était renfermé. Les réceptions officielles commencèrent; villes et villages d'envoyer des délégués souhaiter la bienvenue. C'était dans l'ordre. Le 2 novembre 1653, le conseil municipal de Narbonne, comme les autres, envoya une députation « pour rendre les devoirs de la ville à Mgr le prince de Conti, *qui vient de se rendre de Bordeaux à Pézénas* ». En réalité le prince de Conti était dans les environs de Pézénas depuis le milieu d'août, mais il n'avait pas permis qu'on le dise. Ai-je besoin d'ajouter que cette députation de Narbonne se composait « du premier et du second consul » assistés « de Jean Cassaignes et autres notables »? — Le moment était venu de regretter qu'il n'y eût pas de troupe de comédie à la Grange des Prés. Vous allez voir avec quel à-propos on apprendra, tout juste, que Molière est là, tout près, pour adoucir ce regret.

[1] Voir les *Mémoires* du président Bouhier.

15.

Laissons, maintenant, la parole à Daniel de Cosnac. Je me bornerai à souligner quelques phrases qu'il est indispensable de commenter...

III

Mme de Calvimont venait d'exprimer le désir « d'envoyer chercher des comédiens ». Comme Cosnac avait « l'argent des menus plaisirs du prince », il lui donna « ce soin ».

« J'appris que la troupe de Molière et de la Béjart était en Languedoc, écrit Cosnac. Je leur mandai qu'ils vinssent à la Grange. Pendant que cette troupe se disposait à venir sur mes ordres, il en arriva une autre à Pézénas qui était celle de Cormier. L'impatience naturelle de M. le prince de Conti et *les présents que fit cette dernière à Mme de Calvimont* engagèrent à la retenir. Lorsque je voulus représenter à M. le prince de Conti que je m'étais engagé à Molière *sur ses ordres*, il me répondit qu'il s'était depuis lui-même engagé à la troupe de Cormier, et qu'il était plus juste que je manquasse à ma parole que lui à la sienne. Cependant Molière arriva, et, ayant *demandé qu'on lui payât au moins les frais qu'on lui avait fait faire pour venir*, je ne pus jamais l'obtenir, quoiqu'il y eût beaucoup de justice; mais *M. le prince de Conti avait trouvé bon de s'opiniâtrer à cette bagatelle. Ce mauvais procédé me touchant de dépit, je résolus de la faire monter sur le théâtre de Pézénas et* DE LEUR DONNER MILLE

ÉCUS DE MON ARGENT *plutôt que de leur manquer de parole.* Comme ils étaient prêts de jouer à la ville, M. le prince de Conti, un peu piqué d'honneur par ma manière d'agir, et *pressé par Sarrasin* que j'avais intéressé à me servir, accorda qu'ils viendraient jouer une fois sur le théâtre de la Grange. *Cette troupe ne réussit pas dans sa première représentation au gré de Mme de Calvimont,* ni par conséquent au gré de M. le prince de Conti, quoique *au jugement de tout le reste des auditeurs, elle surpassât infiniment la troupe de Cormier, soit par la bonté des acteurs, soit par la magnificence des habits.* Peu de jours après, ils représentèrent encore, et Sarrasin, forcé de prôner leurs louanges, fit avouer à M. le prince de Conti qu'il fallait retenir la troupe de Molière, à l'exclusion de celle de Cormier. Il les avait servis et soutenus dans les commencements à cause de moi; mais *alors étant devenu amoureux de la Du Parc,* il songea à se servir lui-même. Il gagna Mme de Calvimont, et non seulement il fit congédier la troupe de Cormier, mais il fit donner pension à celle de Molière. *On ne songeait alors qu'à ce divertissement, auquel moi seul je prenais peu de part...* »

Dans un article sur Daniel de Cosnac, Sainte-Beuve, qui en était encore (1865) au pseudo-Molière du *Roman comique*, s'est livré, au sujet de cette page qu'on vient de lire, à de généreuses réflexions, mais dont l'éloquence se trompe d'adresse. « On se sent pénétrer d'une amère pitié, s'écrie-t-il. Ainsi une sotte et une femme à cadeaux, Mme de Calvimont, entre à l'étourdie dans une cabale contre Molière et va le priver d'un protecteur! » La situation de Molière, à cette époque, nous est assez connue; elle était, même de l'aveu de Cosnac, assez rassu-

rante, à en juger « par la magnificence des habits », pour
que nous ne partagions pas la pitié de Sainte-Beuve.
Nous ne partageons pas davantage son indignation contre
Mme de Calvimont, parce que c'était si peu « une femme
à cadeaux » qu'elle avait refusé tout présent de Conti,
sauf une bague « de deux mille écus » que le prince lui
avait offerte à Bordeaux. C'est Cosnac lui-même qui
atteste le désintéressement de Mme de Calvimont à cet
égard, et l'on reconnaitra qu'il n'est pas suspect cette
fois. Comment nous faire admettre qu'elle acceptait
sans scrupule ni délicatesse, par cupidité, les cadeaux
des comédiens, quand elle refusait les cadeaux autrement considérables et précieux d'un prince, son amant?
Jusqu'à la fin de sa liaison avec Conti, Mme de Calvimont se montra noblement désintéressée. Au dénouement, lorsque l'abbé de Cosnac fut chargé moins de
négocier que de signifier la rupture, ne voyons-nous
pas, dans une page quasi cynique de l'entremetteur, que
la maîtresse abandonnée et trahie se borne à recevoir
bien moins qu'on n'était disposé à lui donner? Elle se
contente d'une somme dérisoire et qui n'est à proprement parler qu'une indemnité de voyage. Encore une
fois, comment attribuer un motif intéressé à la préférence ouverte et déclarée de Mme de Calvimont pour la
troupe de Cormier, rivale de la troupe de Molière?
Est-ce qu'à cette époque, la supériorité de celle-ci était
tellement éclatante qu'aucune ne lui pût être ni comparée, ni égalée, ni préférée à l'occasion?

Quant à la « sottise » de Mme de Calvimont, l'apparence n'en ressortait pas sans doute, alors, comme
aujourd'hui que la distance des siècles a disproportionné

en sens inverse le mérite de Molière et de Cormier. La
comparaison entre les deux rivaux d'un jour ne se fait
plus et ressemblerait à un blasphème. Elle n'était cependant pas inconvenante alors; et Cosnac n'a pas l'air de
s'étonner qu'elle fût faite. Cormier, comme Barry, avait
une fort belle troupe sous ses ordres. En 1649, on vit
paraître une mazarinade qui eut grand succès et qui s'intitulait : *Entretiens du sieur Cormier avec le sieur La Fleur,
dit le Poitevin, sur les affaires du temps.* Cormier était
homme d'esprit. Un trait ignoré et sur lequel je reviens [1]
prouve qu'il avait du cœur aussi et que Mme de Calvimont, à tout prendre, aurait pu placer plus mal son
choix. Moins de trois mois après avoir été évincé de la
Grange, Cormier, alors à Marseille, faisait bénéficier les
pauvres d'une localité voisine de la Grange des Prés, de
l'argent qu'il avait touché pour ses représentations
devant le prince de Conti. Le « 6 février 1654, une
donation de la somme de trois cents livres » était faite
par Cormier « à l'hôpital de Caux », reçue par Me Ro-
quemaure, notaire royal à Marseille. C'était de sa part
une leçon donnée à Conti pour son manque de parole.
Le prince retirait sa parole : Cormier, lui, rendait son
argent, et il le rendait avec une fierté simple et noble,
avec une discrétion courageuse et résolue qui ne font ni
mal augurer de son caractère, ni mal apprécier, d'après
cela, le jugement de Mme de Calvimont.

Au surplus, Sainte-Beuve exagère quand il parle de
« cabale » organisée contre Molière, puisque Mme de
Calvimont et le prince étaient seuls favorables à Cor-

[1] Voir p. 59.

mier. Il est, d'autre part, plus que contestable que Cosnac agit « par esprit de justice et d'exactitude ». On ne
le calomnie pas en supposant qu'il agissait par calcul
et par intérêt, comme toujours en cette « affaire », —
car il y avait une affaire là-dessous. « Trop mal fait
« pour avoir une intrigue d'amour dans une cour où
« cette passion régnait si fort, Cosnac se jeta tout à fait
« du côté des affaires. » Ainsi le peint l'abbé de Choisy.
Cosnac en effet se jeta si bien dans les affaires, affaires
d'argent comme affaires d'ambition, qu'il est obligé de
se défendre dans ses *Mémoires* contre l'accusation de
s'être frauduleusement enrichi aux dépens du prince de
Conti, et cette accusation ne vient pas moins que de la
princesse même. Pour apprécier le désintéressement
réel de Cosnac vis-à-vis de Molière, il importerait de
mieux connaître la nature un peu louche de ses rapports
avec Jean Cassaignes. N'est-ce pas de Jean Cassaignes
qu'il avait « appris que Molière était en Languedoc » ?
N'est-ce pas de concert secret avec lui qu'il agissait ? Et
pourquoi ce zèle si inattendu pour Molière ? Passe pour
l'exactitude à tenir son engagement : cela va de soi et
n'est que juste. Mais quand Molière ne réclame que ses
frais de déplacement, qui ne sauraient être très considérables, pourquoi cet excès de zèle inconcevable,
— puisque l'amour du théâtre ne le justifie pas, — excès
de zèle qui va jusqu'à vouloir donner infiniment plus
qu'on ne désire ? Comment la perspicacité de Sainte-
Beuve accepte-t-elle, sans réserve ni conteste, l'affirmation si invraisemblable de Cosnac relative à son dessein
de « donner mille écus » de sa poche à Molière, qui n'en
voulait pas tant ? Raisonnons. A Toulouse, Molière a tou-

ché « 75 livres » pour avoir joué en l'honneur du comte de Roure, en 1649. La ville d'Albi, en 1647, pour une série de représentations lui avait alloué « 500 livres », après un déplacement assez coûteux de Toulouse à Albi. En 1654, 1655 et 1656, Conti lui-même, pour un service de comédie « de six mois » par an, n'accordera à Molière que 5,000 livres une fois, 6,000 livres une autre fois, c'est-à-dire, pour toute une saison semestrielle, moins du double de ce que Cosnac est résolu à donner pour une représentation ! Plus tard, le grand Condé payera à Molière dans toute sa gloire une allocation totale de « 1,100 livres » pour jouer, expressément au Raincy, le *Tartuffe* « complet » avant que le Roi lui-même en ait la primeur. Enfin, Louis XIV, tout-puissant et ne comptant guère pour ses plaisirs, Louis XIV fera à Molière et à sa troupe une pension annuelle de « deux mille cinq cents écus », pour un service, sinon de tous les jours, du moins aussi fréquent qu'il plaira au Roi. Et en 1653, l'abbé de Cosnac, sans fortune personnelle, « domestique » de second ou troisième ordre dans la maison de Conti, l'abbé de Cosnac aurait donné, de sa poche, « mille écus » à Molière, par pur « dépit » de ne pas le voir agréé ! Évidemment, Cosnac, devenu archevêque d'Aix, avait perdu la notion exacte de la valeur monétaire au temps où il était au service du prince de Conti. L'argent ne lui coûte plus rien en écrivant ses *Mémoires* ; mais peut-on ajouter foi, vraiment, à tant de générosité imaginaire [1] ?

---

[1] Tant il est vrai qu'il est difficile d'écrire l'histoire en général et l'histoire de Molière en particulier ! A propos de ces « mille écus » qui, dans *Molière, sa vie et ses ouvrages*, par M. Louis Moland,

Il n'y a pas jusqu'aux moindres circonstances du récit
de Cosnac qui ne soient foncièrement controuvées,
quoique Sainte-Beuve les tienne pour authentiques. « Si
« Sarrasin, au lieu d'être amoureux de la Du Parc, l'était
« aussi bien devenu d'une comédienne de la troupe de
« Cormier, tout était manqué! » dit en terminant Sainte-
Beuve. C'est prendre les choses trop au tragique. Il n'y
a pas de quoi. D'abord, et sans insister sur un si délicat
chapitre, l'amour de Sarrasin n'est ni moins problématique ni moins absurde même que tout ce qu'on vient de
voir. La Du Parc allait accoucher à Lyon, dans trois ou
quatre mois : le 8 mars 1654, Jean Thomas, fils de René
Berthelot et de Thérèse de Gorle, était baptisé à Lyon,
dans l'église Sainte-Croix! Sarrasin avait mal choisi son
moment, — Cosnac aussi. Enfin, j'en suis bien fâché
pour la conclusion émouvante de Sainte-Beuve; mais, en
1653, Molière, qui s'était passé de Conti jusque-là, aurait
probablement continué, sans que rien fût « manqué ».
Tout au plus y aurait-il eu quelque retard, peu appré-
ciable, non dans le développement du génie de Molière,
mais dans sa fortune matérielle, ce qui n'est pas le principal pour la postérité. L'*Étourdi* n'aurait pas été manqué, le *Dépit amoureux* non plus, car des deux pièces, la
première était écrite et jouée avant « la protection » de
Conti, la seconde fut jouée et probablement écrite aussi

deviennent « deux mille écus » (p. 85), à propos de ces mille
écus dont la seule idée de les promettre est déjà, chez Daniel de
Cosnac, d'une invraisemblance criante, l'éditeur même des *Mémoires*, comme s'il ne les avait pas lus, écrivait ceci, le 10 mai 1877,
à la *Gazette de France :* « Daniel de Cosnac REMIT alors à Molière
« mille écus de son propre argent et le fit monter sur le théâtre
« de Pézénas. » C'est à désespérer d'établir la vérité!

après cette protection. A la fin de 1656, le *Dépit amoureux* fut donné aux États tenus à Béziers, où non seulement Conti n'assistait pas, mais où ses partisans mirent
peut-être Molière dans l'obligation de représenter sa
comédie malgré leur hostilité. Le dernier mot de cette
aventure, c'est qu'il est bien difficile, à tout moment,
de tirer au clair la véritable histoire de Molière. L'autorité critique de Sainte-Beuve ne démontre que plus hautement l'étendue des erreurs qui croissent autour de
cette biographie et, comme une poussée énorme de
mauvaises herbes, menacent de l'étouffer!

IV

La vérité est ici entre les lignes de la narration de
Cosnac. Conti, qui ne regardait pas à la dépense, n'était
pas homme à s'opiniâtrer sur une « bagatelle » et à manquer de parole par économie ni, par exemple, pour ne
pas accorder la misérable somme qui eût défrayé Molière. « Jamais homme n'a eu l'âme plus belle sur l'intérêt que lui, écrit Bussy-Rabutin, qui en parle par expérience : *il comptait l'argent pour rien.* » Il donnait « des
écus à milliers », dit Dassoucy. C'est précisément son
extrême libéralité qui avait dérangé sa fortune. Plutôt
que de ne pas faire les choses en grand seigneur avec
Molière, il eût retenu les deux troupes à la fois, — sauf
à laisser à son secrétaire le soin de les payer, ce qui
n'était pas facile tous les jours. En arrivant en Langue-

doc, le prince, d'après les chiffres de Cosnac, approximativement exacts, n'avait pas plus, tout compte fait,
de « deux cent mille livres de bon, ce qui n'était pas
« capable d'entretenir la maison six mois, principa-
« lement lorsque Conti commandait les armées du Roi ».
On vivait d'emprunts perpétuels en Languedoc, tellement, dit Cosnac, qu'il y eut bientôt à craindre « quelque
affront, ayant toujours vécu à crédit depuis qu'on y
était ». Par ces besoins d'argent, le prince devenait la
proie des usuriers, des agents véreux ; et, par un phénomène malheureusement explicable, à mesure que s'aug-
mentaient les dettes du prince diminuait d'autre part
la pauvreté de beaucoup de ses domestiques. Ceux-ci
commanditaient littéralement la maison avec les profits
énormes qu'ils y faisaient aux dépens du maître. Poëtes,
ecclésiastiques, simples valets de chambre, ils avaient
presque tous, peu ou prou, un compte « d'avances et de
dépenses ordinaires et extraordinaires » dans la maison.
Mme de Bacalan, une maîtresse de Sarrasin, avait reçu en
dépôt « 20,000 écus », la veille du départ de Bordeaux,
au moment même où, pour faire le voyage, Conti était
forcé d'en emprunter « 10,000 » à M. de Candalle. Il est
vrai que Sarrasin avait déjà avancé au prince, sur ses
économies, plus de « 70,000 livres » durant le séjour en
Guyenne, et qu'il allait, à sa mort, laisser à sa femme une
créance totale sur Conti d'un chiffre énorme [1]. La fonction de certains « domestiques » leur valait le crédit des
banquiers. Ainsi s'explique l'introduction par degrés de
Jean Cassaignes dans la maison de Conti. En 1653, il

----

[1] Voir ci-dessus l'affaire Poquelin, p. 83.

agit derrière le rideau et comme entrepreneur de spectacles; mais il arrive à ses fins : Molière entre dans la maison du prince. En 1655, c'est Jean Cassaignes qui sera, je le répète, l'un des témoins de l'inscription des « dix mille livres » prêtées par Madeleine Béjart à la province de Languedoc, parce que cet argent est censé provenir du prince de Conti. En 1656, c'est Jean Cassaignes qui servira de « caution » au prince pour six mille livres dues à Molière. Enfin, en 1681, après la mort de Conti et de sa veuve, Jean Cassaignes deviendra l'intendant de la maison du fils ainé du prince. Est-il vis-à-vis de Molière autre chose qu'un entrepreneur de spectacles? A coup sûr, il a des intérêts dans l'exploitation de la maison de Conti. Il tient caisse ouverte aux besoins; et l'on compte avec lui, sans qu'il y paraisse toujours. Cosnac agissait à son instigation sans avoir l'excuse de ne pas s'en douter [1].

[1] Ce n'est pas sans précautions ni références prises que nous donnons à Jean Cassaignes, — qu'il ne faut pas confondre avec le notaire Jacques Cassaignes de Narbonne aussi, — le rôle financier, assez important, qu'il joua, au temps de Conti, dans le bas Languedoc. Jean Cassaignes était mêlé alors à toutes sortes d'affaires communales et administratives. — Au 17 décembre 1650, pendant la session des États à Pézenas, à l'heure même où Molière délivrait à la Bourse de Languedoc son reçu récemment découvert par M. de la Pijardière, à cette heure même, Jean Cassaignes et un sieur Bruyère étaient appelés à un rendement de comptes pour fournitures de blés, devant une commission de l'assemblée languedocienne, commission composée de « l'évêque de Nimes, du baron de Tour de Beauvoir et de Dunois, consul de Carcassonne ». — Au mois d'octobre 1656, Jean Cassaignes recevait quittance du baron de Puisserguier, gouverneur de Béziers, de la somme de « trente mille livres » pour le rachat de cette charge de gouverneur; et le 20 avril 1657, « le sieur de Rate, receveur des tailles au diocèse de Béziers », déclarait que, « faisant » pour les principaux habitants et « taillables de ladite ville », il avait remboursé ces

V

Concluons.

Les lettres et l'art dramatique n'ont pas à craindre d'être ingrats pour la mémoire de Cosnac, en ne lui sachant aucun gré de la conduite qu'il se prête en faveur de Molière. Le « peu d'intérêt » qu'il prenait à la comédie révèle assez qu'il agissait sans la moindre pensée de dévouement à la cause du théâtre et de Molière. Renversez les termes de la question, faites patronner Cormier par Jean Cassaignes, et c'est Cormier qui par l'entremise de Cosnac sera finalement pensionné par Conti ! Très probablement, Cosnac n'eût jamais eu à se faire honneur après coup, et après la mort de Molière, avec une modestie hypocrite, d'avoir contribué à son entrée au service du prince, si Molière, quelque renommé qu'il fût déjà, dès 1653, n'eût pas été soutenu par Cassaignes.

A la Grange des Prés, au mois de novembre de cette année, il vint du reste, et à plusieurs reprises, un pro-

trente mille livres à Cassaignes, *« n'ayant en cela ledit Cassaignes fait que tant seulement prester son nom »*. Remarquez ici que presque à la même date, Cassaignes est « prête-nom » pour le prince de Conti vis-à-vis de Molière, comme il l'est pour la ville de Béziers vis-à-vis de M. de Rate.

On le voit, ces renseignements inédits nous montrent sous un jour tout autre ce Jean Cassaignes que M. Emmanuel Raymond et tous les moliéristes à la suite nous représentaient comme un bon et honnête bourgeois, « entrepreneur d'étapes », c'est vrai, mais homme plein d'obligeance, et, uniquement par bonté de cœur, se substituant au prince de Conti pour acquitter une dette du prince au profit de Molière ! Jean Cassaignes était banquier ; il prêtait des fonds — et à taux usuraire même. Il y a des vérités bonnes à dire une fois pour toutes, et celle-ci en est une.

tecteur de Molière qui, mieux que Cosnac, certainement
« lui fit rendre justice », — c'est le comte d'Aubijoux,
que Molière connaissait depuis des années et qu'il ne
tarda pas à rejoindre à Montpellier.

...J'arrête là cette étude. Pour ceux qui ont cru jusqu'à ce jour que les relations de Molière, *comédien,* avec
le prince de Conti ne commencèrent qu'en Languedoc,
en 1653, je prends la liberté de les avertir : 1° que dans le
tome premier de *Molière inconnu,* j'ai essayé de prouver
que ces relations étaient possibles et probables à Paris,
en 1644-45; 2° que dans le chapitre relatif à Louis XIV
au Casino, j'ai peut-être prouvé que Molière et le prince
eurent, pendant l'année 1651, cent occasions pour une
de se rencontrer à Paris. Quand la pensée vient à l'abbé
de Cosnac « d'appeler Molière », à la simple nouvelle qu'il
est en Languedoc, ne laisse-t-il pas supposer qu'il le
connait déjà de réputation? Conti le connaissait à coup
sûr, et en affectant de n'en rien savoir, Cosnac commet
une imposture de plus!

HISTOIRE D'UN BALLET

Voilà une trentaine d'années que M. Paul Lacroix, le
bibliophile Jacob, à qui l'érudition française en général
et l'érudition moliéresque en particulier sont redevables
de tant et de si heureuses découvertes, eut la bonne
fortune d'exhumer des catacombes de la Bibliothèque
nationale un livret — le seul exemplaire encore connu
— du *Ballet des Incompatibles, dansé à Montpellier devant
Mgr le prince et Mme la princesse de Conty*, et imprimé « à
Montpellier par Daniel Puech, imprimeur du Roy et de
la ville, MDCLV ». M. Paul Lacroix d'abord et quelques
moliéristes ensuite crurent pouvoir attribuer la paternité de ce ballet à Molière lui-même, qui de nom et de
fait y joue deux personnages. Attribution risquée et
brusquée, que rien n'est venu justifier ! La critique historique et littéraire ne l'a pas admise. Toutefois, dans
les deux dernières éditions complètes et savantes de Molière, publiées par M. Louis Moland (chez Garnier frères)
et par MM. Eug. Despois et Paul Mesnard (chez Ha-

chette), on a donné place au *Ballet des Incompatibles* dans le premier tome des œuvres, parce qu'il ne semble pas impossible que Molière y ait partiellement collaboré. A tout prendre et toute collaboration mise de côté, la présence de Molière dans la pièce est une preuve certaine de son séjour à Montpellier en 1655 : une preuve qui a été, depuis la découverte du ballet, suivie de nombre d'autres, mais qui longtemps était la seule comme la première. On a donc là, à défaut de mieux, un document authentique pour servir à la biographie de Molière en province ; et c'est même l'information positive la plus curieuse que nous possédions sur le milieu et la société où vivait le poète à cette époque de sa vagabonde existence. Ce ballet est véritablement une manière de chronique de la vie parisienne en province, — comme un chapitre détaché de l'histoire de la cour à la campagne. Les noms de la haute aristocratie française qui y figurent dans l'entourage du prince de Conti attestent que pour l'esprit, la politesse, le bon ton et l'élégance, Montpellier n'est pas loin de Paris — pendant la représentation du *Ballet des Incompatibles*.

Mais, d'abord, à quelle date exacte faut-il fixer cette représentation? M. Paul Lacroix indiquait la fin de l'année « 1654 », et quelques érudits partagent encore son avis, sous prétexte que des fêtes durent être données au prince et à la princesse de Conti à leur entrée à Montpellier à l'ouverture des États de Languedoc, que le prince venait présider pour le Roi. C'est bien en de telles occasions que se représentaient d'ordinaire les ballets ; mais le millésime de « MDCLV » que porte le livret original coupe court à toute contestation. Un

usage aussi constant que la propre raison d'être des
ballets de cour (et celui-ci en est un) faisait distribuer
aux assistants, figurants et spectateurs, le programme
(*entrées, vers et récits*) pour l'intelligence même de l'action
chorégraphique; et ce programme était fatalement imprimé d'avance. Du reste, plusieurs circonstances particulières infirment l'hypothèse de M. Paul Lacroix et
autres érudits.

Il n'y eut pas de réception solennelle. Le prince de
Conti, venu de Perpignan, était à Montpellier huit ou
dix jours avant la princesse. Celle-ci, arrivant de Paris,
lui écrivait, « de Roanne, le 24 novembre 1654 », qu'elle
ne serait auprès de lui que dans les premiers jours de
décembre. Le prince alla au-devant d'elle avec quelques
officiers et domestiques de sa maison; et, sans grande
cérémonie, elle fit son entrée dans la ville. Aucun chroniqueur ni mémorialiste local ne rapporte que des fêtes
quelconques aient eu lieu à cette occasion. En outre,
une particularité du livret corrobore la double objection
fournie par le millésime et par le silence des annalistes
de Montpellier. C'est la veille même de l'ouverture des
États (7 décembre) que le prince apprit la mort du poëte
Sarrasin, secrétaire de ses commandements. Le fait est
précisé par les *Mémoires* de l'abbé de Cosnac. Or, les
mêmes *Mémoires* affirment que le jour même de la mort
de Sarrasin, Guilleragne, secrétaire particulier, à qui le
prince destinait la succession du défunt, était « à Bordeaux ». Est-il possible de concilier l'absence de Guilleragne avec son rôle nominatif dans le *Ballet des Incompatibles* le 7 décembre 1654? Force est d'admettre que ce
ballet fut dansé postérieurement à cette date. Il ne le

fut et ne le put être qu'en « 1655 ». Mais comment indiquer exactement le mois et le jour?

Un scrupule de précision méticuleuse aura ici sa raison d'être et son excuse. Si l'on a produit des actes authentiques prouvant le séjour de Molière en février, mars et avril 1655, c'est-à-dire à la fin et même après la clôture des États (la session finit le 14 mars), par contre, nous n'avons rien, pas un renseignement formel qui certifie sa présence à Montpellier en décembre et janvier. Nous n'avons à cet égard que de simples probabilités. Même quand nous lisons dans les *Mémoires* de Cosnac, déjà cités, que le prince de Conti, le soir même de la mort de Sarrasin, fit donner « la comédie » pour créer une diversion à sa fausse douleur; même avec cette certitude qu'il y avait là et alors une troupe de comédiens, il n'est pas démontré que Molière fût à Montpellier. La troupe de « La Pierre » qui figure aussi dans le *Ballet des Incompatibles* partageait avec celle de Molière le privilège des divertissements comiques à la cour de Conti et aux États de Languedoc. La Pierre, musicien chorégraphe, avait même une grande réputation comme organisateur de ballets; et c'est lui qui paraît le premier en scène dans le *Ballet des Incompatibles*. Il serait donc utile de savoir la date ignorée de cette représentation afin d'en dégager, comme conséquence logique, l'acte de présence de Molière.

Eh bien, on se rapprochera autant que possible de la vérité en rapportant cette date aux premiers jours du carnaval. Un double prétexte motivait alors le ballet : le carnaval d'abord, et puis la réunion générale à Montpellier de la noblesse languedocienne, convoquée par le prince

de Conti et dont l'assemblée aboutit à « la déclaration »
du 19 janvier 1655 contre « le duel ». Une remarque
pareille à celle que nous avons faite, tout à l'heure, à
propos de Guilleragne, autorise notre opinion. Voici
pourquoi et comment nous nous prononçons pour la première quizaine de janvier. Le « baron de Florac » figure
en personne dans le *Ballet des Incompatibles*, mais sa signature ne se lit pas au bas de la déclaration du 19 janvier, malgré son intimité avec le prince, dont il était le
voisin de château. Pourquoi cette absence ? Parce que
« le 15 janvier 1655 », la jeune sœur du baron de Florac
était enterrée au château de Lavagnac : Conti habitait à
deux pas de là, à la Grange des Prés. Il y avait donc empê-
chement moral à ce que le baron de Florac fût à Montpellier le 19 janvier et même quelque temps après, à moins
que cette « incompatibilité » n'entrât dans celles du ballet ; mais il n'en est rien. Par contre, aucun détail, aucune
particularité de chronologie générale, locale ou personnelle, aucun fait d'histoire ou de biographie comparée
ne démentent la parfaite concordance de la représentation avec l'époque déterminée. On sait que Guilleragne fut
mandé d'urgence à Montpellier par le prince, afin de lui
confier la succession de Sarrasin ; on sait, par les *Mémoires*
de Cosnac, qu'il s'y rendit tout de suite ; et s'il refusa les
offres de son maître, du moins son retour à Montpellier
n'est pas douteux[1]. Il est également certain que Guilleragne

---

[1] Grimarest prétend, et Bazin et presque tous les moliéristes à
la suite répètent, qu'à défaut de Molière et de Guilleragne, la
charge fut donnée à « M. de Simoni ». On confond le secrétaire
du duc d'Épernon avec celui de Conti. C'est l'abbé de Cosnac qui
remplaça Sarrasin ; mais il y eut un intérim de quatre mois. La
commission de Cosnac est datée du « 23 mars 1655 ».

fut un des premiers signataires de la déclaration contre le duel, le 19 janvier. Pour la période du carnaval ultérieure à la première quinzaine de janvier, aucune donnée positive ou vraisemblable ne s'offre à la discussion ni ne la souffre. Donc, voilà un point obscur à peu près éclairci ; voilà une date approximativement fixée.

Le *Ballet des Incompatibles* fut représenté à Montpellier au commencement du carnaval de 1655, et Molière, qui y figurait comme acteur, était forcément aussi à Montpellier.

Une autre question, et plus intéressante, se pose à la suite de celle qui vient d'être élucidée : Molière, qui est en cause comme acteur dans ce ballet, n'en était-il pas « l'auteur » ? La controverse a été assez animée — comme sur tout sujet relatif à Molière. M. Paul Lacroix, je l'ai dit, s'est empressé d'attribuer à Molière la paternité de la pièce. Pourquoi ? Parce que, selon lui, il n'y avait alors auprès de Conti que le seul Molière capable de composer de tels vers : en quoi il se trompait étrangement, comme nous le montrerons ci-après. M. Eugène Despois inclinait à désigner « J. Béjart », attendu que J. Béjart, qui paraît dans deux entrées, « se piquait d'écrire » : ce qui est vrai. On doit à J. Béjart, en collaboration avec J. B. Lhermitte, un *Recueil de titres, armoiries, etc., des barons du Languedoc*, composé à Montpellier précisément en 1654-55. Par malheur, on n'a jamais pu citer nulle part un vers de J. Béjart. La supposition est donc absolument gratuite. M. Jules Loiseleur, lui, nomme « de Vauselles », c'est-à-dire le même J. B. Lhermitte, déjà mentionné, et qui rimait beaucoup en effet. Au crédit de cette hypothèse il faut porter un ou deux « ballets » imprimés dans les œuvres de J. B. Lhermitte. Mais il resterait à établir que J. B. Lhermitte était à Montpellier en janvier 1655, tandis qu'une lettre de d'Hozier donne à entendre qu'il est à Lyon et même à Genève. M. Loiseleur parle aussi, comme auteurs probables, de « Châteauneuf », dont rien ne révèle la présence dans la troupe de Molière en 1655, — et de « Ragueneau », qui avait une excuse fort légitime pour n'y être en rien, étant mort à Lyon dès le mois d'août précédent. Ni M. Loiseleur ni M. Eugène Despois ne donnent tort à M. Paul Lacroix par leurs assertions hasardeuses. Serait-il vrai que Molière fût alors, à Montpellier, le seul poète capable d'écrire les vers — très médiocres — du *Ballet des Incompatibles?* Rien n'est moins exact; et l'on va voir que la rectification absolue de cette erreur ne sera pas sans profit pour l'histoire de la poésie française en province au dix-septième siècle.

Oh! non, les poètes ne manquaient pas en Languedoc, à la cour de Conti surtout! Il en est jusqu'à dix que je pourrais nommer parmi les membres des États, généralement fort lettrés, et, sans aller si loin, sans sortir du *Ballet des Incompatibles* même. Cette statistique aura du bon — ne fût-ce que pour donner une idée de la bonne compagnie à la tête de laquelle était Molière en ce temps et en ce pays-là.

Les quinze « entrées » en « deux parties », dont se compose le *Ballet des Incompatibles,* mettent en scène soixante-deux personnages ou types tenus par trente-cinq figurants, savoir : — six officiers de la maison militaire du prince de Conti; treize gentilshommes languedociens dont plusieurs remplissent des fonctions auprès du

16.

prince et qui sont la fine fleur de l'aristocratie dorée du
Languedoc; cinq magistrats de la Cour des comptes,
aides et finances de Montpellier; six femmes, dont deux
dames d'honneur de la princesse de Conti, et quatre
dames ou demoiselles appartenant au monde élégant
montpelliérain; enfin, six comédiens, dont Molière,
J. Béjart, de l'Illustre-Théâtre, et quatre de la troupe de
La Pierre, celui-ci en tête. Eh bien, à première vue,
sur les six officiers du prince, la Muse des ballets en peut
réclamer au moins trois, sauf à y regarder de plus près :
Guillerague, Bellefonds, d'Angerville.

Guillerague? Je n'alléguerai pas une contradiction
de M. Paul Lacroix, qui, à propos d'autre chose que
le ballet en question, a reconnu à Guillerague un certain talent à rimer des impromptus et des quatrains
épigrammatiques; mais à coup sûr il avait un véritable
tempérament d'amuseur, de metteur en train. Toute
sa vie, il eut le don de joyeuseté. On ne riait par personne plus que par lui, en sa jeunesse, à la cour de
Conti; et p'us tard, telle était sa réputation traditionnelle dans la princière maison, qu'au bal donné à l'occasion du mariage du fils ainé de son ancien maître, Louis-
Armand de Conti s'écria, à l'arrivée de Guillerague :
« Ah! si vous vous en mêlez, le bal va tourner à la
comédie et même à la farce! »

Bernardin Gigault de Bellefonds, premier gentilhomme de la chambre de Conti, n'avait pas l'humeur
moins enjouée que Guillerague. Lui aussi, il avait le mot
piquant et la rime prompte. Que son amitié avec Bossuet
ne vous porte pas à vous l'imaginer sous des traits
austères et par trop graves! Il savait se dérider et dérider

autrui, même quand, par leur solennité, les circonstances l'eussent excusé d'être imposant. Une longue vie et de grandes fonctions ne le rendirent sérieux que tout juste. Voulez-vous un échantillon des couplets spirituels qu'il était capable de faire au bon temps de sa gaieté folle? Jugez par celui-ci, qu'il fit devenu déjà vieux. On lit dans le *Bolæana*, page 123 : « Le marquis « de Bellefonds fut choisi pour porter la queue du Roi « dans une fameuse cérémonie ; et M. Despréaux nous « citait les vers que fit le maréchal à cette occasion et « les trouvait admirables » :

> Bellefonds, porte-queue à casaque traînante,
> Du plus grand des mortels suivait la marche lente,
> Et montrant au public ce qu'il a de menton,
> Faisait dire aux passants : « Pourquoi le choisit-on ? »

Le baron d'Angerville, de la maison de Mérinville-Rieux, avait fait ses preuves comme poète aussi bien que comme soldat. Dans les *Additions aux Mémoires* de l'abbé de Marolles (page 438) je lis à sa louange ce certificat de capacité poétique : « Pour la poésie, outre ceux que j'ai « marqués avec honneur dans le corps de ces *Mémoires*, « nous avons MM. de Corneille, de Boisrobert, de Ben- « serade, de Bertaut, de Segrais et *le baron d'Angerville,* « *ce dernier si digne des faveurs de M. le prince de Conti qui* « *l'honore de son estime et de son amitié.* »

Voilà donc, déjà et dans le ballet même, trois officiers lettrés et spirituels, dont on ne saurait récuser la compétence à composer un « divertissement », du moins quant aux paroles et à l'action : musique à part. Si je regardais à côté, dans la maison du prince de Conti, assurément et sans chercher, d'autres noms s'ajouteraient à cette liste. Il reste à la Bibliothèque nationale une *Églogue à Madame* par « Le Secq », trésorier de la bourse des États de Languedoc, celui-là même à qui fut délivré par Molière ce fameux reçu de six mille livres qui constitue le premier autographe de Molière découvert dans les anciennes archives de Languedoc. Le Secq était poëte à ses heures.

Le bailli du prince, de Roquemont, autre poëte! Il était un collaborateur assidu des recueils de Sercy — comme d'autres Languedociens, tels que Murat, de la maison de Loubet, alliée au marquis de Ganges, lequel marquis figure dans le ballet.

Parmi les gentilshommes languedociens ayant un rôle dans le *Ballet des Incompatibles*, dénierez-vous de réelles qualités de librettiste au baron de Vauvert, qui parait dans la septième entrée de la deuxième partie? Plusieurs tomes du recueil de Sercy, et notamment celui qui porte « privilége du 19 janvier 1653 », inscrivent le nom de « Vauvert » parmi les collaborateurs les plus distingués. Ils publient toute une série de petits vers absolument dans le goût de ceux du ballet, sur les *bouteilles et les verres*, le *vin*, les *truffes*, l'*ambre gris*, le *sel*, l'*huître*, les *pistaches*, le *poivre*, l'*orange*, l'*olive*, l'*ail et l'amour*, toutes piécettes si parfaitement semblables aux couplets du *Ballet des Incompatibles*, comme esprit, forme et facture, qu'il est difficile de ne pas en conclure l'identité de la provenance. J'engage un érudit de loisirs à rapprocher et comparer. C'est au baron de Vauvert plutôt qu'à tout autre poète que j'attribuerais volontiers la paternité de ce ballet. Molière a-t-il jamais fait de tels vers? Pour le baron de Vauvert, il en a si bien fait de tels qu'il n'en faisait jamais d'autres. A cette raison littéraire de mettre Molière hors de cause, s'en ajoute une autre, une raison de convenance qui a son poids et son prix.

L'auteur du livret (*entrées, récits*) mettait dans la bouche des personnages des « vers » épigrammatiques ou laudatifs qui étaient comme les vers qu'on inscrit au bas d'un portrait. Le personnage était ainsi défini et apostillé aux yeux du public; l'amour-propre ou la modestie n'avaient pas à s'y soustraire. On ne s'expliquerait pas vraiment que Molière eût composé sur son compte personnel le premier des six vers qu'on lui fait dire sous le costume d'une *Harengère :*

Je fais d'aussi beaux vers que ceux que je récite.

Quelque bonne opinion qu'il eût foncièrement de sa valeur après l'*Étourdi* et à la veille du *Dépit amoureux*, Molière n'aurait pas osé s'égaler aux maîtres illustres du théâtre contemporain, aux Rotrou, aux Corneille, dont il « récitait » en effet les beaux vers sur la scène. Mais ce vers, dit « vers d'application », exprimait l'opinion des autres sur lui-même; il s'adaptait à son talent, à son génie naissant comme un écriteau de botaniste sur une plante rare. Nul n'avait à contester la formule, l'étiquette sous laquelle l'indépendance de jugement du librettiste le définissait et l'exposait aux yeux des spectateurs. Et c'est assurément piquant de voir ainsi en quelle estime était tenu déjà Molière par cette société languedocienne qui avait, et sa franche manière de parler et de penser, et le droit de ne pas s'en cacher.

De par les règles mêmes de l'incompatibilité qui pré-

side à l'idée génératrice du ballet, Molière, costumé en
« Harengère », est apparié à l'« Éloquence ». Ce sont là
de ces associations antithétiques comme on les aimait
alors. Dans la *Ville de Paris en vers burlesques*, de Berthaud, il y a place pour « l'éloquence des harengères de
la halle ». Sans vouloir en tirer d'autre conséquence, je
ferai remarquer simplement qu'il y avait alors à Montpellier, auprès du comte d'Aubijoux, grand ami du prince
de Conti, et gouverneur de la ville et lieutenant général
du Languedoc, un poète encore, Trellon, l'auteur bien
oublié aujourd'hui de la *Muse guerrière*, dédiée au comte
d'Aubijoux ; et ce Trellon, « curieux de musique et de
luth », se vantait d'être l'ami de Berthaud, et ne démen-
tait pas cette amitié par ses vers et par sa conduite.

> Trellon était d'humeur et plaisante et bouffonne,
> Trellon ne se plaisait qu'à chanter seulement,
> Trellon sautait, dansait, parlait incessamment.

Celui-là aussi, tout comme un autre, aurait pu participer à la composition du *Ballet des Incompatibles*, si nous
étions à les compter. Mais n'en avons-nous pas trouvé
plus qu'il n'en faut pour la décharge de Molière? Finissons par un poète qui, du moins, rapproche les distances
entre la cour de Louis XIV et la petite cour de Conti,
entre Paris et Montpellier. Nous n'avons pas d'ailleurs
nommé un seul poète parmi les membres des États de
Languedoc, j'entends de ceux faisant figure au Louvre.
Il est juste de ne pas oublier le marquis de Sourdis, ce
prototype des marquis de Mascarille.

Romans, philosophie, théologie et petits vers, tout lui
était familier, sans l'avoir trop appris. Un couplet, un

quatrain, une épigramme, rien ne l'eût embarrassé. Ah!
M. Paul Lacroix ignorait sans doute que l'universel marquis de Sourdis siégeait aux États, sans quoi il n'eût
jamais soutenu qu'il n'y avait que Molière seul capable
de faire ce *Ballet des Incompatibles*. Le marquis de Sourdis
était homme à l'exécuter d'un tour de main, sur le pouce
et en un clin d'œil. Ce n'est pas à Mme de Cornuel qu'il
eût fallu dénier les aptitudes de cet étonnant impro-
visateur, à qui la cour et la ville étaient redevables de
tant de « délices de la poésie galante ». Mme de Cornuel
raconte dans une de ses lettres qu'il fait « des devises
avec don André », et qu'il a écrit « un traité de la grâce,
un de la médecine et quelque autre de la physique ». Et
voici où Molière va le prendre et le peindre, s'il ne l'a
pas retenu au nombre des types et originaux croqués en
Languedoc. Quand le marquis de Sourdis s'occupe de
physique, il fait ses expériences dans le laboratoire du
célèbre ami de Molière, le physicien Rohault. Il existe
dans le portefeuille Valant, à la Bibliothèque nationale,
le compte rendu d'une expérience de ce genre par le
marquis de Sourdis. Et c'est ainsi que les extrêmes se
touchent : Mascarille et Molière chez Rohault, le physicien! Mais finissons sur cette incompatibilité l'histoire
du *Ballet des Incompatibles*.

FIN.

TABLE DES MATIÈRES

PARIS

TYPOGRAPHIE DE E. PLON, NOURRIT ET Cie

Rue Garancière, 8.